MINERVA現代経営学叢書㊿

日本人労働者の帰属意識
――個人と組織の関係と精神的健康――

松山一紀著

ミネルヴァ書房

はしがき

　1998年，産業界に一つの事件が起こった。松下電器（現パナソニック）が，退職金を在職中に手にすることができるという，いわゆる退職金前払い制度を導入したのである。周知の通り松下電器と言えば，故松下幸之助氏によって創業され，「ものをつくる前に，人をつくる」を基本理念として，従業員を大切にすることで知られた企業である。いわゆる経営家族主義を特徴とする，日本的経営の代表格と目されてきた企業といっても良いであろう。その松下電器が国内の他企業に先駆けて，退職金前払い制度なる人事制度を導入したのである。我が国の企業には定年制度が存在する。そして特に大手企業においては，ほとんどの従業員が，他企業に転職することもなく定年まで勤め上げる。従来型の日本企業においては，年功序列慣行のために勤続年数が長くなるほど賃金が高くなる。さらに，退職金を算定する際の係数も長く勤めるほど大きくなる。従って，定年退職時に支払われる一時金は，相当な額になるのである。

　私事になるが，筆者はこの制度が導入された4月1日の前日に，この会社を退職した。8年間の勤務だったので，そのとき支払われた退職金はほんのわずかだった。恐らく定年まで勤め続けていれば，その30倍程度はあったであろう。退職金は早く辞めるほど少なくなってしまうのである。それが，この制度を利用すれば，在職中であるにもかかわらず，退職時に支払われるであろう一時金を分割して得ることができるのだという。筆者も，もう少し勤め続けていれば，多少なりとも家計に貢献できたわけである。しかし，そんなことよりも筆者の胸に刺さったのは，松下電器がこの人事政策に込めたメッセージであった。確かに，この制度は全従業員に適用されるわけではない。制度利用は従業員の任意の意思に委ねられている。しかしだとすれば，この制度を利用するということは，その従業員が定年まで勤め続けない可能性を，自らの身をもって会社に示すことになるのではないか。そして，会社はそれを認め，さらには，それ

i

を促しているということになるのではないのか。つまり，会社は従業員の転職を容認することになるのではないのか。これまで，従業員の強い帰属意識と一体感，そして強固な組織文化を強みとしてきた松下電器が，なぜこのような大転換を図ろうとしているのか。筆者は，大いに興味をそそられた。これまで労働者の心理を巧みに先取りして，画期的な人事政策を実行してきた松下電器だからこそ，この転換には時代の潮目を感じざるを得なかったのである。長々と前置きを述べてきたが，これが，筆者の組織への帰属意識に対する問題意識の原点となった。

　研究を重ねるうちに，実は，日本人労働者の帰属意識は，国内外で信じられているほどには強くないということがわかってきた。そこには，微妙なジレンマを抱える複雑な帰属意識があった。帰属意識は単純に強ければ強いほど良いというものでもないらしい。あまりにエスカレートすると，会社人間に陥ってしまい，精神的健康を損なってしまう。また，帰属意識といっても，その態度には様々なあり方が存在し，企業や個人にとって好ましい帰属意識は一様ではないことも明らかになってきた。本書では，こうした問題意識に基づいて，改めて日本人労働者の帰属意識について考えている。また，帰属意識と密接な関係にある，精神的健康についても考察を加えている。帰属意識と精神的健康の関係を捉えることによって，人間のパーソナリティ構造，特に自己における自我の問題が浮き彫りにされてもいる。さらには，日本人論を紐解くことによって，その心理的二重性の存在を炙り出し，愛社精神の重要性を改めて喚起する内容となっている。

　愛社精神や帰属意識といった態度は，旧態依然とした日本企業の体質を髣髴とさせ，この時期に論じる価値があるのかと思われる読者もいるかもしれない。しかし，我々は組織と個人のあるべき姿を未だ，見定められないでいる。それは，我々がこの問題に真正面から十分には取り組んでいないからではなかろうか。これからの組織のあり方や，個人が組織とどのように向き合っていくべきなのか，といったことに関心のある方に，是非読んでもらいたいと思っている。

　本書は多くの先達の研究から成り立っている。特に，帰属意識や会社人間論に関しては，京都大学名誉教授であり，恩師でもある田尾雅夫先生をはじめと

はしがき

する諸先輩によって編纂された『「会社人間」の研究——組織コミットメントの理論と実際』(田尾雅夫編著,京都大学学術出版会,1997年)に負うところが大きい。日本における帰属意識研究の一つの到達点とも言える本書と,執筆された諸先輩に敬意を表するとともに感謝を申し上げたい。また,本書で取り上げている実証研究では,松下電器をはじめとする多くの企業とその従業員の方々にお世話になった。近年,質問紙調査によってデータを取ることが難しくなってきている。そのような折に,調査協力を賜った皆様に感謝申し上げる次第である。さらに,大阪府の調査においては,神戸大学名誉教授の奥林康司先生をはじめ,旧大阪府立産業開発研究所の皆様に大変お世話になった。記して感謝申し上げたい。

　最後に,出版事情の厳しいなか,本書の企画を快く受け入れてくださったミネルヴァ書房の梶谷修氏と,語句の一つひとつをきめ細かくチェックしてくださった中村理聖氏に感謝申し上げたい。そして,いつも癒しの場を提供してくれる家族・両親・仲間,快適な職場を提供してくれている大学と大学の同僚にも感謝申し上げる次第である。

2014年3月

古の都・奈良にて
松山一紀

日本人労働者の帰属意識
―― 個人と組織の関係と精神的健康 ――

目　次

はしがき

序　章　日本人労働者の心理構造……………………………………1
　1　本研究の目的………………………………………………………1
　2　本研究の流れ………………………………………………………3

第Ⅰ部　日本人労働者の複雑な企業帰属意識

第1章　日本人労働者の企業帰属意識は高かったのか……………9
　1　欧米人研究者の議論………………………………………………9
　　（1）　The Japanese factory（『日本の経営』）　9
　　（2）　Japan as number one（『ジャパンアズナンバーワン』）　11
　　（3）　Theory Z（『セオリーZ』）　13
　　（4）　The art of Japanese management（『ジャパニーズ・マネジメント』）　14
　2　国際比較から見る日本人労働者の帰属意識……………………16
　　（1）　転職の頻度　16
　　（2）　職場生活に対する満足度　19
　　（3）　複雑な帰属意識　20
　3　非主体的で複雑な帰属意識………………………………………23

第2章　帰属意識とは何か……………………………………………26
　1　帰属意識と忠誠心…………………………………………………26
　　（1）　モラールとは　28
　　（2）　忠誠心とは　30
　2　組織コミットメント………………………………………………38
　　（1）　組織コミットメントとは　39
　　（2）　組織コミットメントの先行要因および成果要因　46
　3　複雑で脆弱な忠誠心………………………………………………49

目　次

第Ⅱ部　帰属意識と精神的健康

第3章　労働者の帰属性と精神的健康 …………………………57
　1　ホーソン研究 ……………………………………………………57
　　（1）照明実験（ホーソン第1実験）　58
　　（2）継電器（リレー）組立作業実験室での調査
　　　　（ホーソン第2実験）　59
　　（3）面接調査　60
　　（4）バンク配線作業観察室の調査　62
　2　労働者の集団所属性と精神的健康 ……………………………65
　　（1）労働者の集団所属性　65
　　（2）労働者の精神的健康　69

第4章　精神的健康とは何か ……………………………………76
　1　新人間関係学派による精神的健康の捉え方 …………………76
　　（1）マズローと精神的健康　78
　　（2）マグレガーと精神的健康　85
　　（3）ハーズバーグと精神的健康　87
　　（4）アージリスと精神的健康　92
　2　経営管理思想と労働者の人格 …………………………………95
　　（1）テイラーイズムと労働者の人格　96
　　（2）マズローイズムとアージリスのパーソナリティ論　100
　　（3）マズローイズムと能力主義管理　102

第5章　日本における行動科学と自己実現思想 ………………106
　1　行動科学と自己実現思想の受容 ………………………………106
　　（1）導入時の時代状況　107
　　（2）導入時における日本人研究者の捉え方　112
　　（3）行動科学研究が日本企業に与えた影響　117
　2　人事管理理念としての自己実現 ………………………………122

　　　　（1）現代日本企業における人事理念　122
　　　　（2）パナソニックにおける人事管理理念の変遷　127

第6章　現代日本企業社会におけるメンタルヘルス問題 …………140
　　1　メンタルヘルス問題に対する関心と会社人間論……………140
　　　　（1）関心が高まりつつあるメンタルヘルス問題　140
　　　　（2）会社人間論　144
　　2　会社人間を生んだ日本的経営と共同体主義………………147
　　3　日本企業社会におけるメンタルヘルス問題の現状…………155
　　　　（1）厚生労働省調査　155
　　　　（2）大阪府調査　156
　　　　（3）精神障害等の労災補償状況と過労自殺　159

　　　　　　第Ⅲ部　個人と組織の健全な関係に向けて

第7章　帰属意識と精神的健康に関する実証的研究 …………173
　　1　帰属意識と精神的健康の操作化……………………………173
　　　　（1）組織に対する帰属意識　173
　　　　（2）精神的健康　175
　　2　大手家電メーカーＡ社における調査研究（2000年実施）………176
　　3　大阪府調査1：帰属意識と精神的健康…………………180
　　4　大阪府調査2：自己疎外と精神的健康…………………183
　　5　内在化コミットメントを中心とした調査……………………190

第8章　日本人労働者と組織の望ましい関係 ………………206
　　1　日本人論から見た日本人の心………………………………206
　　　　（1）希薄な自己　206
　　　　（2）日本人の「間」　210
　　　　（3）無我もしくは無心　215

（4）　自発的役割人間の心理的二重性　　218
　　　（5）　恩という心理　　224
　　　（6）　日本人に見る心理的二重性　　228
　2　労働者の精神的健康を維持する組織と個人の関係……………233
　　　（1）　労働者個人の捉え方　　233
　　　（2）　個人に対する組織の働きかけ　　238

終　章　健全な愛社精神 ……………………………………………247

索　引……253

序　章
日本人労働者の心理構造

1　本研究の目的

　経営管理，なかでも人的資源管理の歴史を紐解くと，その時々の管理指針となった人間観，すなわち典型的な労働者像の存在したことが理解できる。経営者や管理者は，管理対象となる労働者の典型的なイメージを基礎に，管理を行ってきたのである。例えば，こうしたイメージは労働者の欲求構造によって形成されてきた。20世紀初頭，まさに経営管理が近代化していく黎明期において，典型的な労働者は経済的欲求を強く抱いていると考えられていた。つまり，当時の労働者は金銭的欲求に動機づけられて働くものである，と見なされていたのである。従って経営者は，こうした労働者の金銭的欲求を巧みに刺激することが必要であった。後にシャインなどの研究者は，こうした人間モデルを経済人モデルと呼んだ。これ以降，人間モデルは社会人モデル，自己実現人モデルへと変遷を遂げ，最終的にはそれらが複合的に絡まり合った複雑人モデルが管理の指針となったとされる。このように，経営管理を実践する際に，経営者は労働者の心理構造や態度構造をモデル化してきたのである。

　翻って，現代日本企業社会において，経営者や管理者は日本企業で働く労働者の心理構造を把握することができているだろうか。バブル経済が崩壊してからというもの，長期的な景気低迷を経験してきた1990年代以降の日本企業は，度重なるダウンサイジングを断行してきた。日本的経営の代表格とされた松下電器が1万3000人もの従業員を早期退職させたのは2000年のことであったが，その後も様々な企業が同様の方法で従業員を組織外へと排出している。この現象の背景にある，経営者による労働者観とはいかなるものであろうか。経営者

は何を意図しているのであろうか。この現象は，労働者による企業に対する帰属意識の問題として捉えることが可能である。つまり，早期退職を促すような人事施策は，日本人労働者の企業に対する帰属意識が水準以上に強いという理解に基づいている。この点は，米国がコミットメント・モデルを志向しているのに対して，日本はむしろ逆にコミットメント・モデルからの脱却を図ろうとしているという蔡（1998）の議論と符合する。

ここで早期退職を促す施策とは，定年を待たずに早期退職する従業員に対して，通常の退職一時金に加えて相当額の割増金を支払ういわゆる早期退職優遇制度を指している。蔡（2002）は，この割増金を心理的契約違反コストとして位置づける。「組織における義務と権利との取引に関して従業員がもっている信念」と定義される心理的契約の観点によると（Rousseau, 1995など），これまで日本企業が従業員と結んできた心理的契約は，関係的契約の特徴を強く見せてきた。一般に関係的契約は，従来の日本企業において見られたように，従業員に対する長期的雇用保証と企業への忠誠心という，暗黙のうちに交わされていた心理的契約をその主な内容としている。従って，早期退職を促すということは，忠誠心の見返りとしての長期的雇用保証を反故にするということを意味しており，これが心理的契約違反にあたるというのである。そして，退職割増金は企業側が支払う契約違反金という意味合いをもつことになる。

こうした現象から推察するに，現代日本企業の経営者は労働者の企業に対する帰属意識を弱めようとしていることが伺える。それでも，企業組織が成立すると考えているのであれば，裏を返せば，現代日本企業の労働者の帰属意識が，弱めても良い程度に強いという労働者観を，経営者が有していることを意味している。果たして，現代日本企業に従事する労働者の帰属意識は強いのであろうか。

本書の第一の目的は，このような問題意識に基づき，改めて，日本人労働者の帰属意識について考えることにある。戦後復興期を経て，高度成長を遂げてきた日本企業を下支えしてきたのは，日本人労働者の強い帰属意識であると考えられてきた。もし，こうした労働者観を基礎に，今もなお経営管理が行われているのだとすれば，この点を明らかにしておく必要があるのは当然であろう。

なぜなら，もしこの信念に誤りがあるのであれば，現代日本企業の経営者は大きな軌道修正を迫られることになるからである。

　本書の第二の目的は，現代日本人労働者の精神的健康について考えることにある。第3章にもあるように，経営管理を実践するうえで，労働者の感情や態度など心理的側面の重要性を明らかにしたのはメイヨーであった。そのメイヨーが注目したのが，所属意識と精神的健康であったのである。産業構造が高度化する過程において，家族や地域共同体の有していた機能が低下し，人々の所属意識を充たす場が失われていった。この現象は多かれ少なかれ日本においても同様であったと思われる。そしてそれは，労働者の生活領域のほとんどを企業が占めるようになったからでもある。従って，メイヨーは労働者の所属性の欲求を企業組織において充足させることが必要であると考えたのである。それは，家族や地域共同体が失いつつある機能を，企業に代替させるということでもあった。しかし，実際にホーソン工場で調査を行ったメイヨーが目の当たりにしたのは，精神的に健康とは言えない労働者たちの姿であったのである。共同体の喪失による精神の不均衡を，企業によって補正することができるのであろうか。メイヨーはそのような問題意識をもっていたのではないかと思われる。つまり，所属性と精神的健康は分かちがたく結びついているとメイヨーは考えていたのである。そこで本書では，改めて労働者の精神的健康について考えてみたい。さらには，帰属意識や所属性と精神的健康の関係についても考察を深めるつもりである。また，これらを踏まえて，日本人労働者の心理構造を探るべく，これまでの日本人論を紐解いてみたいとも考えている。

2　本研究の流れ

　本書は3部構成になっている。まず第Ⅰ部では，日本人労働者の企業に対する帰属意識について考察する。かつての日本企業の強さの源泉は，その独特の経営スタイルと強固な組織文化，そしてそれを下支えしている日本人労働者の企業に対する強い帰属意識にあると考えられていた。しかし，先にも述べたように，本当に日本人労働者の企業に対する帰属意識は高かったのであろうか。

第1章では，日本人労働者の帰属意識を捉えるうえで重要であると思われる代表的な文献を振り返り，改めて日本人労働者の帰属意識について考えてみる。自らを客観視するというのは，誰にとっても難しいものである。そこで今回は，欧米の研究者によって分析，考察された文献を選んだ。その後，政府統計資料を用いて，当時の日本人労働者の帰属意識が高かったと言えるのかについて検証する。そのうえで第2章では，企業帰属意識とは何かについて考える。まず，帰属意識をより深く理解するために，その母体とも言える概念であるモラールを取り上げ，その後類似概念として重要であると思われる忠誠心について考察する。さらには，現在の帰属意識研究の到達点とも言える，組織コミットメント研究について触れるつもりである。

　第Ⅱ部では帰属意識と精神的健康の関係について考える。前述したように，産業における人間関係研究の黎明期より，労働者の帰属意識もしくは所属性と精神的健康の問題は分かちがたく結びついていると考えられていた。労働者の心理構造を理解するうえで，これら二つの心理的側面について触れることは重要であると思われる。そこで第3章では，労働者の帰属性もしくは所属性と精神的健康がホーソン研究，とりわけ，その主導者であるメイヨーによって早くから注目されていたことを改めて紹介する。ホーソン研究の概略について解説した後に，メイヨー思想の中核概念である帰属性もしくは所属性と精神的健康について触れる。第4章では，メイヨーを嚆矢とする人間関係論を高度に展開した，新人間関係学派の研究者を取り上げ，彼らが精神的健康をどのように捉えていたのかについて見ていく。そのなかで，精神的健康が自己実現思想と密接な関係にあることを明らかにしていく。さらに精神的健康における自我の重要性について論じた後に，自己疎外の問題について触れ，経営管理論と労働者の自己疎外の問題について考える。第5章では，精神的健康のベースとなる自己実現思想が，日本の企業社会にどのように受容されていったのかについて見ていく。研究者や企業によってどのように受容されていったのかについて見た後，事例として松下電器を取り上げ，20世紀末の同社がいかに自己実現を重視していたかについて論じる。さらに第6章では，現代日本企業社会におけるメンタルヘルス問題の現状について考えていく。

最後に第Ⅲ部では，これからの日本産業社会における個人と組織の健全な関係について考える。まず第7章では，日本人労働者の帰属意識と精神的健康との関係について，これまで筆者が行ってきた研究の結果について紹介する。日本においては，帰属意識が四つの要素で説明され得ることが示される。また，愛着的な帰属意識や内因的なコミットメントが精神的健康に好ましい影響をもたらすことが明らかにされる。最終章である第8章では，戦後隆盛となった日本人論および日本文化論を改めて紐解き，日本人の心理構造について考えてみる。そこでは主に，日本人の心理的二重性の存在が明らかにされる。そして，こうした心理的特徴を踏まえたうえで，これからの日本社会における個人と組織の健全な関係について，個人がどうあるべきか，組織はいかに働きかけるべきなのかといったことについて，筆者なりの提言を行う。

参考文献
蔡イン錫「人的資源管理論のフロンティア――戦略的人的資源管理論（SHRM）」『組織科学』第31巻第4号，1998年，79-92。
―――「心理的契約の違反と人的資源管理システムの変革戦略」『組織科学』第35巻第3号，2002年，73-82。
Rousseau, D. M., *Psychological contracts in organizations : understanding written and unwritten agreements*, Thousand Oaks : SAGE Publications, 1995.

第Ⅰ部

日本人労働者の複雑な企業帰属意識

　高度経済成長期を終えた我が国がGNP（国内総生産）において世界第3位の地位にまで上り詰めた1970年代の半ば，日本企業の躍進は依然として目覚ましかった。1978年10月9日号の『日経ビジネス』によれば，日本の株式時価総額は前年から58.1％も伸び，初めて2000億ドルを突破した。この数字は，米国に次いで第2位の数字であり，前年から9.2％減少した米国に対して，日本の躍進ぶりは際立った結果となった。このように欧米諸国から羨望と脅威のまなざしを向けられ，日本企業に学べという機運が最高潮に達していた当時，日本企業の強さの源泉は，その独特の経営スタイルと強固な組織文化，そしてそれを下支えしている日本人労働者の企業に対する強い帰属意識にあるというのが一般的な見方であった。こうした機運は1970年代半ばから1980年代初頭にかけてピークを迎えるものの，このように日本企業の強さの源泉が，労働者の帰属意識にあるという認識はそれ以前も，またそれ以降も共有化されてきた信念であるように思われる。しかし，本当に日本人労働者の企業帰属意識は高いのであろうか，もしくは高かったのであろうか。第1章では，日本人労働者の帰属意識を捉えるうえで重要であると思われる代表的な文献を振り返り，改めて日本人労働者の帰属意識について考えてみる。その後，政府統計資料を用いて，当時の日本人労働者の帰属意識が高かったと言えるのかについて検証する。そのうえで第2章では，企業帰属意識とは何かについて考える。

第1章
日本人労働者の企業帰属意識は高かったのか

1 欧米人研究者の議論

　企業帰属意識については次章で詳しく解説するため，ここでは簡単にその定義付けを行っておくにとどめる。帰属意識とは社会心理学の分野で用いられる専門用語で，特に企業帰属意識と言えば，「従業員が自分の属する企業に対して，その一員であることを肯定的に自覚している意識状態」（濱嶋・竹内・石川, 1997）を指している。これまで日本人労働者はこのような意識を強く有していると考えられてきたのである。では，それはどのような言説からうかがい知れるであろうか。まず，日本的経営をいち早く世界に紹介したとされるアベグレン（Abegglen, 1958）から見てみることにしよう。

（1） *The Japanese factory*（『日本の経営』）
　1958年に刊行された本書は，当時工業組織において日本と欧米の比較研究がほとんどなかったことから企てられた。訳書も同じ年に刊行されている。本書では，特に米国との比較に基づいて論じられている。まずアベグレンは日米における決定的な相違点を，会社と従業員との間にある終身関係（a lifetime commitment）に求めている。その根拠の一つとして，二つの大会社における数年間の退職率が取り上げられている。調査によれば，それらの企業による解雇はわずかに1000人に1人の割合であった。また，解雇以外の理由による退職率は男子では2～3％，女子では約10％であり，米国に比べて退職率が極めて低いことを示していた。これらのことから，日本の労働者が終身的もしくは恒久的従業員と呼ばれるのは不思議ではないと述べている。

また、会社が従業員を解雇しない一方で、従業員も自ら転職することはしない。「やめることによって経済的利益が得られることがわかっていても、彼はきっとその会社の雇用にとどまることを余儀なくされる」(邦訳，1958，25頁)というのが、アベグレンの見解である。もし、会社と従業員が経済的な関係においてのみ結ばれているのであれば、このようなことはないであろう。しかし、会社から雇用や生活を保障してもらう見返りとして、集団に対する忠誠心を示し、責任や義務を分担することが求められているために、日本企業の従業員はやめようとはしないのである。いや、先の言葉から推測すれば、やめることができないと言った方が正確なのかもしれない。

　さらに Abegglen (1958) では、日本企業における福利厚生の手厚さについて説明が行われている。日本では、会社は従業員の衣食住に対して責任を有していると考えられているし、経営者自身もそう考えているというのである。一方欧米では、職務と現金報酬との非人格的交換が強調される。「生活標準や健康標準にたいする責任は、各従業員の個人的な問題」(邦訳，1958，92頁)だからである。これに対して日本では、「従業員の人間としての全機能が、経営者の責任とみなされ、またそこでは、彼が会社という集団の構成員であるということが、彼の個人的な権利や責任を凌駕している」(同上)。

　こうしたことから、日本人労働者は全生涯をかけて会社に入ってくるように見える。経済的な関係を越えた義務の関係を、会社と個人双方が期待しているのである。工場内の人間関係は非人格的な関係を当然とする米国では考えられないほど濃密である。工員の上司である職長は、父親のように接する。まさに工場内の諸関係は家族的なのである。

　ここまで Abegglen (1958) において、特に帰属意識と関連のあると思われる部分を抽出して、その内容の一端を紹介してきた。これらの言説から、日本人労働者の企業帰属意識は強いと考えられたのであろう。しかし、本書において帰属意識という表現は一度も使用されていない。たまに忠誠心という言葉が用いられているだけである。さらに言うなら、この忠誠心という表現はそれほど肯定的な意味で用いられていないように思われる。例えば次のような記述がある。第7章において、アベグレンは日本企業の慣行である終身的雇用によっ

て，日本企業の従業員が解雇の脅威から逃れられていることに言及している。そしてこうした脅威がないことは，欧米流の考え方からすれば，効果的な生産に対する刺激を失うことに等しいはずだが，日本の労働者が欧米の労働者と比べて非生産的であるとは言えそうにないとしたうえで，その理由を次のように述べている。すなわち，「日本の労働者の活動力は，会社に対する忠誠心(loyalty)とか，彼の直属の監督者との親密な関係といったような要素によって強制されている」(邦訳，1958，160頁；傍点筆者) というのである。この表現は，前述した，従業員が会社に留まることを余儀なくされるという表現と符合しているように思われる。

（2） *Japan as number one*（『ジャパンアズナンバーワン』）

同じく米国人研究者ヴォーゲルによる日本研究である。原著，訳書ともに1979年に刊行されている。1979年と言えば，冒頭で紹介したように，日本企業が株式の時価総額において世界を凌駕しつつあった頃である。時宜を得て登場した本書によって，日本的経営論はピークを迎えたと考えられている。本書では，日本における成功の要因が様々な観点から捉えられており，政府，政治，教育などと並行して「大企業」に関する章が設けられている。副題は「社員の一体感と業績」である。また本章は，「日本的経営方法の起源」「グループ精神と社員のやる気」「会社人間――その働きぶりと自尊心」といった三つの節から構成されている。

Abegglen (1958) と異なり，本書においては忠誠心という用語が頻繁に登場する。Vogel (1979) によれば，日本の労働者が企業に対して抱いている忠誠心は米国の労働者のそれよりもはるかに強い。また，この強固な忠誠心が安くて良質の製品を生み出す源泉となっているのだという。さらに，こうした企業に対する労働者の強い忠誠心の源泉は，終身雇用制にあるというのがヴォーゲルの見方である。この点はアベグレンの見解と一致していると言ってよいであろう。忠誠心との直接的な関連性については触れてはいないものの，日本の組織においては会社の上位者（先輩）が下位者（後輩）に対して，母親のように世話をやくのが一般的であるという見解も，アベグレンと軌を一にしていると

言えよう。

　さて，Vogel（1979）においては帰属意識という用語も数回登場する。ヴォーゲルによれば，日本の企業は「長期にわたって企業への忠誠心をつなぎとめておくために，経済的刺激剤を与えることのほかに，社員の帰属意識（identification with the company）を高めることに最善を尽くしている」（邦訳，1979，175頁）。そして，社員の帰属意識を高める手段として，新入社員への綿密な研修（特に会社の歴史や経営哲学に関する研修），独自の制服やバッジや社歌や信条（例えば「松下精神」と呼ばれるようなもの），充実した社内の施設，保養施設，独身寮や社宅，低金利で借りることのできる住宅資金，自社製品の割引，始業時の朝礼，大小様々な宴会，スポーツチームなどが挙げられている。「より多くの自由時間を企業の保護のもとに過ごすように取り計らうことで，企業はグループとしての結束を固めようと」（同上，177頁）しているのである。

　このように，ヴォーゲルによれば，帰属意識とは忠誠心を維持するための手段もしくは前提のようである。帰属意識と忠誠心は同じように用いられることの多い概念であるが，ここでは比較的明確に区別されている。また，ヴォーゲルは他の箇所でも帰属意識について言及しているが，帰属意識はあくまでも組織が社員に与えるものとして捉えられている。例えば，日本企業における終身雇用制の意義について論じている部分で，日本企業の社員が定年まで同じ企業に勤め続けるという状況が終身雇用制によって導き出されることから，企業は必然的に社員の生活に深い関わりをもつようになり，そこで社員に対して「帰属意識（a sense of belonging）を植え付け」（同上，166頁），便宜を図るのだと述べている。そして，本章の終末部分では，現代日本の大企業が組織として大いに成功しているとして，その成功の原因が「日本民族のなかに流れている神秘的な集団的忠誠心などによるのではなく，この組織が個人に帰属意識と自尊心を与え」（同上，187頁）ているからだと述べており，ここでも帰属意識はあくまでも組織から個人に与えられるものとして捉えられている。すなわち，今日の大企業に成功をもたらしたのは，日本人に生来的に備わっているとされる忠誠心ではなく，マネジメントの一環として組織が個人に植え付けた帰属意識なのである。つまり個人が主体的に企業に対して帰属しているというよりも，組

織によってそうさせられているというニュアンスが強い。また，帰属意識は忠誠心と異なり操作可能な態度であることも示唆される。なお，本書においては identification with the company および a sense of belonging がともに帰属意識と訳されていることに留意しておきたい。

次に取り上げるのは，米国の経営学者による2冊の日本企業研究書である。どちらも1981年に刊行されている。文化人類学者のアベグレン，そして社会学者のヴォーゲルとは異なり，経営学者らしくあくまでも日本企業を米国企業の鏡として位置づけ，日本企業の強さに学びつつも，米国企業に日本的経営を移植することは難しいとして，それぞれに経営学的処方箋を提唱している点が興味深い。各々の著者であるオオウチとパスカルは初期の研究において共同作業を行っていたことから，内容的な類似点も幾分かは見られる。オオウチが最も世話になった日本人としてソニーの共同創業者である盛田昭夫氏の名前を挙げる一方，パスカルはその書の第2章において，松下電器の事例を詳細に取り上げている点も面白い。

（3） *Theory Z*（『セオリーZ』）

本書では，「信頼」，「ゆきとどいた気くばり」そして「親密さ」がキーワードとなっている。これらは，日本企業を研究するなかで抽出された概念であり，終身雇用制によってもたらされたとしている。「終身雇用制をとっている日本の会社は，公正で人間的な扱いを従業員に保障することにより，従業員の会社に対する忠誠心をしっかりと築き上げることができる」とオオウチは述べる（Ouchi, 1981, 邦訳, 1981, 58頁）。ここで公正で人間的な扱いとは，企業の従業員に対する全面的な関わりを意味している。日本企業の従業員は，企業組織においてその欲求を充足させてもらう見返りとして，企業に忠誠を尽くすのだという日本研究者の見方にオオウチ自身も同意しているようである。また，職場内における親密な人間関係の源泉を探るなかで，オオウチは調和のなかで一緒に働くという能力を日本人が有していることに注目している。そして，調和のなかで生きなければならない状況においては，「個人は重要でない」という価値観が，最も中心的な社会的価値観として欠かせないと述べているのである。

本書においては信頼や親密さといった概念が中心に論じられており，帰属意識に関連する用語としては「忠誠心」が数回登場する程度である。そして，前述したように信頼こそが忠誠心の源泉であると強調している。

（4） *The art of Japanese management*（『ジャパニーズ・マネジメント』）

これまで取り上げてきた三つの研究書では，多かれ少なかれ帰属意識や忠誠心といった用語が使用されていたが，本書においては，ほぼ皆無に等しい。唯一認められたのは，日本の企業組織において最も尊敬に値する個人的資質として，自分が所属しているグループに対する忠誠を取り上げていた部分ぐらいであろう。

帰属意識や忠誠心についての記述がない代わりに，本書においては「依存心」という心理的特性について多くの紙面が割かれている。本書によれば，日本企業においては組織内部の上下および横の関係において，相互依存の関係が貫かれている。前述のように本書では松下電器が事例として取り上げられているが，松下電器においては教育哲学として相互依存の啓発に重点が置かれているという。西洋社会においては近代的自我の存在を重視し，幼い頃より自立することを学ぶために，チームやグループとして共に機能的に働くために必要な，この相互依存の関係が形成されない。一方，日本では，「個人のなかに存在する自我（または自我の概念）は，成長をはばむ要素と見られて」（邦訳，1981，167頁）おり，だからこそ日本人は他者への依存が抵抗なくできるのである。西洋人は個々において独自のアイデンティティを確立しようとするが，日本人は，自己の周囲に存在する者を含めた「包括的アイデンティティ」を成長させようとする。それゆえ，日本人のもつグループの概念は，西洋における姻戚関係にごく類似したものとなり，西洋での夫婦関係のように，日本の共働チームにおいては，個々人の役割間の境界線が不明確になる傾向にあるというのである。このように，日本企業において自我や個人がグループやチームもしくは集団に従属するという見方はOuchi（1981）と同じである。依存というある意味ネガティブな心理特性を，組織行動のためには必要であるとして称揚しているところがユニークと言えよう。

第1章　日本人労働者の企業帰属意識は高かったのか

　以上，高度経済成長期前後に日本的経営を世界に紹介した著書のなかで，今でもなお影響力を有していると考えられる4冊を取り上げた。4冊を概観してわかったことは，日本的経営を下支えしてきたとされる，日本人労働者の強い企業帰属意識については，意外にもこれらの日本的経営論ではあまり触れられていなかったということである。帰属意識という用語はあまり使用されず，むしろ忠誠心や依存心といった概念が多用されていた。また，帰属意識は忠誠心の先行要因と考えられており，あくまでも帰属意識は組織から個人に与えられ，植え付けられるものとして理解されていることがわかった。日本人労働者は受動的な存在として描かれており，自らで帰属意識を育むといった能動的なニュアンスは感じられない。また，日本人労働者は組織内で自我や個人を重視しないため，他者との依存関係を形成しやすいという。ここからも日本人労働者の強い帰属意識を導き出すのは難しいように思われる。本当に日本人労働者の企業帰属意識は強かったと言えるのだろうか。

　ここで日本人の労働観を歴史的に分析した杜（2001）について見てみよう。杜（2001）も筆者と同様の疑問を抱いていることがわかる。すなわち，日本人労働者と言えば，集団精神に基づいた企業に対する忠誠心・帰属意識が強いと言われてきたが，こうした労働観は長い歴史のなかで存続しているのかという疑問である。杜（2001）では，広く労働観が議論の中心テーマであるため，忠誠心や帰属意識がほぼ同様の概念として，あまり区別されることなく用いられているものの，日本人のこうした態度が強かったと言い得るのかといった問題意識については本稿と共有化できるであろう。

　杜（2001）の整理によれば，明治・大正時代の労働者は転職することを当然視していた。また，第二次世界大戦直後の労働者も定着性を欠いていたとしている。この時代の労働態度には自主性が少なく，諦観的な暗さがあったという。しかし，1950年代も末になると，終身雇用制や年功序列制が次第に確立され，労働観も変容していくことになる。1960年代には，高い雇用率と低い転職率が見られるようになり，特に中高年層においては定着志向が強く見られたようである。さて，こうした離転職率の低さは1970年代以降も継続するものの，1990年代に入ると，特に若者を中心に帰属意識の低減が見られるようになってきた

としている。こうした結果から，杜（2001）はもし，日本人労働者の忠誠心や帰属意識が日本の伝統のなかや人々の意識のなかに固有なものとしてあるのであれば，このような労働意識の変化はないはずであると言う。従って，日本人労働者の強い帰属意識は必ずしも一貫性を有しているわけではなく，社会の生産・生活の様々な条件に従い変化するのだと結論付けている。

　以上のような歴史的考察によれば，日本人労働者の企業帰属意識は必ずしも一貫して強かったわけではないことがわかる。特に，この帰属意識が強かったのは，一般的な見解通り，高度経済成長期とそれ以降，1990年代初頭頃までということになる。しかし，この見方も疑わしいところがある。日本人労働者の帰属意識はそう単純ではないのである。いや，日本的経営に関する海外の研究が示唆するように，そもそも帰属意識に対する理解が間違っているのかもしれない。

2　国際比較から見る日本人労働者の帰属意識

（1）　転職の頻度

　では次に，内閣府が実施している「世界青年意識調査」を見てみることにしよう。この調査は内閣府が1972年以来5年おきに行っている調査で，各国青年の各生活領域や人生観等についての意識を調べ比較することによって，我が国青年の問題状況を的確に把握することを目的としている。様々な質問項目のなかに職業に関するものがあり，**図1-1**は転職の回数を国ごとに比較した第1回目の調査結果である。

　図1-1を見てわかるように，日本の場合一度も転職しなかった人の割合は45.0％と11カ国中1位である。確かにこの調査の対象者が18歳から24歳の青年であることを考えると，就職してからのわずかな期間に転職しない方がむしろ当然のような気もするが，他国の同世代の青年たちと比較してみるとそうでもないことがよくわかる。つまり，日本人労働者の企業定着度は相当に高いと言えるのである。従って，国際的に見て，高度経済成長期末期の日本人労働者の企業に対する帰属意識は強かったと推測される。この見方は杜（2001）とも符

第1章　日本人労働者の企業帰属意識は高かったのか

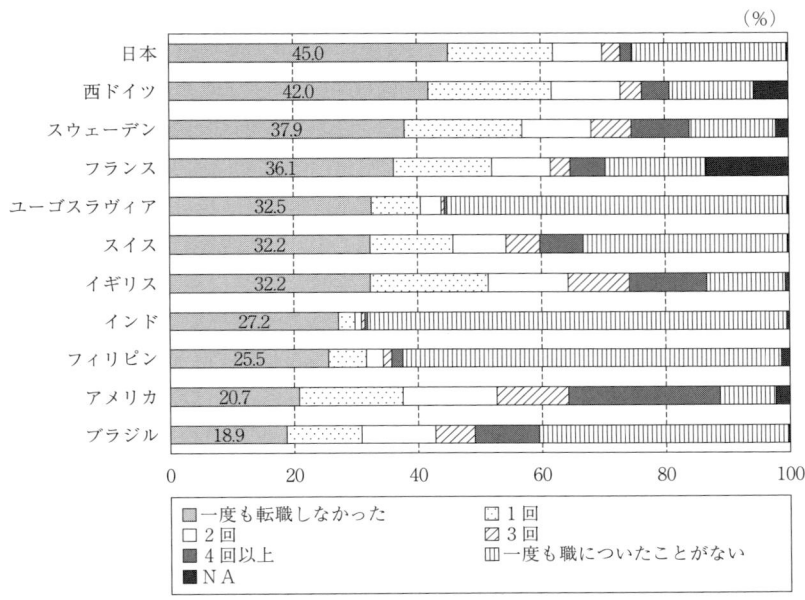

(出典)　総理府青少年対策本部編 (1973)。

図1-1　転職経験 (1972年)

合するものである。

　では，日本的経営論がピークを迎える1970年代末についてはどうであろうか。図1-2は1977年に実施された第2回目の調査結果である。調査対象国のなかでユーゴスラヴィアとオーストラリアが入れ替わっているが，それ以外は変化ない。結果を見てわかるように，前回の調査結果と比較して，一度も転職しなかった人の割合が大きくなっている。これは，前回調査と異なり，第2回調査においては「一度も職についたことがない」という回答が省かれているためであると思われる。というより，「一度も職についたことがない人」は「一度も転職しなかった人」のなかに含まれてしまっていると言った方がより正確かもしれない。この第2回調査結果を見ると，転職したことのない人の割合がインドとフィリピンにおいてかなり高いが，前回調査の結果と併せて考えてみると（前回調査ではインドとフィリピンにおける職についたことのない人の割合が高い），このなかには1度も職についたことのない人が相当数含まれていると思われるた

17

第Ⅰ部　日本人労働者の複雑な企業帰属意識

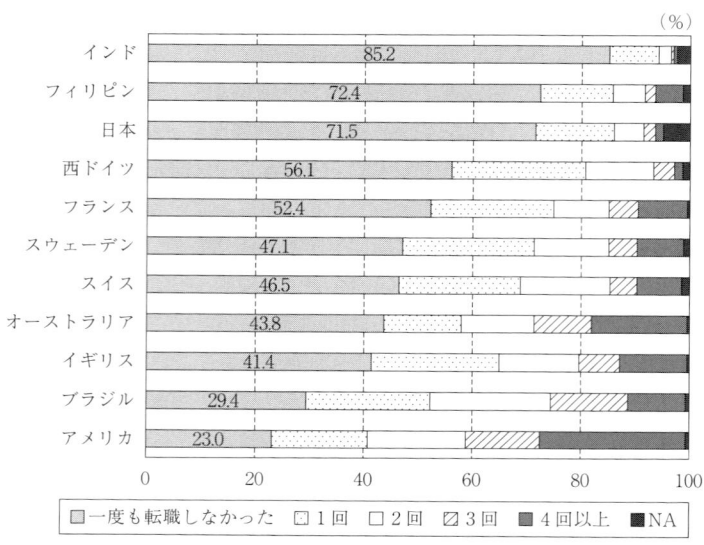

（出典）　総理府青少年対策本部編（1978）。
図1-2　転職経験（1977年）

め，第1回調査と比較するのであれば，その分を差し引かなくてはならない。そもそも，企業に対する定着度を見るのであれば，一度職についたことのある人を対象としなければ意味がないように思われる。このように考えると，一度も転職しなかった人の割合が71.5％という日本の数値は極めて高いことがわかる。推測の域を出ないが，インドとフィリピンの数値を大きく上回り，11カ国中1位に位置づけられる可能性が高い。また，他の西洋先進国と比較してもかなりの程度高いことが見て取れることから，日本人労働者の企業に対する帰属意識の強いことが推測される。日本的経営論がピークを迎える時期に合致する結果とも言えよう。

　以上，二つの調査結果から，高度経済成長期末期から日本的経営論のピーク期にかけての日本企業における労働者の定着度は極めて高いということがわかった。しかし，これをそのまま企業帰属意識の強さと考えてよいのであろうか。確かに単純に考えれば帰属意識が高ければ，労働者は転職行動を起こさないであろう。ところが，転職行動を生じさせない要因はそれだけではない。例

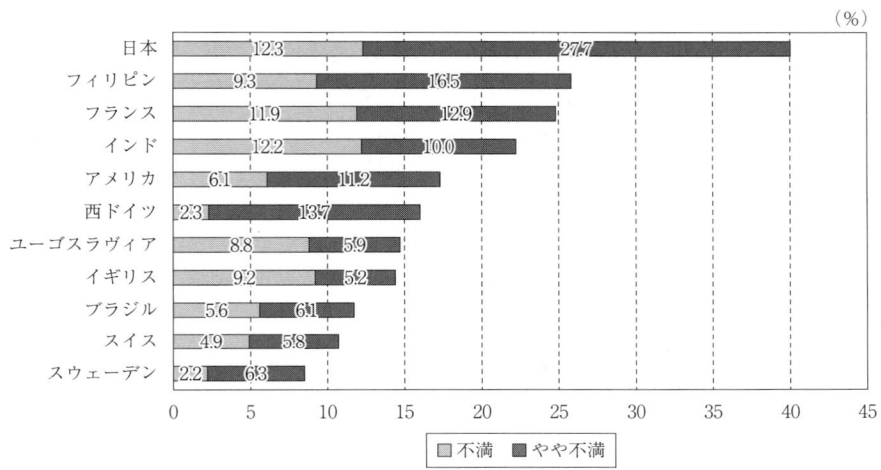

(出典) 総理府青少年対策本部編 (1973)。
図1−3 職場に対する不満度（1972年）

えば転職に関する実現可能性が問題となるのである。どれだけ転職意欲が高くても，転職先となる企業の数が少なければ転職行動は生じないということなのである。もし，このような転職に際する外的制約が強く働いているのであれば，もしくは労働者がそれを強く認知しているのであれば，定着度は帰属意識を表しているとは言えない。日本企業の労働者はどの程度の転職意欲を有していたのであろうか。

（2） 職場生活に対する満足度

本調査では同様に職場生活に対する満足度についても尋ねている。まず1972年の調査結果を見てみよう。図1−3は職場生活に対する不満度を抽出してグラフ化したものである。日本の不満およびやや不満の値はどちらも最も高い。当然，その合計である40.0％という値は，11カ国中飛びぬけて高いということになる。今回は割愛しているが，満足度（満足＋やや満足）については，59.5％（19.9％＋39.6％）と11カ国中最も低い値となっている。次に1977年の調査結果についても見ておこう。図1−4を見てわかるように，不満度こそ，11カ国中1位ではないものの（6.9％），やや不満の割合は11カ国中最も高く（25.8％），

第Ⅰ部　日本人労働者の複雑な企業帰属意識

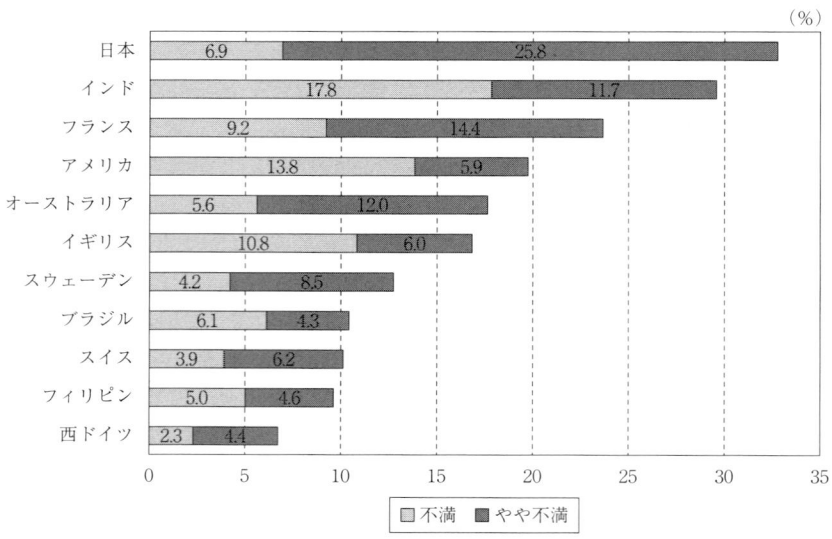

(出典)　総理府青少年対策本部編 (1978)。
図1-4　職場に対する不満度 (1977年)

両者を合わせた数値も最も高いという結果になっている (32.7%)。ちなみに、満足度についても1972年と同様の結果となっており、満足度は11カ国中最も低く (17.7%)、やや満足と合わせた割合も最下位に位置している (59.7%)。

このように、帰属意識が高いと考えられてきた高度経済成長期や日本的経営論のピーク時においてさえ、日本人労働者は職場に対して満足していなかったことが明らかである。国際的に見て、最低レベルというから驚きである。素直に考えれば、職場に対する不満は転職意欲を生じさせるはずである。つまり他国に比べて日本人労働者の転職意欲は高いことが予想される。にもかかわらず転職行動が少ないのは、意欲を抑える何がしかの要因が存在するからなのであろう。日本人労働者はジレンマを抱えていることになる。他国の労働者と比較して、日本人労働者の企業帰属意識は複雑であることが推測されるのである。

(3)　複雑な帰属意識

それでは次に、日本人労働者の企業帰属意識の複雑さを反映していると思われるデータを見てみよう。職場への定着意識を問う調査である。残念なことに、

第1章　日本人労働者の企業帰属意識は高かったのか

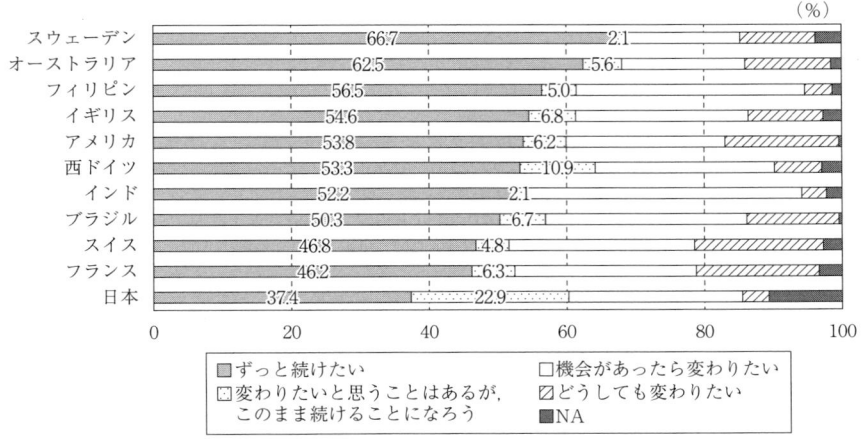

(出典) 総理府青少年対策本部編 (1978)。

図1-5　職場への定着意識 (1977年)

第1回目の調査ではこの項目がなく，第2回目のみの結果となる。

　図1-5を見ればわかるように，非常にユニークな問い方がなされている。「あなたは，今の職場で今後もずっと続けて働きたいと思いますか。それとも，変わりたいと思いますか」と尋ね，「ずっと続けたい」「変わりたいと思うことはあるが，このまま続けることになろう」「機会があったら変わりたい」「どうしても変わりたい」といった4つの選択肢のなかから一つだけを選ぶように指示している。

　それでは結果について見てみよう。「続けたい」および「続けることになろう」と回答した人の割合を合算してみると，60.3％で11カ国中6番目となり，特に特徴があるようには見えない。しかし，それぞれの回答を個別に見ると，際立った特徴が浮き彫りになる。まず，「続けたい」と回答した日本人の割合は37.4％と11カ国中最も低い。逆に，「続けることになろう」と回答した人の割合は22.9％と最も高く，2位の西ドイツ (10.9％) を大きく引き離しているのである。また「機会があったら変わりたい」と「どうしても変わりたい」と回答した人の割合は，日本では29.0％とスウェーデン (27.4％) についで低かった。

これらのデータから読み取れるのは，日本人労働者の転職意欲が必ずしも高くないということである。むしろ低いと言った方がいいだろう。報告書においても述べられている通り，我が国の場合は，積極的な定着意識・転職意識をもっている労働者は少なく，消極的な定着意識を有している労働者が多いのである。職場生活に対してはあまり満足していないにもかかわらず，転職したいという欲求はそれほどには強くないと言える。この点については大きく二つの理由が考えられよう。

　一つは，先ほど述べたように，外的制約が強く働いているために，つまり転職の実現可能性が低いと認知しているために，労働者の転職意欲自体が大きくならないということである。実現可能性の低さが意欲に影響を及ぼしているのである。いま一つは，不満に対する耐性の問題を挙げることができるであろう。端的に言えば，「日本人は我慢強い」ということである。多少の不満は不満として，それが転職の理由とはならないということである。それは個人がセルフコントロールする問題であり，転職欲求を生じさせるまでには至らないということである。もしくは，転職欲求があってもそれを自らで抑圧しているのかもしれない。

　さて，これらの問題が端的に集約されているのが，「変わりたいと思うことはあるが，このまま続けることになろう」という回答である。データを見る限り，ここに日本人労働者の心理状態が最も反映されている。結果が他国と明らかに異なっているのである。いずれにしても，これらの結果を見る限り，日本人労働者の帰属意識は，決して高いとは言えないように思われる。なぜなら，冒頭の定義にもあるように，帰属意識とは「従業員が自分の属する企業に対して，その一員であることを肯定的に自覚している意識状態」（濱嶋・竹内・石川，1997）を指しているからである。にもかかわらず，日本人労働者の企業帰属意識は高いと信じられてきた。日本人労働者の帰属意識が極めて複雑であることは明らかであろう。

3 非主体的で複雑な帰属意識

　本稿ではこれまで，日本人労働者の帰属意識について考察を重ねてきた。日本的経営論で論じられるように，日本人労働者の企業に対する帰属意識は強いという信念が，真に妥当であるのか否かを検証することが目的であった。そこでまず，日本的経営論を先導した欧米人研究者による文献を紐解いてみることにした。帰属意識という用語が用いられていない文献もあるものの，それでもこれらの文献からは，日本人労働者の企業帰属意識が強いという信念が妥当であるようには思われなかった。例えば，そのなかで注目したいのが，アベグレンの議論である。アベグレンによれば，日本人労働者は終身雇用制のなかで，会社に留まることを余儀なくされている。これは，日本人労働者の主体的な帰属意識を認めていないことを意味している。日本人労働者は，その個人の主体性とは異なる何かによって，留まることを強制されている。またヴォーゲルによれば，帰属意識は植えつけられるものである。ここにおいても，日本人労働者の帰属意識が，内発的ではないことが示唆されている。つまり，日本人労働者の帰属意識は極めて受動的な態度なのである。このように見てくると気になるのは，英語の a sense of belonging の意味である。本当にこれを帰属意識と訳してよいのだろうか。所属意識とすべきではないのだろうか。もしそうだとすれば，帰属と所属の差異はどこにあるのだろうか。いずれにしても，欧米人研究者による日本的経営論が，日本人労働者の帰属意識の強さを支持しているようには見受けられなかった。むしろ，日本人労働者の帰属意識は，外発的かつ消極的なものとして論じられているように感じられた。果たして，こうした日本人労働者の態度を帰属意識と呼んでよいのだろうか。

　次に，政府が実施している国際調査をもとに，日本人労働者の帰属意識について考えてみた。高度経済成長期および日本的経営論がピークを迎えつつあった当時の調査結果からは，日本人労働者の複雑な帰属意識が垣間見られた。日本人労働者は国際的に見て，職場に対して満足していない。にもかかわらず，国際的に見て転職行動は少ない。心理学的に考えれば，職場に対する不満足は

労働者の心的内部に緊張をもたらす。労働者個人の心的内部には，その緊張を解消する何がしかの傾向が生じるはずである。一般的に考えられるのは，不満足の原因を取り除くという方法である。不満足の原因が所属している企業にあるのであれば，その企業を離れることによって不満足の原因は消失する。従って，転職することが解決策ということになる。しかし，転職行動はあまり生じていない。ここに矛盾がある。日本人労働者は転職欲求を有しながら，それを抑圧しているのではないか。もしくは，抑圧させられているのではないか。転職したいと思うことはあるが，このまま働き続けることになろうという消極的な態度は，アベグレンが言う，会社に留まることを余儀なくされている日本人労働者の態度と一致する。目に見えない強制力が働いているということであろうか。確かに転職先が少ない，もしくはそのように感じられるということであれば，転職行動は生じないであろう。また，そもそも転職する能力が日本人労働者には乏しいのかもしれない。転職には相当の努力が必要となる。そこまでするぐらいなら，我慢した方が良いという考えもあるだろう。しかし，ではなぜ日本人の場合，我慢する傾向が強くなるのだろうか。能力の問題だけなのだろうか。今後の課題としたい。

　最後に，なぜ日本人労働者の帰属意識は強いという信念が一般化したのかという問題が残されている。この点についても，さらに検討を加える必要があろうが，一つだけ言えることは，終身雇用慣行と日本人労働者の転職の少なさ，そして日本企業のパフォーマンスの良さが単純に結び付けられたことによって生じたのではないかということである。この点についても，稿を改めて論じてみたい。

参考文献

Abegglen, J. C., *The Japanese factory : Aspects of its social organization*, Glencoe,IL : Free Press, 1958.（占部都美監訳『日本の経営』ダイヤモンド社，1958年）

濱嶋　朗・竹内郁郎・石川晃弘『社会学小事典［新版］』有斐閣，1997年。

杜　　新「『日本人の労働観』研究の歴史的変遷──その位相と今日的課題」『慶應義塾大学大学院社会学研究科紀要』第52巻，2001年，39-49。

Ouchi, W. G., *Theory Z : how American business can meet the Japanese challenge*, Addison-Wesley, 1981.（徳山二郎監訳『セオリーZ──日本に学び，日本を超える』ソニー

出版,1981年)

Pascale, R. T. & Athos, A. G., *The art of Japanese management*, Allen Lane, 1981.(深田祐介訳『ジャパニーズ・マネジメント――日本的経営に学ぶ』講談社,1981年)

総理府青少年対策本部編『世界青年意識調査報告書』1973年。

―――『世界の青年との比較からみた日本の青年――世界青年意識調査報告書(第2回)』1978年。

Vogel, E. F., *Japan as number one : Lessons for America*, Harvard University Press, 1979.(広中和歌子・木本彰子訳『ジャパンアズナンバーワン――アメリカへの教訓』ティビーエス・ブリタニカ,1979年)

第2章
帰属意識とは何か

本章では，帰属意識もしくは，その類似概念について検討する。帰属意識についての簡単な定義はすでに紹介したが，そもそも我が国において帰属意識に関する研究はいつ頃から，どのように始まり，また当初帰属意識はどのように捉えられていたのであろうか。そして，こうした研究はどのような変遷を遂げてきたのであろうか。筆者が見たところ，一連の研究は組織コミットメントと呼ばれる概念の登場を画期としているように思われる。そこで，第1節においては，組織コミットメント研究が盛んになるまでの一連の研究を概観すると同時に，帰属意識の類似概念である忠誠心について，少し考えてみたい。その後，組織コミットメントについて論じることにする。

1　帰属意識と忠誠心

尾高 (1963) によれば帰属意識は彼による造語である。もちろん，それまでにも同じ意味合いをもったコトバは，社会心理学の分野ではすでに用いられていた。松井 (1966) によれば，「外国語の feeling of belongingness とか involvement というコトバがそれに当たる」(61頁)。とはいえ，日本語として確立されたコトバがなかったことは事実のようである。尾高は帰属意識をどのように定義づけていたのであろうか。

　「帰属意識または帰属性とは，ある集団の成員が，たんに形の上でそれに所属しているだけでなく，心から，つまり生活感情の上でも，それの一員であり，その集団を自分の集団，自分の生活根拠として感じている度合をさす」(359頁)。

第2章　帰属意識とは何か

　つまり帰属意識とは，何がしかの集団に対して個人が有する態度であることが理解できる。例えば，それが企業に対する帰属意識ということであれば，企業を自分の集団もしくは，自分の生活根拠として感じている度合いを指すということになる。尾高は，こうした帰属意識を構成する要素として，その集団への満足感や信頼感，それの一員であることのために感じる誇りや，その集団に対する支持などを挙げている。また，帰属意識の類似概念として「一体感」や「忠誠度」を取り上げ，「前者はやや抽象的で実感に乏しく，後者には封建的な匂いがともなう」と述べている（尾高，1963，359頁）。

　このように尾高は1950年代の日本において，他の研究者に先駆けて，帰属意識を概念化し，さらには，こうした労働者の態度を測定するために，大規模な調査を数多く行った最初の日本人研究者であったと言える。ただ，尾高による帰属意識の捉え方は完全なものとは言えなかった。例えば，松井（1966）の言う，労働者の生産性にとって重要な態度であるモラールとこの帰属意識が，尾高のなかでも明確には区別されていなかった。つまり，会社に対する帰属意識の問題が，モラールの一側面として付随的に取り扱われていたようなのである。確かに，尾高にもこの点はある程度あてはまるように思われる。

　尾高は，それまで様々な研究者たちが試みてきたモラールに対する定義を四つの概念規定として整理しているが，帰属意識に相当する規定はそれら四つの概念規定のなかの一つとして位置付けられているに過ぎない。つまり，確かに帰属意識はモラールの一側面としてのみ扱われているのである。しかし，尾高自身がモラール調査を実施するなかで帰属意識の位置づけは微妙に変化する。尾高は，モラールを五つのインデックスによって測定しており，そのなかには帰属意識を測定するインデックスも含まれている。それら五つのインデックスのうちの第三と第五のインデックスがそれにあてはまる。まず第三のインデックスは職場集団に対する帰属意識や，仕事仲間に対する誇りの度合いを測定する項目から構成されている。次に，第五のインデックスは組織全体に対する帰属意識や満足の度合いを測定する項目から構成されている。ここで注意しておかねばならないのは，尾高がこれらのインデックスについて説明をしたうえで，モラールが，主にこれら二つのインデックスによって測定されると述べている

点である。これは，尾高のなかで，モラールと帰属意識がほぼ同義に捉えられていることを意味している。尾高は，モラールが様々な態度や意識から構成されることを認めたうえで，そのなかでも帰属意識が最も重要であると考えていたのであろう。このようにモラールと帰属意識をほぼ同義に捉えている研究者は他にもいる（例えば，木元 [1958]，森 [1988] など）。いずれにしても，帰属意識を理解するためには，モラールについても検討しておいた方がよさそうである。

（1） モラールとは

経営学辞典によれば，「モラールは，しばしば，士気とか勤労意欲などと訳されているが，明確な定義は与えられていない」（占部編，1980）。モラールが経営学において盛んに取り上げられるようになったのは，いわゆるホーソン実験を契機とする人間関係論において，生産性がモラールという従業員の心的態度に大きく依存すると実証されたからであろう。そのホーソン実験を主導した研究者がメイヨー（Mayo）とレスリスバーガー（Roethlisberger）であるが，確かに，彼らの著書を紐解いても，モラールに対する明確な定義は見あたらない。Mayo (1933) が著した『産業文明における人間問題』では，「『モラール』の意味」と題された章が設けられているが，こうしたタイトルを冠しているにもかかわらず，残念ながらモラールについて直接的に論じられている部分は見あたらない。また，共同研究者である Roethlisberger (1941) の著書『経営と勤労意欲（*Management and Morale*）』でもそれは同じである。本書の最終章第 4 節「経営と志気（モラール）」は次のような文章から始まっている。

「〈志気〉という言葉が，それを取り扱っている本章のなかであまりにも使用されなかったことは，ある人にとっては驚くべきことであったかもしれない。このことは，あいまいな言葉それ自体について考えることを避けるために，われわれによって意識的になされてきたものである」（邦訳，1941，217頁）。

モラールをテーマにしているにもかかわらず，最終章でこのように述べなければならないほど，モラールとは把握困難な概念であるということなのであろ

う。また別の箇所では、モラールは人々の日常生活においてはあまり意識に上らないとも述べており、だからこそ、モラールを的確に表現することが困難であることを示唆している。さて、このように把握することの難しい概念ではあるが、ホーソン実験が実施される以前の、「1919年という、労働者を商品或いは機械と同一視していたとも言い得る時代」に、すでにこうしたモラール概念の萌芽が認められるという研究者もいる（三宅、1953、34頁）。三宅によれば、当時、労働者の労働意欲に直接影響を与える、「目に見えない何物か」に注目した人物としてJ・R・コモンズがいる。コモンズはこの何ものかを、グッドウイルという言葉で表現した。コモンズには、フォードが賃金によって労働者を動機付けようとしていたその時でさえ、すでに、目に見えない「労働のグッドウイル」が労働の科学的管理と同様に生産性を高めることは明らかであるように思われた。それは、グッドウイルが労働者個人をして仕事に自らの全精神と全精力を注入するよう仕向けるからだという（Commons [1919]、ただし、三宅 [1953] による）。

　その後、1920年代も半ばになるとコモンズがグッドウイルと呼んだ「目に見えない何物か」は、他の研究者たちによって「モラール（morale）」という言葉で表現されるようになる。もともとこの言葉はフランス語に語源を有し、従来は「軍隊の士気」という意味に用いられていたようである。そして、ホーソン実験が華々しい成果を上げた後、1940年代にもなると多くの研究者たちによってモラール論が展開されることになるのである（三宅、1953）。

　では、欧米の研究者によってモラールはどのように定義づけられていたのであろうか。ここで寺田（1951）や三宅（1953）で取り上げられている欧米の研究者による定義を見てみることにしよう。これらの論文で紹介されている定義の数は10を超える。それぞれの定義の間には内容的な類似性はあるものの、それでも少しずつは異なっており、まさにジャングルの様相を呈している。そこで、どのような言葉が多用されているのかを見てみることにした。概観したところ、「信頼」「協力」「忠誠」という言葉が頻繁に使用されていることがわかる。なかでも「忠誠」は四つの定義で使用されており、最も多かった。この点は、尾高がモラールと帰属意識を同一視していた点と整合性を有しているよう

に思われる。それでは，寺田（1951）と三宅（1953）双方で取り上げられているモラールの定義と，比較的よくまとまっているとされる定義（寺田，1951）の二つを紹介しておこう。

　「モラールは組織構造に活力を与える精神であり，それは信頼，忠誠および協働からなる」（Knowles & Thomson [1949]，ただし寺田 [1951, 19頁] による）。

　「良きモラールは会社の奉仕目的の成功的遂行を増進せしめるため，個人及び集団をして，彼等の個人又は集団目的を，会社の奉仕目的に自発的に従属せしむる所の心的状態である」（Davis [1940]，ただし寺田 [1951, 18頁] による）。

後者の定義では，信頼，協力，忠誠といった言葉は使用されていないが，もしここで注目するとすれば自発的従属という表現になるのではないだろうか。この表現の意味するところは，忠誠に近いと思われる。やはり，忠誠とモラールは近似概念なのだろうか。いずれにしても，忠誠心もしくは帰属意識がモラールの一部であることに間違いはないようである。では，次に忠誠心について考えてみることにしよう。

（2）　忠誠心とは

　これまで，帰属意識をより深く理解するために，モラールについて検討してきた。その結果，モラールの構成要素のなかで，忠誠もしくは忠誠心という概念が重要な位置を占めていることが明らかになってきた。そもそも忠誠心とは，帰属意識とほぼ同義に捉えられている態度であった。

　さて忠誠や忠誠心という言葉は，帰属意識やモラールのように産業社会学や社会心理学といった限られた領域でのみ使用される用語ではない。というより，モラールや帰属意識のように，生産性との関連もしくは労働の文脈で論じられている日本語文献はほとんどないと言ってよい。むしろ，政治学や文化人類学，倫理学など，他の様々な領域において論じられているように思われる。それゆえに，一般的な用語として普及しているのかもしれない。例えば，忠誠に対す

るまとまった定義として目をひくのが，政治学者である田口富久治によるものであることからも，それが伺える。日本大百科全書のなかで田口は忠誠を次のように解説する。

「一般的には自我を超えた客観的な大義名分や理念，または自我の属する上級者，集団，制度などに対する愛着・傾倒の感情・態度をいう。この感情がもたらすものは，忠誠の対象を相対的に長期的に喜んで支持し，そのために行動することであり，ある程度の道徳的・感情的・物質的犠牲を払うことをいとわないという態度である」(田口，1994，529頁)。

　この解説によれば，忠誠心を抱く者は，その対象に対して能動的な支持を与えると同時に，自己犠牲をいとわないということになる。確かに我が国の場合，江戸時代から第二次世界大戦で敗戦するまで，公に対する能動的な支持と自己犠牲は守られるべき理念と考えられていた。すなわち，滅私奉公である。三戸(1981)によれば，その時代の日本は，忠孝を最高の道徳としていたが，忠孝とは滅私奉公の別称である。また，江坂(1984)は，日本企業の勢いにかげりが見え始めた1980年代前半に，その原因を従業員の企業に対する忠誠心と滅私奉公の精神の欠如に求めようとしている。これらのことからも，忠誠心において，その対象に対する能動的な支持と自己犠牲は一体であることが理解できる。
　しかし，現代の日本社会において，忠誠心をこのように捉えている人はそう多くはないのではないか。例えば，内山(1997)は，「忠誠心という言葉は，ある対象に愛着を抱き忠誠を尽くすといった意味合いから，ストレートで一方的な愛他主義を連想させる場合もある」(35頁)と言う。確かに，一方的な愛他主義と自己犠牲は少しそぐわないように思われる。なぜなら，一方的な愛他主義が自己を犠牲にした態度とは思えないからである。むしろ，それは自己満足を想起させる。また，平木(1996)も言うように，忠誠心とは上からの命令に忠実に従うといった意味に受け取られることがあるため，「誰かに忠誠心を持つことは自主性をなくすことと考えられるかもしれない」(61頁)。つまりここには，対象を能動的に支持する主体が存在しないということになる。このよ

うに，現実の忠誠心は，複雑で多面的な要素を秘めており（内山，1997），極めてパラドクシカル（逆説的）なのである（平木，1996）。

確かに二人が述べるように，誰かに忠誠を尽くす場合，そこにはある種の盲目性が潜んでいるように思われる。つまり，忠誠の対象に従うことが絶対目的化し，忠誠を尽くす個人の意思は表面に現れてこないということである。果たして，その個人本来の意思はどこにあるのだろうか。それとも，見えないだけで，本当は個人本来の意思によって従っているということなのであろうか。このあたりに，第1章で論じた，日本人労働者の複雑な帰属意識を明らかにするうえでのヒントが隠されているのかもしれない。

もちろん，忠誠心は日本人だけに特有の態度ではない。しかし，日本人を理解するうえで，極めて重要な態度であることに間違いはないようである。例えば，リーダーシップにばかり注目が集まる現代において，フォロワーシップの重要性をいち早く説いたロバート・ケリーという研究者がいる。彼は，その著『指導力革命——リーダーシップからフォロワーシップへ』において，フォロワーの七つの道を紹介するなかで，ロイヤリスト（Loyalist：忠臣）という道を取り上げ，次のように述べている。「強い忠誠心といえばなんといっても日本のサムライである。武士道の根幹を成す最も重要なもので，武士道の最たる特徴，それが忠誠心だ」と（Kelley，邦訳，1993，71頁）。

とはいえ，武士のいないこの現代において，日本人の忠誠心の有り様が今も変わらないのかという疑問は残る。また，そもそも武士の時代における忠誠心は，武士階級に限定的な態度であったのではないかという異論も出てきそうである。ここでまずは，後者について，ロバート・ベラーによる優れた洞察を参考に検討しておこう。ロバート・ベラーは西洋以外の国で唯一日本が近代化に成功した理由を，徳川時代の文化的伝統に求めようとしたアメリカの社会学者である（Bellar, 1984）。

Bellar（1984）によれば，当時の日本においては忠誠が第一の美徳であった。徳川時代の日本は，彼の師であるパーソンズが考案したAGIL図式に基づくなら，政治価値を第一義とする社会であった。そして，政治価値が優先される社会では，社会体系の目標達成に主要な関心が置かれ，それは同時に特殊主義の

価値をそのなかに含んでいるという。つまり，「家族であれ，藩であれ，全体としての日本であれ，当該集団の構成メンバーの一人が属しているのは特殊な体系ないしは集合体」（邦訳，1996, 54頁）であり，これらに献身（コミットメント）することが優先されるのである。さらに，「一人一人の集合体に対する特殊主義的なむすびつきは，集合体の長に対する忠誠として象徴される」（同上，55頁）。従って，日本において忠誠が非常に重要とされていることは，ベラーが第一義としている価値の具体的な表現として考えられるのである。しかしここで注意しておかねばならないのは，集合体の長に対する忠誠とは，人物自体に対するよりも，その人物の地位に対するものであるという点である。それゆえ，「非常に重要な代表の役にある者，すなわち集合体の首長でさえ，より大きな脈絡では，至高者体系（superordinate system）にあって，目標達成のために働いている従属者なのである」（同上，56頁）。それは天皇であっても例外ではない。天皇でさえも，祖先に対して従属しており，祖先を重んじなければならない存在なのである。

　さて，ベラーによればこれらの諸価値を最もよく表しているのが，武士階級である。ただそうは言うものの，徳川末期には，これらの諸価値は，すべての階級の間に完全に一般化されることになった。ベラーは，武士道，つまり武士の生き方が，徳川時代あるいは近代日本の価値および倫理のいかなる研究においても，特に大切にされていることを示したうえで，それは「武士，あるいは士が中心的な日本の価値を体現し，あるいは体現していると信じられていたから」（同上，183頁）であると述べている。さらに続けて「事実，武士道の倫理が徳川時代および近代において国民倫理となり，あるいはすくなくとも国民倫理の大部分を占めていた」（同上）とも述べているのである。

　こうしたベラーの見解に基づくのであれば，忠誠心が武士階級に限定的な精神ではなかったことが理解できる。さてところで，ベラーは忠誠心の自発性についてはどのように論じているのであろうか。ベラーも，日本における忠誠は，たんなる受動的な献身ではなく，能動的な奉仕と遂行を指すとしている。また，非常に多くの場合，服従は自発的であったとして，忠誠心の積極性および自発性を強調していることも併せて紹介しておきたい。

次に，忠誠心を語る際に，併せて論じられることの多い「孝」についても少しだけふれておこう。ベラーによれば日本において，忠孝は一体であると考えられており，子どもに孝をしつけるのは，その子どもが大人になったときに，忠を履行させるためであった。つまり，孝は忠と矛盾せず，かえってそれを強化すると考えられていたのである。この点が，孝を忠より優先した中国とは異なるところであるとベラーは言う。むしろ日本においては，場合によっては，忠が孝に優先した。例えば，父が主に叛くとき，孝ある子がその親を棄てて，主に従ったとしても，それは最高の孝であると考えられたのである。

　これまでベラーによる考察を参考にして，主に近世日本の忠誠心について考えてきた。忠誠心が武士階級に特徴的な態度であったこと，そして，その態度が他の階級にも広がり，国民としての態度ないしは精神として一般化したことが理解できた。では，こうした精神は今もなお日本社会に受け継がれているのであろうか。これがもう一つの問題であった。

　阿部（1992）によれば，明治初期の日本は，国体を一種の擬似宗教的な権威として，国民の忠誠心の対象とするシステムを作り上げた。ここで国体とは，天皇を中心とする政体を意味している。それまでの士農工商と呼ばれる階級は解体され，今度は，個々人が近代国家の一メンバーとして，天皇を中心とする国体に忠誠心を捧げることとなったのである。

　こうした近代化のプロセスは，民主主義を確立し，その目標を忠誠心の対象としたフランスやアメリカとは異なっていたと阿部（1992）は言う。だからこそ，これまでの議論から明らかなように，明治期においては，日本人の基本的な態度はそれほど大きくは変化しなかったように思われる。大きな変化は第二次世界大戦によってもたらされたのである。それは，国体の権威が失墜したからである。阿部（1992）によれば，「忠誠心なりコミットメントなりが，社会において個人を拘束し，支配し，行動に赴かせるためには，それらが向けられる権威に聖なるものとしての認識が付与されていなければならない」（112頁）。敗戦は，国体の権威からその聖なるものを奪ってしまったと言える。

　そこで戦後，特にサラリーマンにとっては国体の権威は会社の権威に取って代わられた。しかし，会社は，利益追求団体であって，公的な倫理の維持を主

たる目的とする団体ではない。従って，会社が公的性格をもたなければ，忠誠心は我が国の社会倫理として復活することはないと，安部は言うのである。すなわち，現代日本人の忠誠心は，近世までの日本人が抱いていたような，ある意味画一的で強固なものではなく，個々人がそれぞれ所属している団体に対して抱く部分的な態度になってしまったということなのであろう。戦後においては企業のみが，唯一日本人労働者の忠誠心を集める対象となったということなのである。しかし，繰り返し述べるように，公的性格のみを有しているというわけではない企業に対する忠誠は，幾分不完全で，複雑な態度とならざるを得ない。この点にも，第1章で論じた日本人労働者の複雑な帰属意識を読み解く鍵が隠されているのかもしれない。この点については第8章で改めて論じるつもりである。

　ベラーの言葉を借りるなら，特殊な体系はその体系を包含するさらに大きな特殊な体系のなかにある。そして，ある体系内に生じる忠誠心は，その体系を包含するより大きな体系内にも適用される。というよりは，より大きな体系に対する忠誠心が，その体系に包含されるより小さな体系に対する忠誠心を支えているということなのかもしれない。こうした言わば，忠誠の連鎖があるために，日本人の忠誠心は強固であったのではないのだろうか。こうした意味において，日本人がかつて抱いていた忠誠心は，何がしかの変容を遂げていることが伺われる。この点も日本人労働者の忠誠心が複雑であることを示唆していると言えそうだ。

　それではここからは，忠誠心の様々な側面についてもう少し考えてみることにしよう。まず先ほど少しふれた，忠誠心の逆説的な特徴についてである。この点については，平木（1996）の議論が参考になる。平木は忠誠心を，本来は個人がある対象に向ける積極的態度として，その個人の自主性を認めたうえで，「一見自発的とも見えるその姿勢の裏には，そうせざるを得ない故の自発性，あるいは集団による見えないコントロールが垣間見える」（61頁）と述べている。もしそうであるとしたら，本来的な意味でそれは自発的，換言すれば，内発的な態度とは言えないことになる。つまり，それはいわゆる外発的，すなわち，強要された態度であるということになろう。事実，平木自身も後に，ある

個人が忠誠を尽くすのは，「グループからの強制，仲間からの承認，恩義，結束などの理由」(64頁) があることによると述べている。

　つまり例えば，以前に忠誠の対象から恩を施されたという理由から，その対象に従うということである。しかしこの点については，様々な意見がある。例えば土田 (1999) は，このような恩と忠誠との関係を，ある種の相互的功利的な関係として捉える考えもあることを認めながらも，これを功利的と言ってしまえば，全てが功利的関係になるとして，こうした考え方を否定する。その一方で内山 (1997) は，忠誠心は，「個人と帰属するグループとの間に双務的な関係（ギブ・アンド・テイク）が存在することによって，初めて十分に機能する」(24頁) と述べており，忠誠心の外発性を示唆する。この点は，平山 (1995) においても同様で，「日本の主従関係の特徴は，無条件の滅私奉公ではなく，主従がお互いに相手の意向や期待を敏感に察知して，義務付けられていなくても自発的に相手のためになることを行うことを理想とするものである」(113頁) が，結局のところ「滅私奉公が実現するのは，それにふさわしい見返りが期待される限りにおいてである」(114頁) と述べている。また，Bellar (1984) は，理論上では忠誠は，恩恵を施されたか否かによって左右されるものではなく，絶対的な義務であったと述べながらも，実際には，幕府の窮乏から物質的な恵みが履行されなくなると，民衆の忠誠心は衰えたし，そのことによって将軍家の権力は弱まったとも述べており，研究者間のみならず，一人の研究者のなかでも議論は錯綜している。

　さらに，フェルテン (Felten, 2011) は「囚人のジレンマ」と呼ばれるゲーム理論を用いて，忠誠心の有する逆説性を論じている。このゲームにおける二人の囚人にとって，個々人が採用すべき合理的選択は相手を裏切ることである。しかし，このゲームを何回か繰り返し行った場合，最も成果を上げるのは，最初のゲームで相手を裏切らなかった囚人なのだという。つまり，目先の欲に目がくらんでしまった囚人は，将来的に大きな利益を得ることができなくなるのである。言い換えれば，合理的な選択よりも不合理な選択の方が長期的に見た場合，望ましいということであり，ここにある種の逆説性が垣間見られる。また同時に，忠誠心は不合理な選択をもたらしはするが，長期的に見れば望まし

い態度であるということをも示唆している。そもそも，相棒を裏切ることに抵抗を感じない人間はあまりいないとも，フェルテンは言う。要は，自らの忠誠心に素直に従っておけば間違いないということなのだろうか。しかし，フェルテンの議論からも忠誠心が内発的なのか，外発的なのかは定かではない。フェルテンは忠誠心が極めて感情的な態度であると述べてはいるものの，結局のところ，囚人が相棒を裏切らないのは，出獄した後の仕返しやギャング界での評判を気にするからではないかとも述べており，これらの要因が外的なものであることを考えれば，フェルテンのなかでも整然とは整理されていないことが伺われるのである。

では次に，Felten (2011) から示唆される，忠誠心の機能について整理しておこう。フェルテンによれば，忠誠心は士気および生産性を格段に高める。例えば，武力や規模において勝る敵と戦ったとしても，忠誠心において勝っていれば勝利することができると言うのである。また，忠誠心は社会や集団内のコストを低下させる。忠誠心によって，責任をもって関与するメンバーは，明文化されていない取り決めについても自分の務めを果たすのである。従って，こうしたコミットメントがあてにならない社会や集団では，費用がかかり効率が悪くなるだろうとフェルテンは言う。この考え方は，近年取り上げられることの多い，心理的契約や組織市民行動といった概念に通じると言えるだろう。

最後に，忠誠心はその個人のアイデンティティを形成し，維持し，強化する。この点についてフェルテンは興味深い説明を行っている。まず，消費者によるブランド・ロイヤルティという側面について言及するなかで，「ブランドを選び，使い続けることには，自分が何者であるかを表明するという一面がある」（邦訳, 2011, 189頁）と述べている。また，キリスト教の創始者であるイエスとその弟子ペテロのエピソードから，ペテロがイエスの弟子であることを3回否定したことによって，自らのアイデンティティを喪失することになったと説明している。これらの事例はいずれも，対象に対する忠誠がその個人のアイデンティティを構成していることを物語っている。

以上，忠誠心について考えてきた。忠誠心が内発的，自発的な態度であるか否か，また，功利的な態度であるか否かなど，これまでの議論からは明瞭に捉

えることが困難であることが理解できた。ただ一つ言えることは，忠誠を尽くすという態度は，ある種の倫理規範であり，道徳的態度であるということである。そしてそれは，土田（1999）も言うように，美意識と結びついている。しかし，こうした態度は初めから我々に備わっているとは考えにくい。幼い頃からのしつけや教育，また，平木（1996）の言うような集団内での様々な経験，さらには，忠誠の対象から施される恩など，様々な要因が作用して忠誠的態度は形成されるように思われる。

　例えば内山（1997）は，忠誠心を説明するなかで，次のように述べている。「外部からのうるさい規則や強制力のある規定によって人々がやむなくそれに従うといったことではなく，いわばその社会文化に内部化されている倫理的な習慣とかお互いへの義務感といったものが，日常生活のなかでごく自然に彼らの心を動かしている」（24頁）と。つまり，忠誠心は社会に内面化されている心の習慣なのである。だからこそ，忠誠的行動の遂行が自然に感じられるのである。

　ただ，繰り返すようであるが，このように自然な態度になるには，長い年月と何がしかの社会的作用が必要であるに違いない。そういう意味では，自動化されている行動なのではあるが，そもそも「自動化されている」という表現のなかに他律性が含まれているということを忘れてはならない。純粋に内発的な行動があり得るのかはともかく，功利的な行動には，外的な理由が明確に存在するが，規範的な行動には，そうした外的な理由が顕在的ではない。しかし，実際は時空を隔てた理由が存在しており，間接的かつ潜在的に作用しているということなのかもしれない。我々は忠誠心が自然発生的に生まれてくることを望んでいるのかもしれないが，「そのような心はそれを育む努力をしなければ花開くことはない」（Felten，邦訳，2011，248頁）のである。

2　組織コミットメント

　これまで組織に対する帰属意識を理解するために，モラールや忠誠心について考えてきた。モラールや忠誠心が帰属意識を理解するうえで重要な概念であ

ることは確認できたものの，帰属意識に関する科学的もしくは分析的な研究はあまり見られなかった。確かにその先駆けとなった研究として，尾高（1963）や松井（1966）があるものの，帰属意識の概念化および操作化に成功しているとは言えず，帰属意識に関する議論も活発さを欠いていたように思われる。しかし，1980年を境にその様相は大きく変化する。その最も大きな要因は，帰属意識を組織コミットメントという新しい概念で捉えようとした欧米の研究が日本にも受け入れられるようになったことにある。実際，国立情報学研究所が運営する学術情報ナビゲーター CiNii で，「組織コミットメント」をキーワードとして論文検索をしてみたところ，2012年8月現在で，185件の論文の存在を確認することができた。そのうち最も初期の研究論文は城戸（1980）であった。ちなみに，「組織」および「帰属意識」をキーワードとして検索したところ，論文数は42件であった。その最も初期の論文が1967年に刊行されていることを考えれば，近年の組織コミットメント研究の活発さがよく理解できるはずである。

（1） 組織コミットメントとは

このように組織コミットメント研究が日本においても活発化していることは事実であるが，にもかかわらず依然として，その用語と定義には一貫性がないため，コミットメント研究は混乱しており，未だに理論として確立していないのが現状である（西脇，1997）。この点についてはクラインら（Klein, Molloy & Brinsfield, 2012）も同様の見解を示しており，コミットメントそのものの意味や構造，そして尺度についてのコンセンサスが確立していないというのが，彼らの主張である。例えば，コミットメントは心理学的な状態を指しているのか，それとも態度もしくは行動を指しているのか，それさえも明確ではないという。そもそも一般的に使用されているコミットメントという言葉自体が多義的であり，様々な意味を内包していることを考えれば，それもやむを得ないのかもしれない。試みに辞書を紐解けばコミットメントが実に多様な意味を有していることが理解できる。例えば，「（罪・過失などを）犯すこと」「委託」「拘留」といった意味を有する一方で，「（人や大義などへの）傾倒・献身・深い関与」「（義

務に対する）責任・専念」「（破れない）約束・言質」「（契約上の）義務・誓約」といった意味をも有していることがわかる。また，コミットメントもしくはコミットといった表現は，現代日本の企業社会においても日常的に使用されている。筆者が企業勤めをしていたときも，当時の上司から幾度となくこの言葉を用いられた記憶がある。言葉というのは不思議なもので，初めて耳にする言葉でも，なんとなく理解した気になって，その意味するところを追求しようとはしないものである。筆者も当時，なんとなくこの言葉を理解した気になって仕事に励んでいたように思う。「コミットしてくれ」という上司の言葉に対する当時の筆者の解釈は，「自らを追い込め」，「自らのやるべきことに自らをはめ込め」といったようなものであった。言葉を発する個人，それを受ける個人の特性や，その言葉が発せられた状況等によって，様々な解釈がなされるのかもしれない。

では，学術的にはどのように用いられているのであろうか。西脇（1997）によれば，コミットメントとは人が同じ行動を継続することに深く関連している。コミットすると，個人はその行動に縛り付けられるのだという。こうした理解は，社会心理学領域における社会的影響研究の文脈に位置づけられるように思われる。例えば，アブラムソンら（Abramson, Cutler, Kautz & Mendelson, 1958）が示唆するところによれば，コミットメントは罰やコストによって引き出される。コミットされた行動，つまり継続的な行動は罰やコストの力によって余儀なくされるのである。また，社会的影響研究の大家であるチャルディーニ（Cialdini, 1985）によれば，コミットメントとは立場を明確にしたり，公言することである。立場を明確にしてしまうと，人間はある行動を継続するように余儀なくされる。それは，我々が一貫性を維持したいという動機を有しているからである。この点については，社会心理学の古典とも言えるフェスティンガー（Festinger, 1957）の認知的不協和理論や，ハイダー（Heider, 1958）のバランス理論によっても明らかであろう。

このようにコミットメントとは，一貫して継続的な行動をその個人に余儀なくさせる何かであるということが理解できる。ここで個人は，受動的で消極的な存在として位置づけられている。さて，これらの解釈を組織に対するコミッ

トメントに応用すると，どうなるであろうか。組織コミットメントとは，コミットメントの対象が組織であることを意味している。従って，組織に対する一貫して継続的な貢献行動を，組織に所属している個人に余儀なくさせる何かが組織コミットメントということになろう。

このように行動的側面に注目した組織コミットメント研究のなかでも，最も影響力があるとされている理論がベッカー（Becker, 1960）のサイドベット（side-bet）理論である。サイドベットは「副次的な賭け」などと訳されるが，ベッカーは組織に対する本来的な賭け（投資）よりも，それに付随して生じ，傍らに積みあがっていく副次的な賭け（投資）の方に注目したのである。また，こうした副次的な賭けが本来的な賭けよりも，その組織成員の行動を制約する条件になると考えた。

すなわち組織の成員は組織に対して労務提供という投資を行い，その報酬として賃金を得るが，こうした本来的な投資に付随して，彼／彼女たちはその組織で培ってきた人間関係や世間的な評価，安定した家庭生活といった組織的行為とは直接関係のない利益を享受するようになる。そして，こうした副次的な賭けによって得られる間接的な利益の蓄積が彼／彼女たちを組織に縛り付けると考えるのである。従って組織成員は，組織を離れた場合に失うものを計算して，組織に留まるか否かを判断する。

サイドベット理論における組織コミットメントはこうした組織成員の功利的側面に注目しているため，「功利的帰属意識」や「コストを基礎とした」コミットメントと呼ばれることもある。また，組織メンバーの価値観や情緒的側面よりも行動的側面に注目していることから，行動的コミットメントの代表的理論としても位置付けられているのである。縛り付けられるという表現からも明らかなように，これらのコミットメントには何らかの外的要因によって一貫した行動を余儀なくさせられるという側面が強い。チャルディーニの言う「公言」も，ここで言う外的要因にあてはまるだろう。自らの発した言葉が自らの行動を制約するのである。まさにコミットメントの訳語のなかにあった「言質」である。

ところで，ベッカーと同じような議論をしている研究者が，1960年代の日本

にもすでに存在していた。我が国を代表する社会人類学者，中根千枝である。中根（1967）は日本企業で働く者が，その企業に留まる理由を二つ挙げている。まず一つ目として，日本には職種別組合的なヨコのつながりがないため，他の会社に移るルートがないことを挙げている。そして二つ目の理由では，企業に勤める個人の集団成員との実際の接触の長さを個人にとっての社会的資本と措定したうえで，その資本は他の集団に転用できないものであるため，集団を変わることはその個人にとって非常な損失になるという説明を行っている。まさにこの後者の説明が，ベッカーの議論と近似していると言えるであろう。ちなみに，中根は日本人の移動性の少なさは，集団主義や忠誠心などによって説明されるものではなく，日本人を取り巻く社会的条件に対して個々人が行う，選択の結果であると主張している。

さて，コミットメントには他の意味も包含されていた。学術界においても，コミットメントは多義的に解釈されている。先ほどのコミットメントが外的要因によるコミットメントであるとすれば，次に紹介するのは内的要因によるコミットメントと言ってよいであろう。

1960年代にベッカーのサイドベット理論が登場してしばらく後，1970年代になると，ポーターやマウデイを中心とするグループが新たなコミットメント概念を確立することになる。彼らは組織コミットメントを組織の価値や目標の共有，組織に残りたいという願望，組織のために努力したいという意欲などによって特徴付けられる，組織への情緒的な愛着として定義付けた。こうした定義から理解できるように，前述のコミットメント解釈とは異なり，個人の組織行動を縛り付けるような外的要因はどこにも見あたらない。願望や意欲といった内的要因によって組織に対する貢献行動が継続することになるのだと言える。また彼らの開発したOCQ（Organizational Commitment Questionnaires）は最もよく利用されるコミットメント尺度である（Mowday, Steers & Porter, 1979；Porter, Steers, Mowday & Boulian, 1974）。

同様にブキャナン（Buchanan, 1974）も組織コミットメントを，組織の目標や価値，目標や価値と関連した役割，そして組織そのものに対する偏向的，情緒的な愛着と定義しており，同一視（identification），没入（involvement），忠誠

(loyalty) を構成要件として挙げている。またオレイリーとチャットマン (O'Reilly & Chatman, 1986) は組織構成員の態度変化に着目し，それが服従 (compliance)，同一視，内在化 (internalization) の順に生じると考えた。服従は信念の問題というよりは，たんに報酬を得るための態度や行動として生じ，同一視の段階では満足のいく関係を維持することに腐心し始め，グループの一員であることに誇りを感じ，その価値を尊重するようになる。そして内在化の段階では，グループや組織の価値と自らの価値が一致するようになるというのである。

　このように組織コミットメントの定義に関する議論は，これら功利的・行動的なコミットメントと情緒的・態度的なコミットメントを巡る議論に収斂しつつある。そしてこれらをうまく整理し，近年最も多くの研究者から支持を受けているのが，アレンとメイヤー (Allen & Meyer, 1990) の3次元モデルである（例えばChiu & Ng [1999]，板倉 [2001]，Shore & Wayne [1993]，鈴木 [2002]）。アレンとメイヤーは組織コミットメントを愛着的コミットメント (affective)，存続的コミットメント (continuance)，規範的コミットメント (normative) の三つに分類して説明している。愛着的コミットメントとは，組織に対する愛着によってコミットメントが生じている状態であり，マウデイら (Mowday, Steers & Porter, 1979) に代表される情緒的なコミットメントに対応している。次に存続的コミットメントは組織を離れる際のコストの知覚に基づくコミットメントであり，ベッカーに代表される功利的コミットメントに対応している。継続的コミットメント（鈴木, 2002）や滞留的コミットメント（板倉, 2001）と表現されることもある。そして規範的コミットメントとは，理屈抜きに組織にはコミットするものであるという観念に基づいて生じるコミットメントである。3次元モデルの特徴はこの規範的コミットメントを付け加えたことにあるが，これまでのところ，実証研究において規範的コミットメントが利用されているケースは少ない。

　しかし規範的コミットメントは，特に我が国の労働慣行を研究する際に有効である可能性が高い。例えば，第1章でも紹介したように，日本人労働者と米国などの外国人労働者との間で組織コミットメントを比較した研究では，予想外に日本人労働者の組織コミットメントが低いという結果が出ている（例えば

Lincoln & Kalleberg[1985], Luthans, McCaul & Dodd [1985])。これは組織コミットメントの質を考慮に入れなかった結果であり，ここに規範的コミットメントを分離しておく意味があるというのである。つまり情緒的コミットメントにおいて日本人労働者は低い値を示すが，規範的コミットメントにおいては高い値を示すのではないかということなのである。これは，共同体のプレッシャー（Lincoln & Kalleberg, 1985）や規範的プレッシャー（Near, 1989）によって日本人労働者が組織に留まっているという，外国人研究者の解釈から自然に導かれ得る帰結なのかもしれない。

　さて，1980年代も半ばを過ぎると，我が国においても組織コミットメント概念を用いた帰属意識に関する実証研究が盛んになってくる。前述したCiNiiによって検索された組織コミットメント論文のうち，いわゆるレフェリー付き論文のなかから実証的に研究されたものをピックアップしたところ，34篇の論文が抽出された。そのうち実に15篇もの論文がアレンとメイヤーによる尺度を使用もしくは参考にしていた（例えば，小玉［2011］など）。次に多かったのは，マウデイとポーターによって作成された尺度を使用もしくは参考にした研究で，6篇であった（例えば，二神［1998］など）。同じく6篇の論文で使用もしくは参考にされていた尺度がもう一つある（例えば，松山［2008］など）。高木・石田・益田（1997）によって開発された尺度である。そして次に多かったのが，3篇の論文で使用もしくは参考にされていた，関本・花田（1985）の尺度であった（例えば，田中［1996］）。残りの論文は，これまで紹介していない研究者たちによって開発された尺度を使用もしくは参考にしていたが，それぞれ1篇ずつだったので割愛する。また，1篇の論文において複数の尺度が参考にされている場合もあるので，注意されたい。

　これらの結果から，アレンとメイヤーおよびマウデイとポーターのグループによる研究が影響力を有していることがわかる。また，日本の研究者による尺度も一定の貢献をしているようである。まず関本と花田の研究を取り上げてみよう。関本と花田は1985年に刊行された論文のなかで，日本人による組織的，体系的な実証研究がほとんどないという，当時の帰属意識研究の限界に触れたうえで，日本人労働者の帰属意識を適切に測定できるような尺度を開発しよう

と試みている。ただそうは言うものの，その当時，ポーターたちの研究を上回るものは国内外において存在していないとして，彼らは，全く独自に尺度を作成するのではなく，ポーターたちによって開発されたスケールを参考にしている。そのうえで彼らは，ポータースケールでは日本的な情緒に訴えるような帰属意識がカバーされていないとして，「組織に従属安定したいとする強い願望」「滅私奉公，運命共同体意識といった伝統的な日本的帰属意識」「会社から得るものがあるうちは帰属していたいという功利的な帰属意識」といった三つの要因を加え，合計24項目からなる尺度を用意して分析を行っている。得られた回答を因子分析した結果，四つの因子しか抽出されなかった。つまり，当初想定された六つの因子は抽出されなかったのである。結局，彼らはポータースケール，すなわち，「組織の目標・規範・価値観の受け入れ」「組織のために働きたいという積極的意欲」「組織にとどまりたいとする残留意欲」と新たに追加した「会社から得るものがあるうちは帰属していたいという功利的な帰属意識」の4因子構造からなる尺度を作成したことになる。日本人労働者の帰属意識を測定するための尺度を開発しようと試みたにもかかわらず，日本的な帰属意識を表す因子は抽出されなかったのである。

　また，高木・石田・益田（1997）は，このスケールを使用した他の研究においても同様の4因子が抽出されてはいるものの，調査対象の特殊性などからこのスケールがどの程度の信頼性，妥当性を有しているのかは判断しがたいとしている。そこで，これらの問題を踏まえたうえで，高木・石田・益田（1997）は独自の尺度を開発したのである。彼らはメイヤーとアレンの研究に注目しながらも，他の様々な研究にも目を向け，それらにおいて用いられている項目のなかから，適切であると思われる項目を選定し，全部で69項目からなる質問紙を作成している。そして，被験者にこれら69項目からなる質問に対して5件法で回答してもらい，得られた回答を主因子法によって分析したところ，4因子が抽出されたとしている。4因子はそれぞれ，愛着要素（6項目），内在化要素（9項目），規範的（日本的）要素（5項目），存続的要素（4項目）と命名された。アンとメイヤーの3次元モデルに内在化要素が追加された4次元モデルとも呼べる尺度となっている。また，規範的なコミットメントに関しては，日本人

に特徴とされる「周囲の目を気にする」心理特性を問う項目が含まれており，ここにも本尺度の独自性が伺われる。

　高木らの尺度は他の研究者によっても使用されており，今のところ最も影響力のある日本版組織コミットメント尺度と言えるであろうが，問題がないわけではない。まず，高木自身の研究からも明らかであるが，それぞれの因子を構成する項目が安定していない（高木，2003）。また，常に安定的に4因子解が得られないのも難である。例えば松山（2002）では，愛着要素（6項目），存続的要素（5項目），内在化要素（5項目）が抽出されるのみとなっている。因子分析時に除外された項目が多いことも問題と言えるかもしれない。さらに，それぞれの要素を構成している項目数にばらつきがあることも気になる。アレンとメイヤーの3次元モデルにおいては，それぞれの要素は8項目で構成されており，バランスが良い。こうした観点から考えると，日本版組織コミットメント尺度は，未だ発展途上の段階にあると言えよう。

（2）　組織コミットメントの先行要因および成果要因

　組織コミットメントが何によってもたらされ，そしてどのような結果を生じさせるのかといった，いわゆる規定要因や成果要因に関する研究もこれまで数多くなされてきているので紹介しておこう。組織コミットメントをより深く理解するためには，これらの要因について知っておくことが不可欠である。特に，組織コミットメントと生産性との関係を報告している研究が多いことから，コミットメントは経営管理にとって欠かせない課題となりつつある（田尾，1997）。

　そこでここでは，組織コミットメントに関してメタ分析を行っているマシューとザジャック（Mathieu & Zajac, 1990）とメイヤーとアレン（Meyer & Allen, 1997）を参考に組織コミットメントの先行要因と成果要因についてまとめておこう（図2-1）。まず先行要因としては大きく，組織特性，個人特性，HRM施策，外部環境，職務特性，組織風土，役割の状態が取り上げられる。そして成果要因としては，リテンション，生産的行動，従業員の福利（well-being）が取り上げられる。

　マシューとザジャックによれば，組織特性と組織コミットメントの間にはほ

先行要因

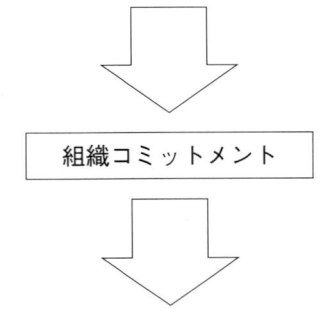

組織特性	個人特性	HRM施策	外部環境	組織風土
・規模	・年齢	・選抜	・失業率	・人間関係
・集権度	・性別	・訓練	・家族における責任	・コミュニケーション
・構造	・学歴	・報償	・組合における役職	・参加
	・婚暦	・福利厚生等		・支援
	・役職年数		**職務特性**	・公正さ
	・勤続年数		・技能の多様性	
	・有能感		・自律性	**役割の状態**
	・能力		・チャレンジ	・曖昧さ
	・給料		・職務範囲	・葛藤
	・プロテスタント倫理			・負荷
	・職位			

↓

組織コミットメント

↓

成果要因

リテンション	生産的行動	従業員の福利
・転職意思	・出勤率	・心理的健康
・転職	・業績	・身体的健康
	・市民的行動	・キャリアにおける成長

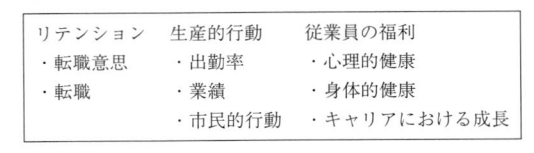

図2-1 組織コミットメントの先行要因および成果要因

(出典) Mathieu & Zajac (1990) と Meyer & Allen (1997) より筆者作成。

とんど相関がない。また個人特性との間では、例えば有能感(perceived personal competence)との相関がやや強く、年齢、勤続年数、給料、プロテスタント倫理、職位などとの相関がやや弱い程度に存在する。

　職務特性との間にはやや弱い相関があり、なかでも職務範囲(job scope)との間に比較的強い相関が認められる。組織風土については、特にリーダーとの

コミュニケーションや参加を促すリーダーシップの存在が組織コミットメントに有意に作用するという結果が出ている。また役割状態については，それぞれ弱い関係ではあるものの，役割の曖昧さや葛藤が強いほど，組織コミットメントは弱くなるという傾向が見られる。

さらにマシューとザジャックは組織コミットメントと成果要因との関係についてもメタ分析を行っている。リテンションについては，組織コミットメントと転職意思および実際の転職との間に負の相関が認められる。組織に対するコミットメントが強いほど転職しようという意識は乏しくなるという予想通りの結果である。

生産的行動については，組織コミットメントと業績との間に若干の相関が認められている（Mathieu & Zajac, 1990）。しかし筆者の行った重回帰分析によれば，業績評価に対する組織コミットメントの影響は認められなかった（松山，2002）。この場合，業績評価とは両者とも他者による客観的な評価を指している。

組織コミットメントと従業員の福利との関係については，特にストレスやメンタルヘルスとの関係を調査したものが近年増加傾向にある。例えば渡辺・水井・野崎（1990）は人材派遣会社従業員のストレスおよび組織コミットメントの程度を探るなかで，うつ傾向と組織コミットメントが負の相関関係にあることを見出している。また，田中（1996）は単身赴任者について調査を行い，組織コミットメントを「残留意欲」「働く意欲」「価値の内在化」および「功利的帰属」といった四つの因子に分解したうえで，ストレス反応と「働く意欲」および「価値の内在化」が負の相関を示し，「功利的帰属」とは正の相関を示すことを見出している。そして，カリエスとギレスピー（Kalliath & Gillespie, 1998）は看護婦と技術者を対象に調査を実施し，高い組織コミットメントがバーンアウトを軽減することを発見している。また，筆者が行った調査では，組織コミットメントを愛着要素，内在化要素，滞留的要素に分解したうえで重回帰分析を実施した結果，愛着要素はメンタルヘルスに対して正の影響を及ぼし，他の二つの要素は負の影響を及ぼすことが明らかになっている（松山，2002）。

3　複雑で脆弱な忠誠心

　これまで，企業に対する帰属意識について理解を深めるために，モラールや忠誠心，そして組織コミットメントについて検討を加えてきた。当初，帰属意識とモラールは明確に分離されないまま使用される傾向にあり，さらにはモラール自体が明確に定義されていないということもあって，議論は混沌としていたように思われる。また，忠誠心に関する議論も，一般論的なものが多く，多様な領域における議論には資するものの，科学的かつ分析的な研究は少なかった。しかし，組織コミットメント概念が欧米から輸入されるようになり，概念の操作性が格段に増したことによって，体系的かつ分析的な研究が急激に進められることになった。このように帰属意識研究は，科学的研究の段階に入ったと言えるのだが，それでも，帰属意識を完全に捉え切れているとは言い難い。ここでは，この発展途上段階にある帰属意識研究の成果を踏まえて，日本人労働者の複雑な帰属意識について若干の考察を加えておきたいと思う。

　これまでの議論を振り返ると，日本人労働者の帰属意識を考えるうえで最も参考になるのは，やはり忠誠心に関する議論ではないだろうか。本論でも述べたように，忠誠心は人類共通の態度であるとはいえ，特に日本人に特徴的な態度であると考えられる。それは，国際社会における，または地政学的な日本の特殊性と士農工商などの社会システムが織り成す，歴史的背景を伴った国民的態度であったのである。しかしながら，戦後になって，その忠誠心は行き場を失ってしまう。特に，国体の喪失によって，公的な忠誠心はほとんど示されることがなくなってしまった。そこで，私的とも言える忠誠心が，企業に対して向けられるようになったわけである。ただし，その忠誠心はそれまでのものとは異質であるだけでなく，いささか弱く，また，複雑なものとなってしまったように思われる。なぜなら，それまでの忠誠心は，入れ子構造をなす特殊な体系の連鎖のなかで，常により大きな体系における忠誠心がその小さな体系内で生じる忠誠心を支えてきたからである。最も大きな体系が権威を失った現代日本において，企業に対する忠誠心は脆弱なものにならざるを得ない。当然，こ

うした状況は日本人に複雑な忠誠心を育むであろう。こうした解釈が一つである。

　次に取り上げたいのは，日本社会に潜在する社会的強制力の強さである。第1章で紹介したように，一部の外国人研究者が，日本人の企業に対する帰属行動を「余儀なくされている」といった表現を用いて説明していた。まさに平木 (1996) が述べているように，忠誠心は自発的な態度であるとされる一方で，実は，それはそうせざるを得ないゆえの自発性のなせる業であり，見えないコントロールによるやむを得ない行動なのかもしれない。土田 (1999) のように，多くの日本人は忠誠心を美化しがちであるが，そんなに単純な態度ではないのであろう。ここに，日本人の帰属意識の複雑さの原因があるのかもしれない。本来の自我は脇に置き，見えない強制力にその自己を委ねているのだとしたら，これほど複雑な状況はあるまい。ましてや，それを自らの意思によるものであると信じているのであれば，否，もっと言えば，そう信じなければならないと思っているのであれば。前述したように，忠誠心は育む努力を必要とする。江戸時代という特殊な時代に，長い時間をかけて育まれた態度が忠誠心なのである。孝を初めとするしつけ，幕府や藩からの温情，仲間からのプレッシャーなど，様々な社会的相互作用を通じて忠誠心は植えつけられていく。しかし，こうした社会的相互作用と忠誠心は一体なのであろう。一方が欠けてしまうと，もう一方も維持することは難しい。にもかかわらず見えない強制力だけが社会規範として残存し，せざるを得ない状況になったとき，やはり個人は複雑な心情を抱え込むことになるのではないだろうか。第1章で見た，日本人労働者の不満の原因はこういったところにもあるのかもしれない。つまり，辞めたくても辞められないということである。辞めてはいけないという見えない強制力が働いているのである。

　次に，組織コミットメント概念を用いて考えてみよう。組織コミットメントには様々な内容，タイプのコミットメントがあった。帰属意識の複雑性を考えるとき，その帰属意識の源泉が自己の外部にあるのか，内部にあるのかが重要であるように思われる。帰属意識の源泉が内部にある場合は，自律的な帰属意識と言えようが，それが外部にある場合は，他律的な帰属意識と言えよう。つ

まり，他律的な帰属意識が優勢である場合に，その個人はジレンマを感じるのではないかということである。

例えば，功利的な帰属意識を考えてみよう。この帰属意識は企業から得られるものがあるうちはその企業に留まって貢献しようとする意識を表している。企業から得られるものがなくなれば，この個人は企業を去っていくことになる。つまり，この個人は企業から得られる何かに，自らの行動を依存させているのである。これは他律的な状況であると言わざるを得ない。また，規範的なコミットメントも同様である。一度，参入した組織には長く留まるべきであるという社会通念や，見えない義務はその個人にとっては外在的なものである。こうした外在的要因によって自らの行動が左右される，言葉を変えれば，こうした要因によって縛られている状況は，他律的な状況であると言わざるを得ない。この解釈は，忠誠心についてもあてはまるであろう。そして，こうした他律的状況は複雑な心理状態をその個人にもたらすことになるのである。もちろん，個人のうちには様々な内容のコミットメントが存在する。問題は，どのタイプのコミットメントが優勢であるのかということであろう。考えられるのは，日本人労働者には，規範的なコミットメントや功利的なコミットメントが強いのかもしれないということである。または，これらのなかで優勢なコミットメントがなく，相互に葛藤を生じさせているのかもしれない。今後の研究が待たれるところである。

参考文献
阿部美哉「日本人の忠誠心とコミットメント」『知識』1，1992年，106-113。
Abramson, E., Cutler, H. A., Kautz, R. W. & Mendelson, M., "Social power and commitment : A theoretical statement," *American Sociological Review*, 58(23), 1958, 15-22.
Allen, N. J. & Meyer, J. P., "The measurement and antecedents of affective, continuance and normative commitment to the organization," *Journal of Occupational Psychology*, 63, 1990, 1-18.
Becker, H. S., "Notes on the concept of commitment," *American Journal of Sociology*, 66, 1960, 32-40.
Bellar, R. N., *Tokugawa Religion : The cultural roots of modern Japan*, The Free Press, 1984.（池田　昭訳『徳川時代の宗教』岩波文庫，1996年）

Buchanan, B., "Building organizational commitment : The socialization of managers in work organizations," *Administrative Science Quarterly*, 19, 1974, 533-546.

Cialdini, R. B., *Influence : Science and Practice*, Scott, Foresman and Company, 1985. (社会行動研究会訳『影響力の武器』誠信書房, 1991年)

Chiu, W. C. K. & Ng, C. W., "Women-friendly HRM and organizational commitment : A study among women," *Journal of Occupational and Organizational Psychology*, 72, 1999, 485-502.

Commons, J. R., *Industrial goodwill*, McGraw-Hill, 1919.

Davis, R. C., *Industrial organization and management*, Harper, 1940.

江坂 彰「『日本株式会社』ちょっと変だ 病みはじめた忠誠心」『文藝春秋』7月号, 1984年, 180-207。

Felten, E., *Loyalty : The Vexing Virtue*, Simon & Schuster, 2011. (白川貴子訳『忠誠心, このやっかいな美徳』早川書房, 2011年)

Festinger, L., *A theory of cognitive dissonance*, Stanford University Press, 1957. (末永俊郎監訳『認知的不協和の理論——社会心理学序説』誠信書房, 1965年)

Heider, F., *The psychology of interpersonal relations*, Lawrence Erlbaum Associates, 1958. (大橋正夫訳『対人関係の心理学』誠信書房, 1978年)

平木典子「隠された親密さ——忠誠心」『現代のエスプリ 親密さの心理』12月号, 1996年, 61-68。

平山朝治『イエ社会と個人主義——日本型組織原理の再検討』日本経済新聞社, 1995年。

二神枝保「派遣人材の組織コミットメント, 職務関与, 職務満足——女性派遣社員をサンプルとしての探索的分析（環境変化と企業経営）」『経営学論集』68, 1998年, 156-163。

板倉宏昭「情報化および組織コミットメントと組織貢献度の関係——コンピュータ関連企業営業職サンプルを用いて」『組織科学』第34巻第3号, 2001年, 67-81。

Kalliath, T. J. & Gillespie, D. F., "The relationship between burnout and organizational commitment in two samples of health professionals," *Work & Stress*, 12(2), 1998, 179-185.

Kelley, R. E., *The power of followership*, Doubleday, 1992. (牧野昇監訳『指導力革命——リーダーシップからフォロワーシップへ』プレジデント社, 1993年)

城戸康彰「日本企業における組織コミットメント」『三田商学研究』第23巻第3号, 1980年, 132-151。

木元進一郎「経営労働者の企業帰属意識と組合帰属意識について」『労働法学研究会報』1958年, 1460-1480。

Klein, H. J., Molloy, J. C. & Brinsfield, C. T., "Reconceptualizing workplace commitment to redress a stretched construct : Revisiting assumptions and removing confounds," *Academy of Management Review*, 37(1), 2012, 130-151.

Knowles, A. S. & Thomson, R. D., *Industrial management*, the Macmillan, 1949.

小玉一樹「組織同一視と職務態度・行動との関連性——組織コミットメントとの弁別

性に着目して」『人材育成研究』第6巻第1号,2011年,55-67。
Lincoln, J. R. & Kalleberg, A. L., "Work Organization and Workforce Commitment : A Study of Plants and Employees in the U. S. and Japan," *American Sociological Review*, 50, 1985, 738-760.
Luthans, F., McCaul, H. S. & Dodd, N. G., "Organizational commitment : A comparison of American, Japanese, and Korean employees," *Academy of Management Journal*, 28, 1985, 213-219.
Mathieu, J. E. & Zajac, D. M., "A review and meta-analysis of the antecedents, correlates, and consequences of organizational commitment," *Psychological Bulletin*, 108, 1990, 171-194.
松井賚夫「会社に対する帰属意識──その形成要因と生産性への影響」『応用社会学研究』8,1966年,61-70。
松山一紀「メンタルヘルスと従業員態度および業績評価との関係──大手電機メーカーA社を事例として」『日本労務学会誌』第4巻第2号,2002年,2-13。
────「自己選択型の人事施策が組織コミットメントに及ぼす影響」『組織科学』第42巻第2号,2008年,61-74。
Mayo, E., *The Human Problems of an Industrial Civilization*, MacMillan, 1933.(村本栄一訳『産業文明における人間問題』日本能率協会,1951年)
Meyer, J. P. & Allen, N. J., *Commitment in the workplace : Theory, research, and application*, Sage Publications, 1997.
三戸 公「企業忠誠心──労使を貫く『家』の論理」『労働法』122,1981年,86-93。
三宅晴士「経営学における所謂『モラール論』に対する一考察」『商学論集』第21巻第4号,1953年,24-60。
森賢太郎「忠誠心(会社との一体感)はなくてもよいか」『労務研究』481,1988年,15-25。
Mowday, R. T., Steers, R. M. & Porter, L. W., "The measurement of organizational commitment," *Journal of Vocational Behavior*, 14, 1979, 224-247.
中根千枝『タテ社会の人間関係』講談社,1967年。
Near, J. P., "Organizational commitment among Japanese and U.S. workers," *Organizational Studies*, 10, 1989, 281-300.
西脇暢子「組織へのコミットメントメカニズム」『経済と経済学』83,1997年,97-112。
尾高邦雄『改訂版 産業社会学』ダイヤモンド社,1963年。
O'Reilly, C. & Chatman, J., "Organizational commitment and psychological attachment : The effects of compliance, identification, and internalization, on prosocial behavior," *Journal of Applied Psychology*, 71, 1986, 492-499.
Porter, L. W., Steers, R. M., Mowday, R. T. & Boulian, P. V., "Organizational commitment, job satisfaction, and turnover among psychiatric technicians," *Journal of Applied Psychology*, 59, 1974, 543-565.
Roethlisberger, F. J., *Management and Morale*, Harvard University Press, 1941.(野田一夫・川村欣也訳『経営と勤労意欲』ダイヤモンド社,1954年)

関本昌秀・花田光世「11社4539名の調査分析にもとづく帰属意識の研究（上）」『ダイヤモンド・ハーバード・ビジネス』10，1985年，84-96。

Shore, L. M. & Wayne, S. J., "Commitment and employee behavior : comparison of affective commitment and continuance commitment with perceived organizational support," *Journal of Applied Psychology*, 78, 1993, 774-780.

鈴木竜太『組織と個人』白桃書房，2002年。

田口富久治「忠誠」『日本大百科全書』小学館，1994年，529頁。

高木浩人『組織の心理的側面──組織コミットメントの探求』白桃書房，2003年。

高木浩人・石田正浩・益田　圭「実証的研究──会社人間をめぐる要因構造」田尾雅夫編『「会社人間」の研究──組織コミットメントの理論と実際』京都大学学術出版会，1997年，265-296。

田中佑子「単身赴任者の組織コミットメント・家族コミットメントとストレス」『社会心理学研究』第12巻第1号，1996年，43-53。

田尾雅夫「問題の所在──なぜ会社人間が問題なのか」田尾雅夫編『「会社人間」の研究──組織コミットメントの理論と実際』京都大学学術出版会，1997年，5-12。

寺田武義「経営におけるモラール理論の展開」『商大論集』第6号，1951年，17-35。

土田健次郎「忠誠心とは何か──儒学に学ぶ」『大倉山講演集』1999年，101-120。

内山　隆「現代社会とビジネス忠誠心（上）」『経営学論集』第8巻第2号，1997年，21-38。

占部都美編『経営学辞典』中央経済社，1980年。

渡辺直登・水井正明・野崎嗣政「人材派遣会社従業員のストレス，組織コミットメント，キャリアプラン」『経営行動科学』第5巻第2号，1990年，75-83。

第Ⅱ部

帰属意識と精神的健康

　第Ⅱ部では帰属意識と精神的健康の関係について考える。これまで，日本人労働者の帰属意識における複雑性について論じてきた。こうした複雑な帰属意識は労働者個人に対して何をもたらすだろうか。経営管理論における帰属意識研究を紐解くと，1920年代に実施されたホーソン研究に辿り着く。ホーソン研究を主導したメイヨーは早くから，労働者の帰属性と精神的健康に注目していた。現代の日本企業社会においても，労働者の精神的健康は重要な問題を我々に投げかけている。第Ⅱ部ではこれらの関係性について考えてみたい。まず第3章では，労働者の帰属性もしくは所属性と精神的健康がホーソン研究，とりわけ，その主導者であるメイヨーによって早くから注目されていたことを紹介する。ホーソン研究の概略について解説した後に，メイヨー思想の中核概念である帰属性もしくは所属性と精神的健康について触れる。第4章では，メイヨーを嚆矢とする人間関係論を高度に展開した，新人間関係学派の研究者を取り上げ，彼らが精神的健康をどのように捉えていたのかについて見ていく。そのなかで，精神的健康が自己実現思想と密接な関係にあることを明らかにしていく。さらに精神的健康における自我の重要性について論じた後に，自己疎外の問題について触れ，経営管理論と労働者の自己疎外の問題について考える。第5章では，精神的健康のベースとなる自己実現思想が日本の企業社会にどのように受容されていったのかについて見ていく。研究者や企業によってどのように受容されていったのかについて見た後，事例として松下電器を取り上げ，20世紀末の同社がいかに自己実現を重視していたかについて論じる。さらに第6章では，現代日本企業社会におけるメンタルヘルス問題の現状について考える。

第3章
労働者の帰属性と精神的健康

1 ホーソン研究

　帰属意識研究の第一人者とも言える高木 (2003) によれば,「組織のなかの人間について, その心理的な側面, 情緒や感情に注目することの必要性を指摘したのは人間関係論であり, それを花開かせるきっかけとなったのは, 著名なホーソン研究」(4頁) である。そして人間関係学派の父と呼ばれ, そのホーソン研究を主導したのが, ハーバード大学のメイヨーであった。ホーソン研究の成果は,「感情と非公式組織の発見」という簡潔した言葉で言い表されることが多い。これは, それまでの組織においては, むしろ不要とさえ考えられていた労働者の感情が, 看過されてはいけない重要な管理項目であることを, ホーソン研究が見出したということを意味している。また, 権限と責任の配置や, 指示命令系統の整備に力点を置いてきた伝統的管理論では, 経営が定める公式組織こそがその有効性を左右すると考えられてきたにもかかわらず, ホーソン研究の成果は, こうした公式組織のなかで自生的に生じる人間集団 (非公式組織) も同様に, 経営管理において重要であることを明らかにしたのである。

　ではここで改めて, ホーソン研究の概要に少しだけ触れておくことにしよう。なお, ホーソン研究に関する記述は, メイヨー (Mayo, 1933), 大橋・竹林 (2008), レスリスバーガー (Roethlisberger, 1941), レスリスバーガーとディクソン (Roethlisberger & Dickson, 1939), 進藤 (1978), ホワイト (Whyte, 1956) を参考にしている。

　ホーソン研究とは1924年から1932年にかけてホーソン工場で実施された, 人間労働と生産性に関する壮大な実験および調査の総称である。ホーソン工場と

は，アメリカの大手電機メーカーであるウエスタン・エレクトリック社の工場を指しており，シカゴ郊外に位置していた。ウエスタン・エレクトリック社は当時，ベル電信電話会社（後のAT&T）の電話・電信機器を供給する最大メーカーで，約4万人の従業員を有していた。そのうちホーソン工場には3万人近い従業員がいたと言われている。20世紀の後半になり，AT&Tの子会社となるまで，ウエスタン・エレクトリック社は優良企業として活躍した。

（1） 照明実験（ホーソン第1実験）

ホーソン第1実験とも呼ばれるいわゆる照明実験は，1924年11月から1927年4月にかけて実施された。目的は「照明の質・量と従業員の作業能率との関係」を究明し，能率増進方法を発見することにあった。この実験は，国家学術調査審議会との共同研究として実施されており，このときハーバード大学はまだ関与していなかった。

実験は工場のコイル巻部門の従業員を対象に実施された。照明の量が関係していることを明らかにするために，コイル巻部門の従業員をテストグループ（照明度が変化する）とコントロールグループ（照明度が一定）に分けて実験を行った。異なる環境で，どのように生産量が異なるかを見ようとしたのである。まず，テストグループについては，照明の強度を24燭光，46燭光，76燭光と3段階に上げていった。すると，テストグループの生産高が上昇したことが確認された。しかし，一方のコントロールグループについても，生産高の上昇が認められたのである。この結果は，照明の強度と作業量との間には明確な相関関係がないことを示唆していた。

そこで次に，テストグループの照明度を次第に下げていくことにしたところ，それでも，生産量は依然として上昇を続けた。一方照明度が一定のコントロールグループでも生産量は増大した。その後，テストグループの照明は0.06燭光という，月光程度の明るさにまで下げられたにもかかわらず，ほとんど作業量は低下しなかったと言われている。

これらの事実から，当初の目的は達成されなかったことになる。しかし作業能率が，照明という物理的要因以外の何かによって影響を受ける可能性がある

ことに気づかせた点で，この実験は大きな役割を果たした。と言うのも，それまではテイラー（Taylor, 1911）が提唱した科学的管理法が，経営管理の原則として普及していたからである。例えばそのなかに，差別的出来高給制度と呼ばれる報酬制度がある。これは，テイラーの根本思想でもある課業観念，つまりは標準という概念を徹底させるために考案された制度である。当時の労働者が貧困のなかにあったということもあり，金銭的刺激によって労働者を動機付けようという意図がこの制度にはあった。こうした，いわゆるテイラー流の考え方によって，当時の企業経営者は労働者の生産性が客観的に捉えることのできる，いわゆる物理的要因によって変化するという信念を抱いていたのである。照明もその一つであった。

（2） 継電器（リレー）組立作業実験室での調査（ホーソン第2実験）

　続いて1927年4月から1932年5月まで，継電器組立作業実験室で調査が行われた。この調査はハーバード経営大学院の研究者エルトン・メイヨーを指導者として実施された。調査目的は，照明以外の作業条件が作業能率に影響を及ぼしているという仮説を検証することにあった。

　継電器組立作業とは，コイルなど35個の部品を4個の機械ネジで締めつけて継電器に組み立てるもので，作業には約1分を要した。女子工員が担当し，1日500個が平均生産高とされていた。実験に参加したメンバーは6人の女工で，5人が組立工，残りの1人が世話役であった。これらの女子工員を選抜するにあたっては，二つの条件が提示された。十分に経験を積んでいることと，自発的で協力的であるということがその条件であった。まず，条件にかなう女子工員を2人選抜し，続いて彼女らに残りを選抜させた。また，これら6人の他に，実験を直接担当する観察者が配置された。実験室は5階にあり，正規のリレー組立作業室から離れた場所に置かれた。

　実験室では作業条件を様々に変化させ，それらと生産量との関係について調べた。実験を進めるなかで，一貫して生産高は上昇したが，それらが何によってもたらされたのかは明確とは言えなかった。しかし，メイヨーの共同研究者であるレスリスバーガーは次のような仮説ないし解釈を提示した。

①照明や通風設備の改善など，物的環境の改善が要因である。②休憩や時短が疲労の累積を軽減する効果があった。③単調感が緩和された。④100人単位の集団出来高給から5人単位のそれに切り替えられ，それが能率刺激要因として影響を与えた。⑤監督方法の変化が要因である。

これらの仮説のうち，①から④だけでは他の研究員からの納得を得ることができなかった。そのためレスリスバーガーは⑤の仮説に注目し，監督方法のよりよき変化という社会変化を伴っていたからこそ，休憩や時間短縮も生産増加を招来することができたと考えた。そして，社会的要因こそが生産高を規定する主要な情況であったと結論づけたのである。

（3） 面接調査

生産量の増大には物理的要因ではなく，労働者の精神的要因が関係している可能性が高まったため，さらにより深く従業員の態度や感情を知る必要が生じてきた。そこで，実施されたのが面接調査である。この調査の実施にはメイヨーの働きかけが重要な役割を果たしたと言われているが，ホーソン工場自体の事情もあった。というのも，この時期に従業員の数がほぼ倍増しており（1927年：2万1929名→1929年：4万272名），これにともなって第一線監督者を中心に監督者の増員を行わなければならず，新しい監督者の育成が喫緊の課題となったからである。一般従業員の声を監督者育成に反映させるという思惑が生じたのである。調査は1928年から1930年までの約1年7カ月の間に，実に2万1126名の従業員を対象に行われた。

当初は，職務内容・労働条件・監督方式に関する指示された質問に対して「好き・嫌い」もしくは「イエス・ノー」で回答する方法で行われていた。しかしこの方法では，従業員たちが自分たちに有利な事柄や関心の強い問題にしか答えないこと，さらには，従業員自身がそれら以外のことについても語りたがっていることがわかったため，非指示的面接（non-directive method）が導入されることになったのである。この新しい方法では，面接者は相手に好きなように思うように話をさせることに主眼を置いた。新方法への変更はメイヨーによって指導され，レスリスバーガーが肉付けをしたとされている。スイスの心理学

者ピアジェの提唱していた，子どもに対する面接理論をモデルにしたものであった。

面接の結果，37項目・約8万件のコメントが得られた。37項目は以下の通りであった。欠勤，昇進，側廊，能率基準，クラブ活動，汚れ，疲労，床，調度・備品，病院，時間，興味，面接計画，照明，ロッカー，材料，単調，騒音，給与，配置，食堂，安全・保健，衛生設備，煙と臭い，社交，安定した仕事，監督，温度，節倹，道具と機械，輸送，休暇，通風，洗面所，福祉，作業空間，その他一般である。これらの項目に対して，満足が約4万件，不満も約4万件あった。不満というコメントは工場作業条件に関連したものに多かった。ところが，これらのコメントを関係者で分析したところ，状況のよい場合には満足というコメントを述べずに，悪い場合にのみ不満というコメントを述べる者の多いことがわかってきた。悪くない場合は，当然の状況と捉えられ，満足というコメントには至らないのである。これらのことは，従業員のコメントが必ずしも事実を反映したものとは言えないことを示唆していた。つまり，従業員たちの不平・不満は事実に基づくものと，そうでないものとに分けられることがわかってきたのである。そこでレスリスバーガーらは，従業員不満を仔細に検討し，質的に異なる三つの不満が存在することを発見した。

A：知覚することのできる，客観的事実に立脚した不満（例，「扉が壊れている」「機械が故障している」）。
B：知覚することのできるものではあるが，客観的裏付けのない不満（例，「職場が汚れている」「部屋が暑い」「仕事が危険だ」）。
C：知覚することもできないし，客観的裏付けもない不満。話者の希望や恐れが含まれている（例，「賃率が低すぎる」「収入が勤続に見合っていない」）。

こうして，従業員に対する面接調査で明らかになったことは，調査の結果が事実そのものを示しているというよりは，従業員の感情を示しているということであった。事実に基づかない不満が，従業員個人の感情に起因するものであったというだけでなく，事実に基づく不満であると見られるような場合でさえも，

従業員個人の感情が影響を及ぼしている可能性があったのである。さらに，従業員のこうした人間感情に根ざす不満は，その人の置かれている人間的あるいは社会的な情況を考慮して初めて正しく理解できると研究者たちは考えた。面接データの解釈を方向付けるいくつかのルールのなかにそれらを読み取ることができる。進藤（1978）から，そのルールの主要点を抜粋してみよう（72-73頁）。

Ⅰ：面接者は面接において述べられたことを，文脈のなかの一項目として扱うべきである。
Ⅱ：面接者は相手が話したがっていることだけでなく，話したがらないこと，もしくは助けなしには話せないことにも耳を傾けるべきである。
Ⅲ：面接者はⅡで述べられた心的文脈を指標として扱い，それらの指標を通じて，明らかにされつつあるその人の準拠枠を追及すべきである。
Ⅳ：面接者は個人の準拠枠をつねにそれの社会的文脈において理解すべきである。

以上のように，メイヨーたちは従業員の感情を全体的状況のなかで理解することが必要であることを理解し始めていた。ここで言う全体的状況とは，個人的経歴と職場の社会的情況を指しており，メイヨーたちは個人の感情がこうした社会的な脈絡のなかに現れてくることを見出したのである。そして生産性や作業能率などに影響を与えるのは，労働者の感情であり，それは社会的集団を通じて形成されるという新しい考えに辿りついたのであった。そこで彼らが次に注目したのが，感情形成に寄与する社会的集団としての職場であった。

（4） バンク配線作業観察室の調査

1931年11月から1932年5月まで実施されたのが，バンク（差込式電話交換台）配線作業観察室での調査である。調査の目的は人間関係や職場状況つまりは，社会的集団をより深く探ることにあった。観察室では，9名の配線工，3名のハンダ工，2名の検査工の計14名の男子工員が作業を行っていた。

図3-1はバンク配線作業の公式組織を簡略的に図示している。Wが配線工，

第3章 労働者の帰属性と精神的健康

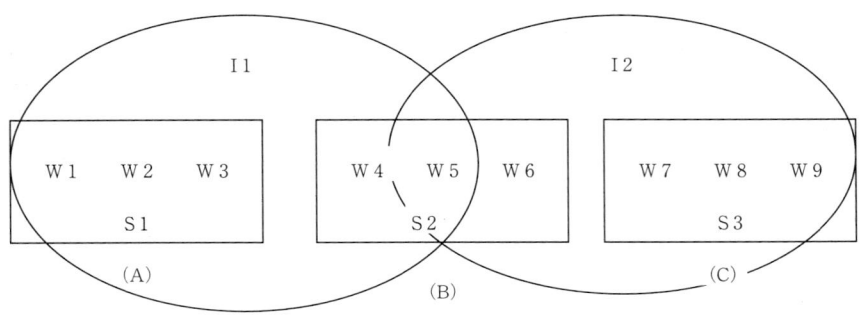

```
        I1                      I2
┌─────────────────┐  ┌─────────────────┐  ┌─────────────────┐
│ W1   W2   W3    │  │ W4   W5   W6    │  │ W7   W8   W9    │
│       S1        │  │       S2        │  │       S3        │
└─────────────────┘  └─────────────────┘  └─────────────────┘
       (A)                   (B)                   (C)
```

図3-1 バンク配線作業の公式組織

　SがハンダT，Iが検査工をそれぞれ表している。A，B，Cの長方形はハンダ付けユニットを表しており，ハンダ付けに関しては，ハンダ工1人と配線工3人が一つの公式組織を形成していることが理解できる。

　さらに，二つの楕円は，検査に関する公式組織を表している。I1はW1〜W5およびS1とS2の作業について検査を行い，I2はW5〜W9およびS2とS3の検査を行うのである。W5とS2の検査についてはI1とI2が交替で行う。1日の作業時間を8時間とすれば，前半4時間はI1がW5とS2の検査を行い，後半4時間はI2がW5とS2の検査を行うのである。

　また，彼らは集団出来高払賃金制のもとで作業を行っていた。集団出来高払賃金制とは，経験年数に基づく個人別時間賃率に労働時間をかけた基本給の他に，集団全体の生産高に応じた割増給が支給されるというものであった。そこでメイヨーたちは，観察室の集団が互いに協力し合って生産高を上げるよう努力するであろうと予想していたのである。しかし，観察の結果，従業員たちは総生産高に関心を示さないばかりか，生産高をできるだけ一定に保とうと努力していた。集団のなかには，ゲーム，仕事の相互援助，友情関係などを通じて形成された2つのクリーク（派閥）があった。それが図3-2に示されている。

　検査工はI2からI3に，ハンダ工がS3からS4に交替していることがわかる。クリークはAとBの二つである。W2は仕事がよくできる人物であったが，協調性に欠けるところがあった。他の従業員との付き合いを拒み，彼らを軽蔑する態度を示していた。彼の生産高の高さはグループ感情の無視を表明し

63

第Ⅱ部　帰属意識と精神的健康

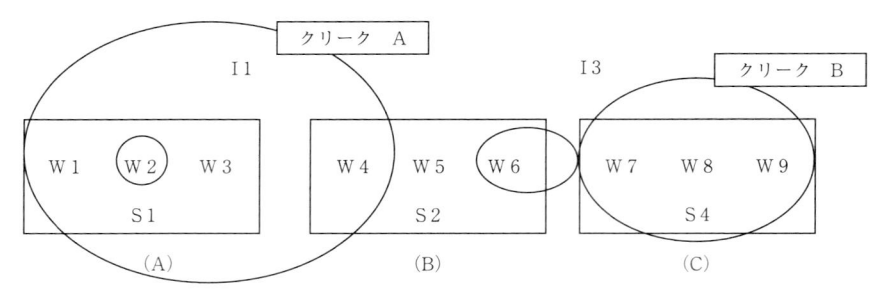

図3-2　バンク配線作業の非公式組織
（出典）Roethlisberger & Dickson (1939).

ていた。このような理由からW2はクリークAには含まれていなかった。また、W6はクリークBに属してはいるが、様々な理由でアウトサイダーの立場においやられていた。効率良く働くため「スピード王」のタイトルを与えられており、グループではリーダーの立場を望んでいた。しかし、グループの誰からも認められなかったようである。I3は年齢が40歳と、他の従業員よりも高く、ものの考え方や生活態度に差があったとされる。しかも彼は唯一の高学歴者であったため、他の従業員と打ち解けることができなかった。さらには彼が受けた嫌がらせを労務課に告発したため、他の従業員から裏切り者呼ばわりされるようになり孤立を余儀なくされた。W5は仲間の方針違反を密告したこと、S2は人柄の良い人物ではあったものの、ユーゴー生まれで当時日常会話がまだうまくできなかったということなど、それぞれの理由でクリークに属していないことが図示されている。

さて調査の結果、クリーク内の基準として、会社側が設定した1日の生産量とは異なる6000ないしは6600という数値が設定されていることがわかった。集団のなかには個人の経済的事情などから、なるべく生産量を増やしたいと考えている労働者もいたようであるが、仲間の間に次のような者を排除するという暗黙の了解事項があり、様々な面で行動は規制されていた（進藤, 1978, 167頁）。

①働きすぎてはいけない。そういう奴は"がっつき野郎だ"。
②怠けすぎてもいけない。そういう奴は"ずるい野郎だ"。

③仲間の不利益になるようなことは一切監督者に話すべきでない。そんなことをする奴は，"裏切り者"だ。
④社会的距離を誇示したり，あるいは職権をかさに着るようなことをすべきでない。例えば検査工であってもそのような振舞いをすべきでない。

この調査を通じてメイヨーたちは，職場集団内に，公式組織とは別に労働者の相互接触によるグループ＝非公式組織が存在することを発見した。そして，この非公式組織は公式組織とは異なる行動基準を有しており，それが個々の労働者を拘束していることが明らかにされたのである。集団の統制力が生産性を疎外するという問題は，テイラーが注目した組織的怠業にも見られるように古くからある問題である。ただ，テイラーが仕事をより公式化，合理化することで，その問題を解決しようとしたのに対して，メイヨーたちは公式化されたものよりも，労働者の感情や非公式組織といった非合理的な側面に注目して問題を解決しようとした点が異なると言える。

2　労働者の集団所属性と精神的健康

（1）　労働者の集団所属性

以上，ホーソン研究の概要について見てきた。継電器組立作業実験室での実験の結果からは，実験に参加した女工たちの集団に対する帰属意識が，他の職場の女工たちよりも強かったことが推測される。また，バンク配線作業室における観察結果からは，男子工員たちのインフォーマル集団に対する高い帰属意識を読み取ることができる。しかし，残念なことに，メイヨーたちは帰属意識や忠誠心という言葉をほとんど用いてはいない。とはいえ，そのようななかでも，とりわけメイヨーは集団帰属性に関心をもっていたことが伺える。

1950年代半ばに，その当時組織人化していく企業人を見事なまでに描写した識者にホワイトがいる。ホワイトはその著『組織のなかの人間』において，メイヨーがいかに集団帰属性もしくは所属性を重要視していたかについて，少なからぬ紙面を割いて述べている。ホワイトによれば，人間関係学派の父である

メイヨーはもともと産業労働者のアノミー，あるいは不安定感に関心を抱いていた。ここでアノミーとは社会学者デュルケームの用語で，社会規範の崩壊と統制作用の欠如による混乱状態を指している（Whyte, 1956）。つまり，19世紀以降の科学と工業との急速な発達，いわゆる産業近代化の進展がアノミーをもたらし，労働者個人から社会との一体性の感情を奪い去ってしまったとメイヨーは考えていた（Mayo, 1945）。産業労働者たちは帰るべき本拠を失い，その帰属性への欲求がいかにして充たされ得るのかについて関心を抱いていたのである。

　ホワイトによれば，ホーソン研究から導き出された結論は，客観的事実の記述をはるかに超えてしまっている。事実，ホーソン研究から得られた結論に対する批判は数多く存在している。例えば，大橋・竹林（2008）が紹介している批判によると，継電器組立作業実験における作業量の増加は，実験メンバーに対する管理的規律措置（56％）や休憩時間設定等による作業時間の変更（32％），大恐慌の影響（8％）によって説明され得る。つまり，メイヨーたちが説明してきたような人間的要因や社会的要因などによって説明される度合いは極めて小さいということなのである。

　ある意味，メイヨーたちはこのホーソン研究を，プロパガンダとして利用したということなのかもしれない。ホワイトも言うように，メイヨーとその仲間たちは研究者でもあり，福音の伝道者でもあったのである。メイヨーはホーソン研究が終了する何年も前から，同じような結論に達していたという。つまりメイヨーにとって，ホーソン研究は啓示というよりはむしろ確認に過ぎなかったのである。では，ホーソン研究から導き出された結論は意味をもたないのであろうか。ホワイトはその点については明確に述べてはいないが，社会との一体感を喪失した労働者個人にとって，メイヨーはある意味「帰属の予言者」であり，ホーソン研究自体の妥当性はそれほど重要ではないということなのであろう。この点については，大橋・竹林（2008）が次のように端的にまとめてくれている。

　　「問題は，メイヨーらの主張・理論が事実に立脚しているかどうか，つま

りその理論構成が論理的妥当性をもつかどうかにあるのではなくて、その主張・理論が時代の要請に合致していたものであったためにほかならない。論理的妥当性は決定的問題ではないのである」(114頁)。

では、メイヨーは当時すでにどのような考えを有していたのであろうか。メイヨーはホーソン研究終了後に3部作と呼ばれる著書を著しているが、特に帰属性に関する論述は *The Social Problem of an Industrial Civilization*（『アメリカ文明と労働』）のなかに多く見られる。メイヨーはまずフランスの技師、フレデリック・ル・プレイが1829年から25年間を費やして行ったヨーロッパ社会の観察について触れている（Mayo, 1945）。

「ル・プレイの一般的発見というのは、より単純な社会、すなわち農業または漁業、あるいは原始的な生産活動を主たる職業とする社会には、高度に発達した産業的中心地には欠けている社会的秩序の安定性があるということである。これらのより単純な社会においては、すべての個人は各種の経済活動および社会的機能に通じており、そして大なり小なり、それらに参画している。家族および血族関係の紐帯（現実的あるいは擬制的）によって、あらゆる個人をあらゆる社会的な出来事に関与せしめるように仕組まれている。かくして、各人の有効に協力するという能力は、高い水準に達している。このような状態は、単に社会が個人に対して強大なる拘束力を発揮するというのみでなく、逆に社会的規範と個人的欲望とが、あらゆる実践的目的に対して一体となっているということである。グループのあらゆる成員が社会的活動に参加するのは、そうするのが彼の主要な欲望となっているからなのである」(邦訳, 1951, 5頁)。

つまり個人と社会は一体であり、個人は強制的に社会的活動に参加させられるわけではなく、自発的にそうするのである。また社会的活動に参加することは個人の欲求を充足することにもなる。そして、同様の観察は19世紀末のフランスにおいて、フランス派社会学の父といわれる、エミール・デュルケームに

よってもなされたとメイヨーは言う。デュルケームは著書『自殺論』において，技術的工業の発達したフランスの諸地方が，社会的解体の危機に瀕していることを示した。さらに，近代的な技術的発達を遂げた中心地と秩序ある小さな社会とを比較して，後者においては，個人の利害は各個人自らの熱烈な願望によって，すすんでグループの利害のもとに従属せしめられることを示したとメイヨーは述べている。これらの記述から示唆されるのは，産業近代化に伴って労働者個人の帰属先が失われつつあること，そして，新たな帰属先の必要性である。

　では労働者にとっての新たな帰属先とはどこであろうか。言うまでもなく，それは「職場」である。メイヨーは継電器組立作業実験室において6名の女工たちが一組になって，「専心的かつ自発的に，実験中協同関係に尽力した」と述べた後，「その結果，彼らは自由に，また案ずることなく協同していると感じ，上から強制せられたり，或は下から制御せられることなく労働していることを知って，幸福感を覚えた」（邦訳，1951，98頁）と続けている。これらの記述が，先に述べた秩序ある小さな社会における状況と同様であることは容易に理解できよう。どこかに所属したいという欲求が充足されることによって，自発的な協同が創出される。それは，帰属意識と呼び得るものを想起させる。

　しかし，問題ははるかに重大だとメイヨーは言う。なぜなら，ほとんどの労働者たちはこのような状況にないからである。つまり労働者たちは社会的安定性を根底から喪失してしまっているのである。では，いかにすればこの安定性を得られるのであろうか。メイヨーによれば社会的安定性や安心感が生まれるのは，「グループの確実な一員であるという事実から」（同上，102頁）である。しかし，メイヨーからすれば，企業組織の外には，もはやこのようなグループが存在しない。個人は地理学的な地域と結合もしていないし，この地域にある人々とも結合していない。さらには，家族的紐帯が弱められているにもかかわらず，それに代わる，他の新しい，一層発達した社会関係も生み出されてはいない。従って，継電器組立作業実験室のような職場，もしくはグループを企業組織内に作り出すことこそが重要であるとメイヨーは言いたいのであろう。当時の産業労働者にとって，帰属性もしくは所属性の問題は，喫緊の課題である

とメイヨーは考えていたのである。

(2) 労働者の精神的健康

　メイヨーが注目した問題は労働者の帰属性もしくは所属性だけではなかった。こうした問題とともに彼が重視したのは，労働者の精神的健康に関する問題であった。進藤 (1978) も紹介しているように，メイヨーは当初医学を学び，その後，心理学，精神病学を学んだ。従って，「彼の労働観ないし人間観にその影響が色濃く出てきていることは疑いない」(241頁)。例えば，1928年から実施された一般従業員への面接調査は，メイヨーの働きかけが重要な一因であったと言われているし，この面接調査の方法を指示面接から非指示面接に変更したのもメイヨーの指導によるものであった。さらには，ホーソン実験以後，面接活動はかなり独自色の強いカウンセリング活動に発展していき，このカウンセリング活動にもメイヨーは積極的に関与していたようである（大橋・竹林, 2008）。こうした指導は，臨床心理学や精神病学を学んだ研究者であればこそできたのだと言える。

　メイヨーが労働者の精神的健康における問題を議論するうえで注目したのが，フランスの心理学者であり精神医学者でもあるピエール・ジャネの提唱した「強迫観念」もしくは，フロイト派によって命名された「強迫観念神経症」であった。この病気に罹患した患者は，「反射的思考を抑制することができない。患者はある思考に『圧迫』されており，彼はそのような思考は不合理であり，虚偽であるとわかっていても」，その反射的思考が「『先入主』となって，それが『強制的』な力をもっているかのように思える」のだと言う（Mayo, 1933：邦訳, 1951, 114頁）。

　では，こうした強迫観念患者はどのような症状を呈するのであろうか。メイヨーがジャネの研究に依拠して述べるところによると，強迫観念症患者はたえず軌道をはずれ，その思考に秩序をあたえ処置することに最も困難を感じる。注意力を固定し，持続することが困難なのである。また，「自発的な注意力が薄弱になる一方，自然発生的な注意の誇張がある。ある簡単な行為をしはじめると，彼らはそれをとめにくくなる」のである（邦訳, 1951, 118頁）。ここでメ

イヨーはある女性患者の例を挙げている。この患者は，散歩に出かけているうちに，小さな公園のなかに入り，ぐるぐる歩き回ってすごしているうちに，外に出る決心がつかなくなって，遂には歩きながら泣き出してしまったという。簡単な行為を始めると，それをとめることが困難になるのである。また，これらの患者たちは，当面の事情，特に社会事情に対する適切な反応が全く不可能であるとも言われている。それは，普通人には備わっている注意力が欠如しているからである。普通人では，注意力を働かせるときに，高度に組織された複雑な均衡が常に存在するのだが，強迫観念症患者にはそれが欠落している。では，ここで注意力に関するメイヨーの記述を引用しておこう。

「注意力は本質的な単純な事実で，精神的生活の特性の一つとでもいうべきものであり，そのようにいわれるのが普通一般のならわしである。肉体的に正常で，精神的に健全な普通人は，彼がきわめて当然なこととして行う調節が，いかに複雑なものであるかということを自覚しないで，彼をめぐる世の中の各方面のできごとに，簡単に注意力を集中することができるので，われわれはこのように考えがちなのである。ジャネの言葉によると，人間の精神生活は『次から次へと発生してくる現象の連続からなりたち，一つの長い連鎖を形成しているだけでなく，その連続した状態のそれぞれが，実は複雑な状態なのである。精神生活の内容は，非常に多くの要素的事実の集合体からなり，外見上整然と統合されているのは，各要素が合成されて，これらすべての要素が均衡を保っていることによるのである』」（邦訳，1951，117頁）。

メイヨーは強迫観念症患者が呈する深刻な症状として，これまで述べてきた注意力の欠如だけでなく，決断する能力の減退についても触れているが，こうした社会に対する不適応の問題が，果たして産業組織においてそれほどまでに重視される必要性があるのだろうか。メイヨーによれば，現代社会の重要問題として，強迫観念症における重篤な例がよく取り上げられるが，実は，生活においてよく適応し，十分能力がある人たちにも強迫観念的思考はよく見られることであり，これこそが緊要な問題なのだという。確かに，面接調査において

も，全く正常な人々の述べたことのなかに，はなはだしい誇張や歪曲があったことは，先に述べた通りである。面接調査で明らかになったことは，面接を受けている従業員の心には，他のいっさいのことを覆い隠す重大なものが，先入的勢力をもって入り込んでいるということであった。人間は，周囲の現実との間の精神の平衡を妨げられるような場合において，その考えが強迫観念的になりがちであると，メイヨーは言う。病的先入観念に支配されてしまうと，どんなに有能な人でも，注意能力や反応力などの正常な調節作用を喪失してしまう。それは，間違いなく組織の生産性に悪影響を及ぼすことになる。その当時は，作業効率の問題を労働者の知能によって解決しようとする傾向が強かったが，実は，精神上の悩みの方が作業効率に影響を及ぼす可能性が高いとする研究者もおり，メイヨーはその考えに同意している。強迫観念に苛まれている人間が多く抱く，無能感や憂鬱感は生産性を阻害するのである。

　さて，労働者のこうした精神的健康不全について，メイヨーは強迫観念という病理で説明しようとしているが，その根底にあるのは様々な局面における均衡の破綻である。メイヨーは自著（Mayo, 1933）のなかでまず，作業がもたらす疲労や単調感について解説しているが，それらは共に，均衡の破綻によって説明されている。例えば，疲労は生体機能における均衡の破綻であり，単調は「労働者が作業を続けることができないか，あるいはより低い水準の活動力をもってしか作業を続けることができないような状態に，労働者を誘導したある種の均衡の破綻」（邦訳, 1951, 56頁）として説明している。また，これらに関連して，いわゆる「定常状態」の重要性についてもメイヨーは頻繁に論じている。生理学者たちの研究成果に基づいて，「人間が労働を続けてゆくことができるのは，『定常状態』にあるときだけである」（邦訳, 1951, 29頁）というのである。ここで定常状態とは，有機体内部で相互に制約しあっている多くの可変要素間において，内部的均衡が維持されている状態を指している。つまり，こうした内部的均衡が維持されている間だけ，外的努力が可能となるのである。メイヨーも紹介しているように，この考え方はW・B・キャノンによって提唱されたホメオスタシスと符合する。そして，前述したジャネの精神的総合（synthèse mentale）にも通じていることは明らかである。

このように，メイヨーにおいて「均衡」概念は彼の思想の中核に位置する。そして，それは生体や人間の心的内部の均衡にとどまらない。彼がもともとアノミーに関心を抱いていたことを思い出してほしい。アノミーが科学および工業の発達によって現出した社会的解体の姿であることは先に述べた通りである。まさにアノミー状態とは，社会内部の均衡破綻によって生じるのである。デュルケームによれば，産業上あるいは金融上の危機が自殺を増加させるといっても，それらが，生活の窮迫を促すためではない。たとえ，そこから大いに豊かな生活が生まれ，また一般の活動力が高められたとしても自殺は促進されるのだという。なぜなら，繁栄でさえも，それは集合的秩序を揺るがすという意味においては，均衡の破綻をもたらす危機であるからなのである。デュルケームによれば，アノミーは人々に苦悩をもたらし，最悪の場合それは自殺へと至る（Durkheim, 1897）。

　このように，デュルケームにおいても，均衡は重要な概念である。そして，さらに注目すべきは，社会内部の均衡破綻がそこに住む人々に苦悩をもたらすという因果関係である。つまり，社会と個人は密接に結びついている。社会の均衡が破綻することによって，個人の心的内部の均衡も破綻しやすくなるということなのである。メイヨーは自著のなかで，フロイトの研究にも触れながら，はなはだしい混乱を示す社会状態においては，その社会を構成している個人の強迫観念傾向が強くなると述べている。均衡の破綻した社会において，個人の帰属性もしくは所属性は満たされることがない。ここに，帰属性もしくは所属性の問題と精神的健康の問題が明確に結びつくことになったのである。

　これまでメイヨーの思想の中核ともいえる二つの概念，つまり帰属性もしくは所属性と精神的健康について触れてきた。メイヨーのなかでは，両者の概念が分かちがたく結びついているように思われる。メイヨーは企業組織において労働者の帰属性や所属性を充足させることによって，彼らの強迫観念傾向を弱め，精神的健康を良好に維持すべきであると考えていたのであろう。この点については，ハーバード大学の同僚であるドンハムの序文にも端的に示されている。

「すなわち,産業経営者が,工場内の諸グループに対してその協同関係の安定化に成功したため,グループ内の人々は,工場こそ彼らの満足すべき生活の中心的安定力であると,明確に認識するに至った。この成功は,経営内における技術的変革と経営外の社会的混乱とにかかわらず,かちえられたものである。このようにして,教授は初めて特殊な実証的形態において,かつての安定力ある隣人関係に部分的には有効に代わりうる関係を産業経営内部に,経営者の力をもって創造しうることを示されている」(Mayo, 1945;邦訳,1951,序文4頁)。

 以上,本章では,帰属意識研究の地平を切り開いたと考えられるホーソン研究と,それを主導したメイヨーの思想について見てきた。ホーソン研究は,メイヨーの共同研究者であるレスリスバーガーなどによって著された数多くの著書や報告書のなかでも紹介されているが,それらに比べて,メイヨーの著書は少しばかり異質であることがうかがえる。進藤(1978)も言うように,メイヨーの著書はホーソン研究の報告書というよりも,研究結果を含めた産業文明批判という色合いが濃い。確かに,レスリスバーガーの著書などでは,これほどまでに労働者の強迫観念について紙面が割かれてはいない。しかし,ホーソン研究の中核的存在であり,面接調査を主導したメイヨーが労働者の帰属性もしくは所属性と精神的健康に,大きな関心を抱いていたことは看過されるべきではない。これもまた,一連のホーソン研究における一つの成果であると言えよう。

 さて,本章を締めくくるにあたって,一言断っておきたいことがある。これまで本章では,「帰属性もしくは所属性」というように,二つの用語を併記してきた。確かに,普段,帰属と所属はあまり区別されることなく用いられる。しかし,高木も言うように,帰属と所属は意味の異なる用語である(高木,2010)。高木によれば,所属は0か1であり,帰属は程度で表現され得る。組織への帰属には個人の心理的要素が入り込むが,所属にはそのような要素はない。ちなみに大辞泉を引くと,所属は「個人や事物などが,ある団体・組織にその一員・一部として加わっていること」とあり,帰属は「特定の組織体などに所属し従うこと」とある。これらの定義からすれば,帰属には個人の意思がなくてはな

らないし，所属はその前提となる状態を示しているように思われる。所属は状態を表すニュートラルな用語であるが，帰属は指向性を有したダイナミックな用語である。

今回参考にしてきた文献で言えば，例えば，ホワイトは帰属性という表現を多用している。これは belongingness が邦訳されたものである。しかし，英和大辞典などを紐解くと，所属もしくは所属性という訳語が充てられている。また，英英辞典を調べてみると，特に人間に対してこの用語を用いる場合の意味は次のようである。

* (of a person) fit in a specified place or environment
* have the right personal or social qualities to be a member of a particular group
* (belong to) be a member or part of (a particular group, organization, or class)

以上より belongingness とは，ある個人がある組織の一部であり，そのメンバーであることを指している。また，その個人がメンバーとしてふさわしい要件を兼ね備えており，特定の場所や環境に適合している，といった意味を有していることがわかる。つまり，ここには構成メンバーの積極的・能動的な意志や感情はなく，先ほどから述べているように，ただメンバーであるという状態を指しているだけのように思われる。このように考えてくると，belongingness は所属性と訳されるべきであるように思えてくるのである。そして，メイヨーが論じてきたものも，帰属性というよりは所属性という方が正しいのではなかろうか。

さらにまた，所属と所属性では多少ニュアンスが異なるように思われる。所属はたんに状態を表している言葉であるが，所属性はその性質や傾向を表しており，そこには程度の問題が含まれてくる。所属感という表現を考えてみればわかりやすいのではなかろうか。個人がある組織に所属している場合，その所属性もしくは所属感は，いかにその組織から，あるいは組織の他のメンバーから受容されているかによっている。それはその個人がその組織にふさわしい人格的な資質を兼ね備えているか，また，その組織に適合的であるかどうかといっ

たことによって規定される。そういう意味では，所属性という概念は優れて受動的な意味合いを帯びていることになる。この点が帰属性とは大きく異なるところなのである。メイヨーが論じているのは，こうした意味での所属性であり，労働者が企業組織に受容され，それによって所属感もしくは所属欲求が充足されて初めて，精神的安定がもたらされるということなのではなかろうか。従って，メイヨーの言う所属性は，我々が論じてきた帰属意識と同一とは言えないものの，それは帰属意識の前提となる重要な概念であることが理解できよう。このように考えれば，やはりホーソン研究とメイヨーによって，労働者の帰属意識と精神的健康に関する研究の地平が開かれたことは間違いないと言えるのではないか。

参考文献

Durkheim, E., *Le suicide : étude de sociologie*, Félix Alcan, Éditeur, 1897.（宮島　喬訳『自殺論』中央公論社，1985年）

Mayo, E., *The Human Problems of an Industrial Civilization*, MacMillan, 1933.（村本栄一訳『産業文明における人間問題』日本能率協会，1951年）

───, *The Social Problems of an Industrial Civilization*, Harvard University, 1945.（藤田敬三・名和統一訳『アメリカ文明と労働』大阪商科大学経済研究会，1951年）

大橋昭一・竹林浩志『ホーソン実験の研究──人間尊重的経営の源流を探る』同文舘出版，2008年。

Roethlisberger, F. J., *Management and Morale*, Harvard University Press, 1941.（野田一夫・川村欣也訳『経営と勤労意欲』ダイヤモンド社，1954年）

Roethlisberger, F. J. & Dickson, W. J., *Management and the worker*, Harvard University Press, 1939.

進藤勝美『ホーソン・リサーチと人間関係論』産業能率短期大学出版部，1978年。

高木浩人『組織の心理的側面』白桃書房，2003年。

───「帰属と所属」田尾雅夫編『よくわかる組織論』ミネルヴァ書房，2010年，90-91。

Taylor, F. W., *The Principles of Scientific Management*, Harper, 1911.（上野陽一訳『科学的管理法の原理』産業能率大学出版部，1969年）

Whyte, W. H., *The Organization Man*, Simon and Schuster, Inc, 1956.（岡部慶三・藤永保訳『組織のなかの人間』東京創元社，1959年）

第4章
精神的健康とは何か

　本章では労働者の精神的健康について，新人間関係論の視点からより深く考える。新人間関係学派の研究者たちが精神的健康をどのように捉えていたのか，彼らの議論から読み取っていく。さらには，精神的健康が損なわれた状態を自己疎外と捉え，これまでの経営管理思想が，労働者の自己疎外をいかにして生み出してきたのかについて考える。

1　新人間関係学派による精神的健康の捉え方

　前章で見たように，ホーソン研究の成果を巧みに利用したメイヨーたちハーバード大学の研究者によって，企業組織における労働者間の人間関係がいかに重要であるかが示されるに至った。労働者個人は産業組織において良好な人間関係を希求しており，組織は労働者のこうした欲求を無視することも，排除することもしてはいけない。また，公式組織内における非公式な集団つまりは人間関係のあり方と，それが労働者に及ぼす機能とを理解しようと努力するなら，経営にとって好ましい作用がもたらされることをも，彼らは明らかにした (Whyte, 1956)。メイヨーを中心とする学派が人間関係学派と称される所以である。

　1950年代に入ると，人間関係論の基本理念を継承する研究者たちが活躍を始めた。新人間関係論とも称されるこの新しい学問領域は，行動科学と共に誕生したと言える。ここで行動科学とは1950年代から1960年代にかけてのアメリカにおいて隆盛を誇り，当時は，物理科学と生物科学に並ぶ科学研究として一般に承認されていた学問分野の一つである (Harold, 1969)。

　また，行動科学は，一口にいって人間研究の科学であり，人間の行動を支配

する要因を探究し，それによって行動の変化を予測し，ひいては人間に望ましい行動をとらせる方法について科学的に研究することを目的としていた（江口・村田，1968）。生物学的なプロセスによって影響を受けてきたと言われる（Harold, 1969）。経営学との接点に限って言えば，ホーソン研究がそれにあたるとされているが，「行動科学」の名が市民権を得て，一般に使用されるようになるのは，それから20年余り後の1951年のことである。

　つまり1951年とは，フォード財団が「個人行動と人間関係（Individual Behavior and Human Relations）」という研究計画および数百万ドルの資金援助を発表した年なのである。「行動科学」とは，当時の人々がその長々とした名称を省略して「行動科学計画（Behavioral Science Program）」と呼び，以後それが一般に使われるようになって定着した言葉であると言われている（江口・村田，1968）。

　さて，行動科学と言っても，それが包含している分野は実に多様である。心理学をはじめ，社会学，人類学，社会経済学，政治学，言語学，教育学など，多くの学派，学問分野がそのなかに含まれる。経営学はそのうちのほんの一部にすぎない。さらに，ここで今から取り上げる四人は，経営学と関連の深い数ある行動科学者たちのなかのごく一部の研究者ということになる。しかし，この四人の研究者たちは，特に当時の北米圏において，最も影響力のあった人物たちである。例えば，1960年代当時，アメリカ産業会議（THE CONFERENCE BOARD, Inc.）と呼ばれる研究機関によって調査された結果を見ればそのことがよく理解できる（Harold, 1969）。

　アメリカ産業会議は，アメリカ・カナダの企業に対して調査を実施し，そのなかで，「ある特定の行動科学者の著作，理論，講義あるいは研究から個人的に影響を受けたことがありますか」と経営者および管理者に問いかけた。302人の回答者のうち，205人すなわち68％が「あった」と答え，さらに，最も影響を受けた行動科学者が誰かを問うた質問には，実に202人もの名前を挙げたのである。結果，上位5名は次の通りであった。ダグラス・マグレガー（134），フレデリック・ハーズバーグ（96），レンシス・リッカート（88），クリス・アージリス（85）アブラハム・マズロー（54）（Harold, 1969）である。

　さて，今取り上げた5名の研究者を新人間関係学派に位置づけても差し支

第Ⅱ部　帰属意識と精神的健康

はないと思われる。しかし，そのなかで最後に取り上げたマズローは，他の4名とは異なり，経営心理学者ではない。マズローは人格心理学者もしくは人間性心理学者として活躍した研究者である。にもかかわらず，産業人はなぜ彼の名を挙げたのか。それは，マズローの提唱した理論や思想が，他の経営心理学者の考え方，そして広く経営管理論に対して大きな影響を与えたからである。本章では，新人間関係論の理論的支柱とも言える，マズローをまず取り上げ，経営管理論に大きな影響を与えたとされるその理論や考え方，そして彼が精神的健康をどのように捉えていたのかについて触れる。その後，リッカートを除く3名の行動科学者の精神的健康観に触れる。

(1)　マズローと精神的健康

　マズローは自著『人間性の心理学 (*Motivation and Personality*)』のなかで欲求理論を体系化し，様々な研究者に影響を与えてきた。マズローはそれまでの心理学において大きな潮流とされていた行動主義心理学と精神分析学に辟易し，新たな心理学を構築しようとして，人間性心理学もしくは人間学的心理学と呼ばれる一分野を確立したとされている。

　行動主義心理学は，パブロフの犬で有名な条件反射の理論を応用した考え方をベースにしており，人間を刺激と反応の連鎖で捉えようとするところに特徴がある。後述するテイラーの科学的管理法にも見られる，「人間を機械視する」捉え方がマズローには受け入れられなかったのであろう。一方，精神分析学はフロイトによって見出された「無意識」に着目し，そうした精神の深層と関係のある行動やパーソナリティについて，観察と分析を行うことによって体系化された領域である。神経症などを治癒するという臨床的功績は大きいものの，心の闇の部分にばかり着目する消極的な心理学としてマズローは退けたのであった。つまりマズローは，人間を機械のように扱うのでも，その消極的な側面にばかり着目するのでもなく，もっと人間の本質的かつ積極的な側面に光をあてようとしたと言える。そこでは人間の生きる意味や価値が重要視され，自己実現や創造的人間が扱われることになる。

　マズローの思想には，いくつかの大きな前提もしくは人間観がある。まず，

人間というものは，常に何かを欲している動物であると，マズローは考えていた。人間は様々な欲求を有しており，欲求を満たすために行動を生じさせる。行動は刺激と反射の組み合わせではないのである。また，個人というものは統合され組織された統一体であるという考え方も，マズローにとっては重要な前提である。例えば食欲について考えた場合に，それは，「胃」の欲求でも，「口」の欲求でもないと，マズローは言う。すなわち，それはその「個人」の欲求なのである。もし，その欲求が満たされることになれば，その結果，胃が満足を得るのではなく，その個人が満足を得ることになるのである。このように，マズローは一貫して人間を部分の総和ではなく，一つの全体として捉えようとしていた。

マズローによれば，心理的健康は人間の基本的欲求が満たされる程度と正の相関関係をもっている。従って，心理的に健康ではない人，例えば，神経症的な人は，基本的欲求の満足を欠いているということになる。では，彼の精神的健康観を考えるうえでも，重要であると思われる，彼によって体系化された欲求理論について触れておこう。

マズローの欲求理論の特徴は，欲求を階層的に捉える点にある。そして，その欲求階層論は大きく二つの考え方によって成り立っている。一つは，「人間というものは，相対的にあるいは一段階ずつ段階を踏んでしか満足しないもの」であるという人間観である。人間が満足を求める生き物であることは先に述べた通りであるが，だからと言って人間がむやみやたらに様々な満足を追求しているかというとそうではない。人間というのは，少しずつしか満足できないというのがマズローの考え方なのである。今一つは，「いろいろな欲求間には一種の優先序列の階層が存在する」という考え方である。満足を得たいという人間の心のあり様を欲求という言葉で表現したうえで，様々な欲求が無秩序に存在するわけではないという前提をマズローは置いている。そして，漸次的にしか満足できない人間の欲求構造は，階層化されているというのが基本的な考え方となっているのである（Maslow, 1970；邦訳, 1987, 40頁）。

ここで欲求の階層とは，低次のものから，食欲や睡眠欲を満たしたいという「生理的欲求」，安全・安定・保護を求めようとする「安全の欲求」，家族・子

図4-1 マズローの欲求階層

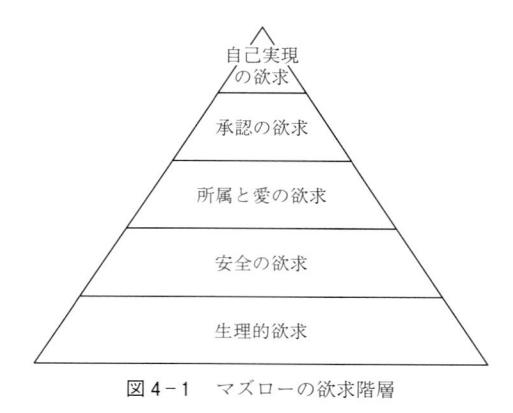

ども・恋人などを求めようとする「所属と愛の欲求（社会的欲求）」，自己尊厳や他者からの承認などを得たいと願う「承認の欲求」，そして「自己実現の欲求」といった五つの欲求によって構成されている。これらの欲求は充足されることによってその姿を消し，代わって新たな高次欲求が姿を現す。当然のことながら，低次欲求が常に優勢であり，十分充たされなければ，消失することはない。その場合，いつまでも人間は低次欲求に支配されることになり，高次欲求が姿を現すことは不可能になる。人間の基本的欲求はその相対的優勢さによりその階層を構成しているのである（図4-1）。

さて，この欲求ヒエラルキーの頂点にある自己実現の欲求についてはマズロー自身の言葉に耳を傾けることにしよう。マズローは自己実現の欲求を次のように説明している。「この言葉は，人の自己充足への願望，すなわちその人が潜在的にもっているものを実現しようとする傾向をさしている。この傾向は，よりいっそう自分自身であろうとし，自分がなりうるすべてのものになろうとする願望といえるであろう」。従って，「人は自分に適していることをしていないかぎり，すぐに（いつもではないにしても）新しい不満が生じ落ち着かなくなってくる」のであり，それゆえ「人は，自分自身の本性に忠実でなければならない」（Maslow, 1970；邦訳, 1987, 72頁）。

一般的に，高次欲求である自己実現の欲求は成長欲求，低次欲求である生理，安全，社会的欲求は欠乏欲求に分類される。欠乏欲求とは，欠乏しているために生じる欲求である。食べたいという欲求は空腹によって生じる。欠乏を補おうとして生じるのである。そして，満腹になれば食べたいという欲求は消失し，それ以上食べようとは思わない。欠乏欲求には限りがあると言える。一方，成長欲求には一定の状態が前提としてあるわけではない。成長したいという欲求

には際限がないのである。従って，成長を実感したのも束の間，また新たな成長を求めようとすることになる。それが成長欲求なのである。いずれにしても，これらの欲求は満たされると，もはや欲求ではなくなる。そして，「満たされない欲求だけによって，有機体は支配され，行動が組織される」（同上，60頁）ということになる。

　さて，マズローは心理学的健康の研究と題して，自己実現的人間について報告をしている。マズローにおいて，自己実現と心理学的健康はほぼ同義の概念であると言える。他にも，自己達成，統合性，個性化，自立性といった概念も，全て人の可能性を実現するものであり，いわば完全な人間になることを指しており，人のなり得るあらゆる事柄を意味するものという点で一致しているとマズローは述べている。自己実現的人間の特徴を探ることは，心理学的に健康な人間の特徴を探ることでもあるのだ。マズローは，個人的な知り合いや友人，および有名人や歴史上の人物を選び，彼・彼女たちがどの程度自己を実現しているのか，また，その可能性があるのかについて調べた。しかし，結果は自己実現的人間がほとんど存在しないことを示していた。被験者数が少なかったことや，多くの被験者に関するデータが不完全であったこともあり，マズローは，これらの結果を量的に示すことは不可能であると考えた。そこで，結果に関しては，価値がありそうなものについての印象を合成して呈示するに留めたのである。心理学的に健康な人間の特徴は次の通りである。

①現実をより有効に知覚し，それとより快適な関係を保つことができる。反対に，神経症患者は，これが不可能であるために，無能である。神経症患者は情緒的に病気なのではなく，認知的に機能不全に陥っている（同上，229頁）。
②健康な人々は自分自身やその性質を無念さや不平を感じずに，また，その問題についてあまり考えることなく受け入れることができる（同上，232頁）。
③自己実現的人間は，行動がかなり自発的で，内面生活，思想，衝動などにおいては，さらにいっそう自発的であると言える。彼らの行動の特徴は，

単純さや自然さにあり，気取りや何らかの効果をねらって緊張していることがないという点にある（同上，234頁）。

④自分たち自身以外の問題に強く心を集中させることができる。彼らは自己中心的というよりも課題中心的なのである。これらの人々は通例，人生において何らかの使命や，達成すべき任務，自分たち自身の問題ではない課題をもっていて，多くのエネルギーをそれに注いでいる（同上，238頁）。

⑤自己実現的人間は独りでいても，傷ついたり不安になることはない。さらに，この人々のほとんどが，平均的な人々よりもはるかに孤独やプライバシーを好むということも事実である（同上，240頁）。

⑥自己実現的人間は，自律的である。それは，自己決定，自己管理，能動的，責任感があり，自己統制，外部からの制御から脱して自分自身が課した規範に従って行動することを意味している。従って，他者の「決定」に力なく従うということはない。また彼らは，比較的，物理的環境や社会的環境から独立している（同上，241-242頁）。

⑦自己実現者は，人生の基本的なものごとについて，それが他の人々にとってはどんなに新鮮味がなくなり陳腐になろうとも，何度も何度も新鮮に，純真に，畏敬や喜び，驚きや恍惚感さえもって認識したり味わったりすることができる（同上，244頁）。

⑧主観的経験が非常に豊かで，至高体験と言われるような神秘的経験をもつものが多い。こうした経験は，基本的で，活力を与え，生き生きとさせてくれるような喜びを与えてくれる（同上，245頁）。

⑨人類一般に対して，時には嫌気がさしたりするにもかかわらず，同一視したり，同情や愛情といった，アルフレッド・アドラーの言う，共同社会感情を有している（同上，248頁）。

⑩自己実現者は，他のどんな大人よりも心の広い深い対人関係をもっている。彼らが相手とする人々は平均的な人々より健康的で，自己実現に近く，しばしば非常に近いところにいるようである（同上，249頁）。

⑪最も深遠な意味で民主的な人々と言える。決して，権威主義者ではない，ある種の謙遜ともいえるような性質を分かち持っている（同上，252頁）。

⑫日常生活における正邪の違いに関して慢性的に不確かになってしまっている人は見当たらない。同じく，目的と手段の区別もはっきりしている（同上，253頁）。

⑬哲学的で悪意のないユーモアのセンスを有している（同上，255頁）。

⑭自己実現者は創造性に富んでいる。彼らに見られる創造性はむしろ，歪んでいない健康な子供の天真爛漫で普遍的な創造性と同類であるように思われる。この特殊な型の創造性は，健康な人格の表現として，あたかも現実の世界に投影されたり，その人が取り組んでいる活動に何らかの影響を与えるようである（同上，257-258頁）。

⑮自己実現者は，よい適応をしているとはいえない（文化を承認し，それと同一化するという素朴な意味では）。彼らは，いろいろな方法で文化のなかでうまくやっているが，彼らのすべてに言えることは非常に深い意味で，彼らは文化に組み込まれることに抵抗し，彼らがどっぷりとつかっている文化からのある種の内面的な超越を保持している（同上，259頁）。

マズローはこれからの西ヨーロッパにおいて，心理的健康人こそが，理想の人間像になると述べている。彼の言う，心理学的に健康な人間についての概念の本質は次の三点に集約される。まず，人間は自分自身の本性，すなわちある輪郭をもった精神構造をもっていることである。次に，完全な健康や正常で望ましい発達は，この本性を実現するところに，またこれらの潜在諸能力を満たすところに，そして成熟に向かって発達し続けるところに存在するということである。最後に，ほとんどの精神病理は，人間の本性の拒絶または阻害，または歪曲に起因するということ，この三点である。マズローはまた，これら心理学的に健康な人々においては，要求と理性がすばらしい調和状態にあるという。健康な人間が欲することを行っても，何の問題も生じないし，むしろ，それは義務を果たすことと同義である。義務は喜びであり，仕事は遊びであるという調和が，これらの人々のなかにはあると言うのである。これはまさに，論語において孔子が述べている，「七十にして心の欲する所に従って矩を踰えず」の境地とも言える。

以上，マズローの精神的健康観について見てきた。ここで少し，メイヨーの捉え方との違いについて触れておきたい。これまで見てきたように，メイヨーの考え方の中核には，均衡の概念があった。この点について，マズローは生理的欲求などの低次欲求を解説する際に少しだけ触れている。つまり，ホメオスタシスの原理が生理的欲求を説明する際に，有効な場合があるというのである。欠乏動機と呼ばれる動機付けは，欠乏によって生じる緊張を解消しようとして生じる動機付けである。生理的欲求や安全の欲求は欠乏によって生じている。しかし，一度それらが充足されれば，緊張は解消し，欲求自体も消えてしまう。ここに均衡の概念が含まれている。欠乏が生じているときは，もともとの定常状態が損なわれているという意味で均衡が破綻している。欠乏を何かによって補完して初めて均衡が回復する。そして，仮にそれが行き過ぎてしまうと，それも均衡の破綻をもたらすことになるため，欲求自体が消えることで，過剰摂取による均衡破綻を防ぐのである。メイヨーにおいては，この均衡概念が精神的健康においても基礎となっているように思われる。従って，メイヨーにおいて，精神的健康は精神内部の均衡が維持されている状態としてのみ，捉えられる。内部均衡が破綻していると考えられる強迫神経症に注目したのも，このような捉え方が根底にあったからであろう。ここでは，精神的健康は定常状態であり，それ以上には考えられていない。それゆえに，精神的健康は，病理の裏返しとして捉えられている。

　一方，マズローも欠乏欲求については，均衡の概念を用いているように思われるが，ここで重要なことは，欠乏欲求が充足されても，精神的健康はもたらされないということである。この点が，メイヨーとの一番の違いであろう。マズローにおいては，欠乏欲求の充足はあくまでも精神的健康の準備段階に過ぎない。自己実現欲求といった成長欲求が充足されて初めて，精神的健康は訪れるのである。そして，この成長欲求は完全には充足されることがないとされる。つまり，均衡状態に達しないということなのである。むしろ，均衡破綻の状態を維持することが成長動機につながるとも言える。これは緊張を維持するということでもある。上田（1987）も言うように，成長動機を有する人格のもつ緊張は，均衡とは直結しない自由な緊張であり，自ら創造した緊張と言えるのか

もしれない。ただし，マズローは有機的に統合された全体として一人の人間を見ていた。精神内部の均衡は，やはりマズローにとっても重要なのである。だとすれば，成長欲求という緊張をはらんだ内部均衡がマズローの言う統合なのであろうか。改めて論じてみたい。

（2） マグレガーと精神的健康

　先に紹介した，アメリカ産業会議による調査結果で，最も支持された行動科学者がダグラス・マグレガーであった。彼は，心理学と法学を学び，後にMITの心理学教授や経営管理担当の教授として教鞭をとった。彼が提唱したX理論とY理論は，広く産業界に受け入れられた理論であり，それらは経営管理論の基礎をなす典型的な労働者像を描いたものであった。X理論の基礎となっている労働者タイプは，伝統的管理論に対応していた。マグレガーは当時すでに豊かさを享受していたアメリカ社会にあって，貧困のために依存せざるを得なかったかつての労働者像をベースとした，古臭い，誤った管理法が依然として散見されることに憤りを覚えていた。そこで，マグレガーが強力に推し進めたのがY理論である。彼もまた，「人間は絶えず欲求をもつ動物」であるというマズローと同じ人間観を有していた。そして，承認や自己実現といった成長欲求を重視し，経営管理論へと応用したものがY理論であった（表4-1）。

　Y理論は，労働における人間賛歌を歌い上げたものと言える。従来の心理学が病理的側面ばかりを探究する闇の心理学であることに辟易し，心の健康的かつ積極的側面を探究することによって，光の心理学を構築しようとしたマズローと同様に，マグレガーもまた，労働に対する人間の積極的側面の存在を明らかにし，強調したのであった。マグレガーは労働者の精神的健康については，直截的にはほとんど言及していない。しかし，Y理論が描く労働者像からは，マズローが明らかにした精神的健康人の特徴が垣間見られる。

　例えば，「仕事は遊びと変わらない」とある。これは，マズローのいう「二分性の解消」に他ならない。個人における，両極性もしくは対立性と呼び得るもの，例えば，情緒と理性や，男性的と女性的といった二分性が健康な人にはないというのがマズローの発見である。不健康な人ほど，この二分性がはっき

表 4-1　X 理論と Y 理論

X 理 論	Y 理 論
①普通の人間は本来仕事がきらいで，できることなら仕事はしたくないと思っている。	①仕事で心身を使うのはごくあたりまえのことであり，遊びや休憩の場合と変わりはない。
②仕事はきらいだという特性があるために，たいていの人間は，強制されたり，統制されたり，命令されたり，処罰するぞと脅かされたりしなければ，企業目標を達成するためにじゅうぶんな力を出さないものである。	②外から統制したり脅かしたりすることだけが，企業目標達成に努力させる手段ではない。人は自分が進んで身を委ねた目標のためには自ら自分にムチ打って働くものである。
③普通の人間は命令されるほうが好きで，責任を回避したがり，あまり野心をもたず，なによりもまず安全を望んでいるものである。	③献身的に目標達成につくすかどうかは，それを達成して得る報酬次第である。
	④普通の人間は，条件次第では責任を引き受けるばかりか，自ら進んで責任をとろうとする。
	⑤企業内の問題を解決しようと比較的高度の想像力を駆使し，手練をつくし，創意工夫をこらす能力は，たいていの人に備わっているものであり，一部の人だけのものではない。
	⑥現代の企業においては，日常，従業員の知的能力はほんの一部しか生かされていない。

（出典）　McGregor（1960）．

りとしており，調和していない。マグレガーは労働者に対しても，こうした統一的有機体のイメージを有していたのであろう。また Y 理論に見られる，「自らムチ打って働く」，そして「進んで責任を引き受ける」という態度には，健康人に認められる自発性が現れている。さらに，「創意工夫をこらす能力はたいていの人間にある」という記述は，精神的健康性と同義とも言える創造性が，一般的な労働者にも備わっていることを表している。このように，マグレガーは Y 理論を通じて，産業に従事する労働者が成長したいという欲求を有し，精神的に健康でありたいと望んでいることを暗に示そうとしたのではないだろうか。

（3） ハーズバーグと精神的健康

　ハーズバーグは1960年代から1970年代にかけて，その独自のモチベーション理論である「動機付け―衛生理論」や「職務充実」概念によって，心理学者，経営学者，経営管理者など様々な領域の人々に影響を与えた行動科学者である。ハーバード大学が発行している経営学雑誌に *Harvard Business Review* があるが，ハーズバーグの論文はその雑誌に掲載されて以降，100万部以上リプリントされているという。それほどまでに，現代においてもなお，影響力をもち続けているのである。では，ここではまず，彼の代表的理論とも言える「動機付け―衛生理論」を見ておこう。それは，彼が労働者の精神的健康をどのように捉えていたかを知るうえにおいても重要であるからである。

　ハーズバーグと共同研究者たちは，ピッツバーグ市内の企業に勤務する203人の技師および会計士に対して，職務態度に関する個別面接を実施し，その結果を詳細に分析することによってこの理論を抽出した。質問は次のようなものであった。「現在就いている仕事であっても，過去に就いていた仕事であっても，どちらでもよいですから，あなたがご自分の仕事について格別に好ましいと感じた時，もしくは好ましくないと感じた時のことについて考えてください。これは，私が今述べたように『長期』の事態であったり，『短期』の事態があったりするでしょう。何が起こったか私に話してください」。これはいわゆる，臨界事象法（critical incidents method）と呼ばれる方法であった（Herzberg, Mausner & Snyderman, 1959）。

　回答結果は**図4-2**のようにまとめられた。列挙されている項目は，各回答者が叙述した「客観的」事象を要約したものである。0をはさんで右側は職務満足を，左側は職務不満を表している。また各帯の長さは，述べられた事象にそれらの要因が現れた度数を表している。帯の幅は，良い職務態度もしくは悪い職務態度が持続した期間を表示している。図を見ると，職務満足に働きかける要因と職務不満に働きかける要因は異なっているように思われる。職務満足に関わる要因は「達成」「承認」「仕事そのもの」「責任」「昇進」であり，職務不満に関わる要因は，「会社の政策と経営」「監督技術」「給与」「対人関係」「作業条件」であるとしている。ハーズバーグたちはこれをもって，満足要因と不

第Ⅱ部　帰属意識と精神的健康

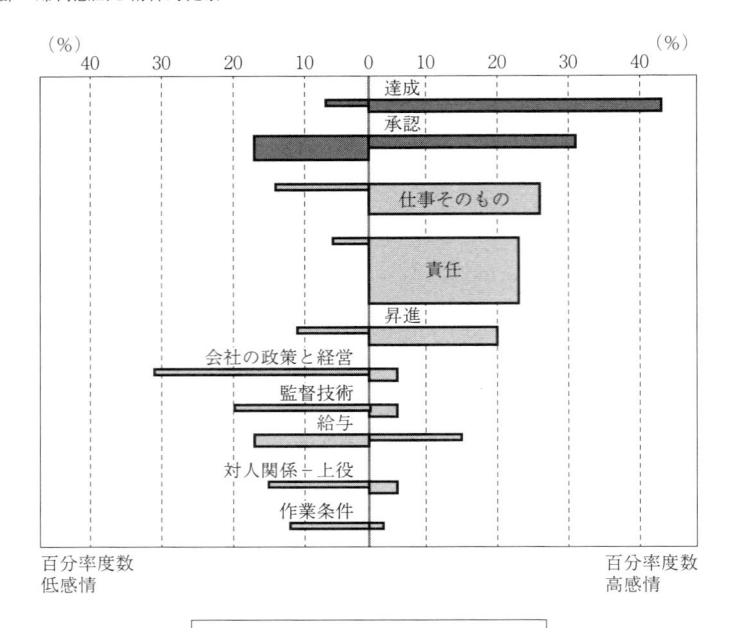

```
(%)                              (%)
40  30  20  10   0   10  20  30  40
              達成
              承認
          仕事そのもの
              責任
              昇進
        会社の政策と経営
            監督技術
              給与
          対人関係＝上役
            作業条件

百分率度数                    百分率度数
低感情                          高感情
```

■ 短期継続度数が長期継続度数より大
□ 長期継続度数が短期継続度数より大

(出典)　Herzberg et al. (1959).

図 4-2　動機付け：衛生理論

満要因を一元的に捉えることはできないと考えた。極端に言えば，満足要因が不満要因になることも，その逆もないということなのである。例えば，昇進することは満足要因にはなるが，昇進しないからといって，それが不満要因になることはほとんどないというのである。

　そこでハーズバーグはこれらの要因群がそれぞれ分離したテーマをもっていると考えた。図の右側の要因は全て「彼が行っているもの＝職務・課業」への関係づけを表している。「課業における達成」「課業達成に与えられる承認」「職務の内容・課業の性質」「課業に対する責任」「専門的昇進・課業能力の向上」といったように，全てが職務や課業それ自体と深く関わっている。ハーズバーグは，これらの要因によって仕事への意欲が高まると考え，これら満足要因を「動機付け要因」と名付けた。動機付け要因が不十分であっても，不満足にな

ることはない。一方，図の左側は「職務遂行中に受ける経営と監督の種類」,「職務を取り巻く対人関係や作業条件の性質」など，彼が行っているものへの関係付けを表すのではなく，むしろ，彼がそのなかで職務に従事している脈絡ないし環境への彼の関係付けを表している。職務それ自体ではなく，職務の周辺や環境に関わっているのである。

　ハーズバーグはこれらの要因が職務不満を防止する機能があるとして，「衛生要因」と名付けた。「衛生」が医学的に「予防と環境」を意味することにならったものである。図で言えば，0の地点が身体的な健康を表していると考えてよいであろう。衛生面に不備があると，身体的健康を害することになる。従って，衛生面への配慮は必要である。しかし，ひとたび身体的に健康な状態が実現すれば，それ以上健康に配慮してもらっても満足感は得られないであろう。身体的健康に関して重要なことは予防なのである。つまり，人間にとって身体的健康は当たり前の状態だということになる。衛生要因は労働者にとって，インフラのようなものであり，整備されていて当然のものなのだと言える。

　以上が，ハーズバーグによって提唱された動機付け―衛生理論の概要である。ハーズバーグは，このユニークな理論を精神的健康の一般的概念に拡大しようとした。ハーズバーグは労働者の精神的健康に対して，少なからぬ関心と問題意識を抱いていたようである。彼は，労働者の精神的健康に関する問題が抱える利害は産業界に留まらないと述べている。産業界における不適当な人間利用は，究極的に，社会全体の精神的健康に悪影響を及ぼすというのである（Herzberg, 1966）。

　さて，ハーズバーグも述べているように，当時は，精神医学と心理学のもたらした臨床的知識が，仕事場の人間問題に密接な関連をもつようになっていた。こうした流れは第3章で取り上げた，メイヨー主導のホーソン研究によるところが大きい。ハーズバーグは，自著のなかで産業界の人間概念をいくつか取り上げて論じており，産業界において「社会的人間」と「情動的人間」の存在がホーソン研究によって明らかにされたと示唆している。ハーズバーグによれば，「『社会的人間』は，仲間労働者に受け入れられたいという圧倒的願望を有し，『情動的人間』は精神療法的環境を探し求める」（Herzberg, 1966；邦訳, 1978, 50

頁)。前者は労働者の所属性,後者は労働者の精神的健康に関する言及と言える。ハーズバーグもまた,ホーソン研究もしくはメイヨーによって,労働者の所属性と精神的健康の重要性が認識されるようになったことを示唆していると言える。

　ハーズバーグによれば,伝統的に精神的健康は,精神的病気の裏返しと見られてきた。つまり,精神的健康とは精神的病気のたんなる不在なのである。従って,精神的病気が解消すれば,自動的に精神的健康がもたらされると考えられてきた。しかし,ハーズバーグは自らの考案した理論が示すように,精神的健康にも二つの連続体,すなわち,精神的病気の連続体と精神的健康の連続体が存在すると考えた。ちょうど,仕事における欲求にも二組,すなわち,衛生要因欲求と動機付け要因欲求の連続体が存在するように,である(Herzberg & Hamlin, 1961)。

　そもそも,ハーズバーグは人間には二組の欲求が存在するという前提を有している。その一組は動物的なもので,その中心となるのは,生命喪失,飢え,痛みなどの苦痛を回避しようとする欲求である。今一組の欲求は人間的なもので,継続的な精神的成長によって自らの潜在能力を現実化しようとする人間衝動である(Herzberg, 1966)。前者が衛生要因欲求で,後者が動機付け要因欲求であることは言うまでもないであろう。ここで彼の言う,人間的な欲求とは,自己実現ないしは自己完成の概念に基づいている。彼は,ユング,アドラー,サリバン,ロジャース,ゴルトシュタイン,マズロー,ガードナーといった数多くの人格心理学者の名を挙げ,そのなかから,ユングの定義を取り上げ,自己実現の定義付けを行っている。すなわち,「人間の最高目標は,みずからの生得潜在能力に応じ,現実の制約の枠内で,創造的でユニークな個人としてみずからを完成することである」という定義である(Herzberg, 1966 : 邦訳, 1978, 96頁)。ちなみに,ハーズバーグもマズローと同様に,仕事と遊びの二分法が解消されている個人は精神的に健康であると述べている。

　さてこのように,ハーズバーグによれば,労働者の精神的健康は動機付け要因,すなわち自己実現欲求や成長欲求を充足することによってしかもたらされない。衛生要因を追求しても,ほとんど見込みがないのである。なぜなら,衛

生要因の追求は、その個人を取り巻く環境や条件に心を砕くこと、すなわち、他者によって課せられる制約に焦点を置くことを意味しているからである。そのような焦点化は、苦痛を回避する欲求を満足させてくれるかもしれないが、成長を求める欲求を満足させてはくれない。重要なのは、その個人の職務であり、職務を通じた達成と、それによってもたらされる成長なのである。そこに満足を求めることこそが、精神的健康には不可欠なのだと言える。そもそも他者によって課せられた制約を、その個人がコントロールすることは困難であろう。しかし、自らが遂行している職務にはその可能性がある。こうしたコントロール可能性が、自己実現にとって必要な自発性や自律性にとって極めて重要であることは疑いのないところであろう。

いずれにしてもハーズバーグによれば、精神的に不健康な人は満足を得るための目標を見誤っている。従って、心理療法家がもしこのような患者に対応するとすれば、次のような点に留意しなければならない。第一に、心理療法の目的は、個人の動機付けを心理的苦痛の軽減ではなく、心理的成長から満足を得るように方向付けることである。第二に、成長体験からの満足は課業達成の機会があるときにのみ生起し得ることに留意しなければならない。第三に心理療法家は、衛生療法と動機付け療法の間の区別を明確にしなければならない。初期のロジャーズ派が陥っていた「自己実現はボーナスである」という罠にはまってはいけない。第四に心理療法家は、患者の不健康に対する見方が、その患者が制御できない力によって決定付けられていると説明してはならないし、それを助長してもいけない（Herzberg & Hamlin, 1963）。

衛生要因欲求の充足は精神的不健康を解消するかもしれないが、それによって精神的健康がもたらされるわけではない。従って、ある個人が精神的健康を得たいと思うのであれば、その個人の目標を動機付け要因欲求の充足という目標に方向転換させなければならないのである。さらに、ハーズバーグはこの理論を拡張させて、苦痛回避欲求の充足からのみ、安らぎや充実といった情動的経験を得ようとする個人の傾向と、精神的病気の重症度との間に正の相関関係があることを明らかにしている（Hrezberg, Mathapo, Wiener & Wiesen, 1974）。精神的に病気である人は、課業を取り巻く環境、すなわち衛生要因に対して誇

張された反応を示すと，ハーズバーグは言う。「デービッド・リースマンの表現を借りれば，精神病患者は内部指向性を欠いているのである」(Herzberg, 1966；邦訳, 1978, 175頁)。

　以上，ハーズバーグの精神的健康観について見てきた。ハーズバーグが労働者の精神的健康に多大な関心を抱いていたことがわかった。ハーズバーグの言う動機付け要因欲求は，マズローの言う成長欲求に対応している。同じく，ハーズバーグの衛生要因欲求は，マズローの欠乏欲求に対応している。また，マズローは欠乏欲求が充足されずに，そこに固着してしまっている個人は，精神的に不健康であり，いつまでも欠乏欲求を充足しようとすると考えていたが，この点はハーズバーグの考え方と符合する。前述の通り，ハーズバーグは衛生要因のみから満足を得ようとする個人を精神的に不健康であるとして，動機付け要因に対する関心を高めることが必要であると考えていた。そもそも衛生要因のみから満足を得ようとする個人は，そうした低次元の欲求に固着しているからではないのだろうか。欲求の方向を転換するためには，こうした固着を解消することが先決であることをマズローは示唆している。

（4） アージリスと精神的健康

　最後に取り上げるのは，クリス・アージリスである。彼もまた，1950年代から1970年代にかけて活躍した，新人間関係学派の一人である。アージリスによれば，人間の精神的健康は，内面的および外面的な均衡によってもたらされる。これはまさに，メイヨーが依拠していたジャネの精神的総合と同じ考え方に立っていると言える。アージリスは，個人のパーソナリティ内部の各部分が均衡を維持している場合，それを適応と呼ぶ。そして，そのパーソナリティが外部と釣り合っている場合，それを順応と呼ぶのである。さらに，内面的および外面的に均衡が保たれている場合，すなわち，適応と順応が同時に達成されている場合，彼はそれを統合と呼んでいる。適応が内面的な健康を表しているとすれば，順応は外面的な健康を表している。アージリスによれば，適応していても，順応していない人はいる。内面的には健康であっても，外面的には健康ではない場合があるというのである。従って，統合された状態こそが，真に健

康な状態であると言えよう。

　では、こうした真に健康な状態はどのようにして維持されるのであろうか。アージリスの説明は少々難解である。筆者の理解では、こうした均衡状態を維持することは容易ではない。個人は、この基本的な状態をいつまでも維持しようとするのだが、何もしなければそれを維持することはできない。そのためにはダイナミズムが必要である。常に力動的作用がそこになければ、その状態を維持することはできない。人のパーソナリティは発展してゆく有機体であるから、常に均衡破綻の脅威にさらされているということなのかもしれない。しかし、自らを保とうという内在的な傾向が作用することによって、健康は保たれる。そして、この傾向こそが自己実現に向かう基本的な傾向なのであり、その自己実現がパーソナリティの恒常性を保証するとアージリスは言うのである。つまり、自己実現に向かう傾向が、その個人のパーソナリティに常に作用することによって、その個人の基本的な状態は維持されるということなのである。これは、自己実現を追及することが、精神的健康を維持することにつながることを意味している。アージリスのなかでは、精神的健康とは、あくまでも均衡な状態を指しているのだが、発展を宿命付けられた人間においては、その均衡状態の態様が常に変化するということなのかもしれない。つまり、発展とともに、均衡のあり方が変化するということである。均衡に要する本質的な布置は変化しないが、パーソナリティを構成する各部分の量や質が変化するということなのかもしれない。それらをまとめるのが、自己実現傾向なのであろう。アージリスによれば、「心理的に健康な人々は、自己実現あるいは向上といった目標をいつも持っている」（Argyris, 1957；邦訳, 1970, 59頁）。

　では、このように心理的に健康な人々はどのような発達傾向を示すのであろうか。人間成熟説とも呼ばれる理論において、アージリスは次のように整理している（同上, 88頁）。

①幼児のように受身の状態から成人のように働きかけを増してゆくという状態に発展する傾向。
②幼児のように、他人に依存する情況から成人のように比較的独立した状態

に発展する傾向（比較的独立とは，「自分の両足で立ち」同時に他人の健全な独立を承認する能力である）。
③幼児のように数少ないわずかの仕方でしか行動できないことから成人のように多くの違った仕方で行動できるまで発達する傾向。
④幼児のように，その場，その場の，浅い，移り気な，すぐに弱くなる興味から成人のように深い興味をもつように発達する傾向。
⑤子供のような，短期の展望（すなわち現在が主に行動を規定する）から，成人のような長期の展望（すなわち行動が過去と未来によってより強く影響される場合）に発達する傾向。
⑥幼児のように，家庭や社会のなかで従属的地位にいることから，同僚に対して，同等，または上位の位置を占めようと望むことに発展する傾向。
⑦幼児のような自己意識の欠乏から，成人のような自己についての意識と自己統制に発達する傾向。

　アージリスによれば，精神的に健康な個人に対して，こうした発達傾向を許容するような職務が与えられているならば，その個人は労働のなかに最適のパーソナリティを獲得しやすくなる。つまり，精神的健康は維持されるというのである。アージリスにとって，精神的健康とは，幼児のように受身で，従属的で，そして短期的な展望しかもたないような状態から，積極的で，独立的で，長期的な展望をもった一人前の成人に成熟するなかで得られるものなのであろう。これらの点は，マズローの自己実現人に見られた特徴とも符合している。
　以上，四人の行動科学者について見てきた。これらの研究者に共通して見られたのは，人間の精神的健康は自己実現や成長に対する欲求と密接に結びついているという点であった。自らの潜在的な能力を存分に発揮することによって成長し，自らを完成させたいという欲求を充足することが，精神的健康を獲得するためには必要不可欠だということである。また，精神的健康は，メイヨーが注目した均衡の概念，さらにはジャネの提唱した精神的総合の概念を基礎としていた。精神内部の様々な要素が均衡を維持しながら統合されている状態を精神的健康として捉えていた。この点については，他の人格心理学者において

も共通している。

例えば、マズロー研究者としても知られる上田（1969, 123頁）によれば、まず「精神の健康性は、人格の統合という形態でもって最もよく表現」されなければならない。「健康な人間は、人格内の諸特性、諸機能の間に調和のみられる機能的統一体」であり、「自我の統一的機能のもとに、高度の力動的体制化の行われている効率の良い人間」なのである。つまり、人格は統合性を求め、その調和的全体性を維持することによって精神の健康を実現するということになる。

そして、人格内部でその最も重要な機能を司っているのが自我である。上田によれば自我の特徴は二点に集約される。一つは、感覚器官を動員して外界を認知する、認知主体としての自我という特徴である。この点は、オルポートやマズローといった多くの人格心理学者によっても認められてきたところである。前述したマズローの表現を借りれば、「現実を正確に、効果的に知覚する」(Maslow, 1954；邦訳, 1987, 228頁）ことであり、従来の精神的健康観の基礎として位置付けられてきた（遠藤, 1995）。自我の今一つの特徴は、その統合的機能にある。自我は、「多くの領域での様々な認知や行動を統括し、これらを共通の体験のうちに包括する」（上田, 1969, 241頁）という機能を有しているのである。しかし、我々が身を置いている現代社会においては、こうした健全な自我を維持するのが容易ではない。従って、個人が自我の病理的状態に陥る危険性は常に存在している。上田はこの自我の病理的状態を「自己疎外」と呼んだ。次節では、この自己疎外に注目し、これまでの経営管理思想が、労働者の人格をどのように扱ってきたのかについて考えてみたい。

2　経営管理思想と労働者の人格

自己疎外とは、その個人の認知や行動が、個人の自我から発したものではなく、人格内外の他の要因によって支配されている状態を指している。例えば、外部の権威や義務もしくは人気などが、自我にとって代わって行動や認知の発動者となる場合を言うのである。かつて田尾（1998）は会社人間を「会社に過

剰にのめり込みすぎて、健常な自我概念を維持できなくなった人間類型（9頁）」と定義づけたが、この定義は、会社の権威や、会社に対する義務意識によってその個人が支配され、その個人における本来の自我がないがしろにされていることを物語っている。

　上田によれば、自我の健康性は、まずは個人自らの主体的行為が明瞭に意識体験されることによって確認される。主体的自我の本質は、認識や行動の能動者として体験されるところに成立するからである。他者によって人格が支配されているような、他律性を体験している個人の自我は健全とは言い難い。さらに上田は、外界との関係性において自我の健康を捉えるなかで次のように述べている。「主体としての自我の健康性は、外界に対し自己が優位に立ち、それに伴って自由な意志決定や自発的な行動ができるかどうかによって決定せられる」（上田，1969，278頁）。つまり、ただ自我の発動によって認知や行動が遂行されているだけでは、自我が健康であるとは言えず、外界に対峙した際に、あたかも外界を呑み込んでいるかのような態度が認められた場合にこそ、自我は真に健康なのである。そして、健康な自我はまた、自由にその精神を集中することができ、一定の課題に注意を向けることができるのだという。では、このような精神的健康観を踏まえたうえで、これまでの労働組織が個人のパーソナリティをどのように取り扱ってきたのかについて考えてみることにしたい。

（1）　テイラーイズムと労働者の人格

　恐らく、経営管理における理論や方法が近代化したのは、テイラーの科学的管理法によるところが大きいと思われる。そこで、ここでは少しだけテイラーの科学的管理法の概要について触れておきたい（Taylor, 1911）。

　テイラーによれば、管理の主な目的は使用者の最大繁栄とあわせて、従業員の最大繁栄をもたらすことにあった。そして、その繁栄は個々人が最高度の能率を発揮することによって実現すると考えていた。テイラーにとって、能率が繁栄を生むという原理ほど明らかなことはなかったのである。しかし、テイラーがミッドベール・スチール社やマニュファクチュアリング・インベストメント社で働いていた19世紀末から20世紀初頭にかけてのアメリカやイギリスでは、

その原理とは全く正反対の現象が生じていた。工場で働く工員たちは，全力を挙げて最大限度の仕事をしようとはせず，むしろとがめられない程度になるべく仕事を少なくしようとしていたのである。多くの者は当然なすべき一日の分量の1／3または1／2ぐらいにとどめようとしていたという。もし全力を尽くして一日分最高の生産をなすようなことがあれば，仲間のものから非常な非難を受けることになったのである。テイラーはこの現象を組織的怠業と呼んだ。人間生まれつきの傾向として楽をしたがるのを自然的怠業とすれば，この組織的怠業は他人との関係から，いろいろと細かい思慮をめぐらした結果として怠けるためにそう呼ばれた。

　テイラーによればこうした組織的怠業の原因は三つあった。一つ目は能率を上げると仲間の工具が失業に追い込まれてしまうと考えられていたことである。これは古くからの誤解だとテイラーは言っているが，今もなお労働者のなかにある観念なのではなかろうか。二つ目の原因は不完全な管理法にあった。管理者が作業の所要時間を知らないので，指導をすることができず，工員たちも，よく働いても働かなくても支払われる給料が変わらないため，働くだけ損だという意識をもってしまっていたのである。テイラーは，ある勤勉な工員が自宅から工場までの通勤では1時間に3〜4マイルのペースで歩くのに，工場に入ったとたんにそれが1マイルになるというエピソードを自著のなかで紹介している。三つ目の原因は非能率的な目分量方式にあった。テイラーによれば，各職の各仕事に用いられている方法や道具のなかで，最も速くてよい方法および道具はたった一つしかないはずである。にもかかわらず工員たちは，仕事の仕方や道具については周囲の人々を見習うしかないために，仕事の方法が数百通りにまでなってしまっていたのである。しかし，先ほども述べたように管理者も指導することはできない。管理者が指導する仕事に関する方法も，管理者の数だけ存在するからである。これがテイラーの言う，目分量という意味なのであった。

　以上からわかるように，労働者たちは管理・監督者たちに対して不信感を抱いていた。信用できなかったのである。同じく，管理・監督者たちも労働者のことを信用していなかったと言える。上司である監督者たちの指示に従うので

はなく，労働者たち自らで仕事のペースを決めていたからである。両者はまさに相互不信の状態に陥っていた。それを目のあたりにしたテイラーは「実に不幸なことだ」と嘆いていた。当たり前のことを当たり前にしていれば，お互いが幸福になれると考えたのである。そして，労働者たちの意欲を高めるためには，まずこうした監督者に対する不信感を払拭することが必要だと考えたのであろう。成り行き任せの無管理状態から，目に見える管理状態を生み出すことが求められていたと言える。それが科学的な管理法であった。

テイラーによれば近代科学的管理法において，最も大切なことは課業観念である。組織的怠業を克服するために，テイラーは数々の観察および調査を行い，課業の重要性を認識するようになる。科学的管理法のポイントは以下の通りである。

①課業設定の原理：第一に課業を明確に設定することが必要となる。ここで課業とは1日の公正な仕事を指している。1日のうちになされなければならない仕事と言う意味である。量・質ともに標準的な仕事と言うことでもある。作業研究によって設定されると考えた。
②作業研究：課業設定のために作業の内容と量を決定する研究のことであり，時間研究と動作研究がある。時間研究では，一連の作業を細かい要素に分解し，個々の作業要素にかかる時間をストップ・ウォッチなどで測定し，標準時間を決定する。動作研究とは個々の作業がどのような動作から成るかを分析し，無駄な動作を省いたり新しい効率的な作業方法を見出す研究を指している。
③標準的条件の原理：次に作業の条件や方法を標準化しなければならない。標準的な道具，時間，作業方法の全てがマニュアル化されて指図票に明記されなければならない。
④差別的出来高給制度：図4-3は単純出来高給との違いを表している。横軸に作業量，縦軸に賃金（報酬）をとりグラフ化したものである。単純出来高給では作業量の増加にともない，単純比例的に賃金も上昇する。従って，単純な右肩上がりの直線として描かれる。しかし，差別的出来高給制

第4章 精神的健康とは何か

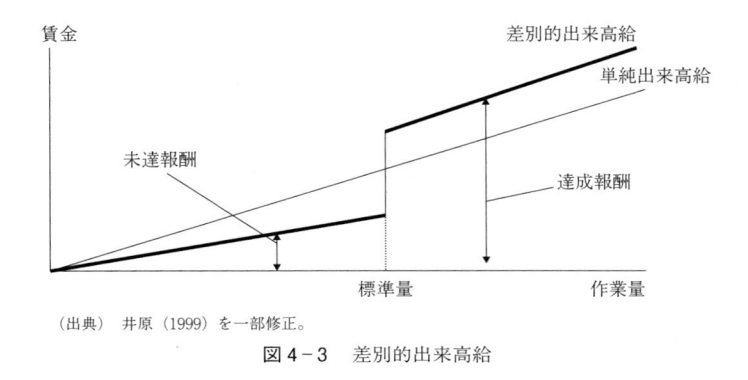

(出典) 井原 (1999) を一部修正.
図4-3 差別的出来高給

度では，標準量を境にして傾きが変化していることに気づくであろう。従業員は標準量を超えなければ相当に低い賃金で我慢しなければならない。しかし，標準量を超えれば，単純出来高給のときよりも高額の賃金を手にすることができるのである。

この差別的出来高給は刺激給とも呼ばれるように，未達報酬と達成報酬との間に大きな差をつけることによって労働者に刺激を与えようとするものであった。当時の労働者の経済水準は決して高いものではなかった。この制度はそうした労働者の欲求（動因）を刺激するために，賃金を主要なインセンティブ（誘因）として用いようとしていたということになる。そこで，後世の研究者たちはこの時代の経営管理が「労働者は金銭的な欲求によって動機付けられて行動するものだ」という人間観を前提にしていると考え，こうした人間仮説を「経済人モデル」もしくは「経済人仮説」と呼んだのである。

以上がテイラーの提唱した科学的管理法の概要である。このように，いわゆるテイラーイズムがもたらしたものは，徹底した標準化であり，作業の細分化であった。テイラーイズムの華々しい実践者であるヘンリー・フォードは，細分化された作業を限定化し，労働者には二つ以上の作業をさせないようにしていたという。また，テイラーの提唱した作業研究が，労働者の動作を細かく分析することを要求したために，テイラーイズムは，あたかも人間を細かいパーツから成り立っている機械のごとくに見ているように受け取られた。機械文明

化しつつあった時代に,生産設備までもが機械化していくなかで,労働者は大きな機械の歯車の一つになってしまったような錯覚に陥っていった。いわゆる労働疎外と呼ばれる現象が生じたのであった。当時の労働者は,大きな機械の部品であると同時に,細かい部品の寄せ集めでもあったのである（松山,2009）。テイラーイズムは相応の繁栄をもたらしはしたが,同時に,労働者の人格を疎外してしまった。

　伝統的な組織によって労働者個人の人格がありのままに尊重されていなかったことは,バーナードの論考からもうかがえる。バーナードによれば,労働者個人が自らの所属する組織の目的を実現しようと努力する場合,その個人は個人としての全人格を組織に関与させているわけではない。なぜなら全人格的な関与は組織内の調整にとって妨げとなるからである（Barnard, 1938；磯村, 1991）。従って,個人の人格は組織人格と,それ以外の人格に切断されることとなり,組織人格のみが組織に関与することになる。そして,組織人格はあくまでも機能的な人格として取り扱われ,その個人の個性は必要とされない。これはある面において,個人が組織の手段として扱われることを意味しており,その個人が尊重されているとは言いがたい。

　そもそも,バーナードも述べているように,組織人格とは組織によって支配された人格を指している。すでにその時点で本来の自我が失われていると言うこともできる。ここに労働者個人の精神的健康が損なわれ得る契機を見てとることができよう。もちろん,バーナードが労働者個人をないがしろにしていたわけではない。バーナードはこのような問題を解決するために,非公式組織の活用を提唱していた。公式組織への関与においては,個性を発揮することができなくとも,非公式組織においてであればそれが可能であり,それによって人格の疎外された部分を補完することができると考えていたのである（Barnard, 1938；磯村, 1991）。

（2） マズローイズムとアージリスのパーソナリティ論

　これまで述べてきたことから,テイラーやバーナードの経営管理論が,労働者個人の人格を分割し得る契機を内包していたことが理解できる。一方,この

ような経営管理に異を唱えたのが，人間関係論を高度に展開した行動科学者たちであった。そのなかでも影響力をもった研究者として，マズローを挙げることができよう。先にも述べたように，マズローはそれまでの心理学において大きな潮流とされていた行動主義心理学に辟易し，新たな心理学を構築しようとして，人間性心理学もしくは人間学的心理学と呼ばれる一分野を確立したとされている。行動主義心理学は，条件反射の理論を応用した考え方をベースにしており，人間を刺激と反応の連鎖で捉えようとするところに特徴がある。テイラーの科学的管理法にも見られた，「人間を機械視する」捉え方がマズローには受け入れられなかったのであろう。それゆえにマズローは個人の人格や自己を部分の総和として捉えるのではなく，あくまでもその全体をありのままに捉えるように提唱したのである。そして，マズロー思想の中心的概念であり，後の行動科学者に大きな影響を与えたと考えられるのが「自己実現」という概念であった。マズローによれば，自己実現の欲求とは，より一層自分自身であろうとする願望であり，それゆえに人は自分自身の本性に忠実でなければならない（Maslow, 1954）。こうした説明からも，マズローが人格を分割するといった発想を受けいれられなかったことが伺えるであろう。なぜなら，分割された人格がその個人の本性であるはずはないし，ましてや自分自身であるわけがないからである。

　前述のようにマズローの自己実現思想は様々な行動科学者に影響を与えたが，そのなかでも特に，組織と人格について精緻な議論を行った研究者にアージリスがいる。自己実現思想の特徴は何よりもまず，人間個人の尊重を基点としているところにあるが，アージリスの思想にもそれが貫かれていた。そして彼にとって人間個人の尊重とは，人間を全体として捉えるということに他ならなかったのである。このことはアージリスの次の言葉に端的に表されている。「経営者は単に手を雇うのではない」「彼らはいつも全体の人を雇う」（Argyris, 1957）。アージリスによれば，こうした個人におけるパーソナリティの全体性，すなわち全体としての人間を重視する姿勢は，組織や組織成立の条件とも言える課業（労働）分化を否定することになる。なぜなら，課業を分化し，技能の専門化を進めていけば，「自我を含む成長の過程から生ずる多くの部分の独自の組織

を実現しようと、絶えず、努めている」人間のパーソナリティにおける自己実現傾向が無視されることになるからである。また、仕事の専門化は個人に対して「心理的な意味が少ないような、より複雑でない」能力を使うよう要求するが、それは結局、その個人が自己実現を禁じられるということを意味するからである（邦訳、1970、100-101頁）。

このようにアージリスは、人間性尊重の原理に立って、人間は「何ができるか」で評価されるのではなく、「何であるか」で評価されるべきであると言い、人間が能力の集合体であるかのように見なすことを戒める。彼によれば、多くの経営者が、部下のパーソナリティは分割することができるということを仮定しているが、それは誤った観念である。また逆に、技術的にすぐれた、客観的かつ合理的な指導者は、部下を評価する際に、自らの強い感情にかられることを避けようとして、パーソナリティと仕事とを切り離して考えようと努めているが、それも間違っている。アージリスによれば、パーソナリティを無視することも分割することも、人間性、つまり「自己を実現している有機体」としての人間を損なうことになる。従って、「全体の自己」を評価することが重要であり、そうした環境を創出することが望ましいというのである。

（3） マズローイズムと能力主義管理

さて、アージリスが唱える、人間の自己実現傾向および全体としての人間（パーソナリティ）の重要性については言を待たない。しかし、自己実現思想をベースにした経営管理によって、果たして労働者の精神的健康は維持もしくは改善されるのであろうか。結論から言えば、ことはそう容易ではなく、むしろ、労働者の精神的健康を悪化させる危険性をも秘めていると考えられるのである。そしてそれは、特に少し前の日本企業においてあてはまったように思われる。なぜなら、日本の企業組織が労働者個人の人格を完全に支配する契機を、こうした自己実現的な人事管理が与えてしまったように思われるからである。ある意味、振り子が逆の方向に振れ過ぎてしまったということなのかもしれない。組織が労働者個人の全体を尊重しようとし過ぎるあまり、その個人の人格は組織労働のなかに囲い込まれてしまったのである。自己は組織労働において実現

されるべきであるという，一種のイデオロギーを生み出したとも言える。1969年に発行された『能力主義管理』にはこうある。

　「企業で働く人間は全て，その生涯における最も活動的な時間を大部分企業において働くことに没入しているし，また，その社会的なつながりや活動の場は主として企業にあり，企業を中心に展開している。従って人生そのものを企業に託していると言ってよく，人生の目的を企業の仕事のなかに見出すことを望むのが当然である。なかには，企業で働くことを生活の糧を得るための手段と見なしている人もいるかもしれないが，この場合は，不幸にして仕事のなかに生きがいを見出すことができなかった結果そうなのであって，決して正常な姿ではない。企業で働くということはたんに労働を売って，その対価として報酬を受けるというだけの関係ではない。欲求段階説で言えば最も高い段階の欲求についてまで，企業において充足されんことを期待して働いているのである。最も高い段階の欲求とはふつう自己完成の欲求と呼ばれているが，これは自分のもてる可能性を極めつくすということであって，言いかえれば，能力の最大限の発揮ということに他ならない」（日経連能力主義管理研究会編，1969，66頁）。

　組織労働において自己は実現されるべきであるというイデオロギーが，組織の個人に対する介入を促すことになった。また，個人も組織において自己実現を果たすために，全人格を組織に委ねることになった。つまり，組織がその個人の自我に取って代わることが容易になってしまったのである。会社人間はこうして生み出されたと考えてよいであろう。だとすれば，むしろバーナードの唱える人格論の方が好ましくも思えてくる。組織に関与するのは，全人格の一部である組織人格であるということになれば，残りの人格はまだ救われる。全人格を支配された個人が精神的に不健康であることは，前述したことからも明らかであろう。

　そもそも，マズローは自己実現が組織労働においてのみ達成されるとは考えていなかったはずである。彼は自己実現の欲求を「なりうるすべてのものにな

ろうとする欲求」であるともしている（Maslow, 1954：邦訳, 1987, 72頁）。そこには，例えば企業人としての自己実現と家庭人としての自己実現が共存し得ることが暗示されている。こうした誤ったマズローイズムは，恐らくマズローの思想が，アージリスなどの行動科学者たちによって経営管理論へと応用されていくなかで矮小化し，一部の局面がより先鋭化してしまったことによるのではないだろうか。

　本章では，これまで行動科学者の精神的健康観に触れたうえで，経営管理思想と精神的健康の関係について，労働者の自己疎外の問題を中心に考えてきた。伝統的管理思想においても，それ以降の管理思想においても，労働者の自己疎外を生み出す契機が潜んでいることがわかった。組織と労働者個人との関係はいかにあるべきなのであろうか。章を改めて考えることにしたい。

参考文献

Argyris, C., *Personality and Organization*, Harper & Row, Publishers Inc., 1957.（伊吹山太郎・中村実訳『組織とパーソナリティ』日本能率協会, 1970年）

Barnard, C. I., *The Functions of the Executive*, Harvard University Press, 1938.（山本安次郎・田杉競・飯野春樹訳『経営者の役割』ダイヤモンド社, 1968年）

江口恒男・村田信夫『行動科学と企業経営──人を生かす性格管理の進め方』池田書店, 1968年。

遠藤由美「精神的健康の指標としての自己をめぐる議論」『社会心理学研究』第11巻第2号, 1995年, 134-144。

Harold, M. F. R., *Behavioral Science : concepts and management application*, National Industrial Conference Board, 1969.（犬田　充訳『行動科学──その概念とマネジメントへの適用』日本能率協会, 1971年）

Herzberg, F., *Work and the Nature of Man*, The World Publishing Company, 1966.（北野利信訳『仕事と人間性』東洋経済新報社, 1978年）

Herzberg, F. & Hamlin, R. M.,"A motivation-hygiene concept of mental health," *Mental Hygiene*, 45, 1961, 394-401.

─── ,"The motivation-hygiene concept and psychotherapy," *Mental Hygiene*, 47, 1963, 384-397.

Herzberg, F., Mathapo, J., Wiener, Y. & Wiesen, L. E.,"Motivation-hygiene correlates of mental health : An examination of motivational inversion in a clinical population," *Journal of Consulting and Clinical Psychology*, 42(3), 1974, 411-419.

Herzberg, F., Mausner, B. & Snyderman, B. B., *The Motivation to Work*, Wiley, 1959.（西川一廉訳『作業動機の心理学』日本安全衛生協会, 1966年）

井原久光『テキスト経営学［増補版］』ミネルヴァ書房，1999年。
磯村和人「組織における人格の分裂と統合のメカニズム——バーナードの組織人格と個人人格の概念をめぐって」『経済論叢』第147巻第4・5・6併号，1991年，148-162。
Maslow, A. H., *Motivation and Personality* (Second Edition), Harper & Row, Publishers, Inc., 1970.（小口忠彦訳『［改訂新版］人間性の心理学』産業能率大学出版部，1987年）
松山一紀『組織行動とキャリアの心理学入門』大学教育出版，2009年。
McGregor, D., *The Human Side of Enterprise*, McGraw-Hill Inc., 1960.（高橋達男訳『企業の人間的側面［新版］』産業能率大学出版部，1970年）
日経連能力主義管理研究会編『能力主義管理』日本経営者団体連盟広報部，1969年。
田尾雅夫『会社人間はどこへいく』中公新書，1998年。
Taylor, F. W., *The Principles of Scientific Management*, Harper, 1911.（上野陽一訳『科学的管理法の原理』産業能率大学出版部，1969年）
上田吉一『精神的に健康な人間』川島書店，1969年。
―――「人格における緊張の概念と精神的健康性」『兵庫教育大学研究紀要第1分冊』（学校教育・幼児教育・障害児教育　8），1987年，1-9。
Whyte, W. H., *The Organization Man*, Simon and Schuster, Inc., 1956.（岡部慶三・藤永保訳『組織のなかの人間』東京創元社，1959年）

第5章
日本における行動科学と自己実現思想

　次章で，日本産業界におけるメンタルヘルス問題の現状について議論するために，本章では，これまで取り上げてきた行動科学研究およびマズローを中心とした自己実現思想が，日本の企業社会によってどのように受け入れられてきたのかについて考えてみる。

1　行動科学と自己実現思想の受容

　前章で見たように，アメリカにおける行動科学研究が本格的に始まったのは，1950年代初頭のことである。適当な資料がないので正確なことはわからないが，日本においてこれらの行動科学研究が紹介され始めたのも，アメリカにおける研究開始時期とそれほど変わらなかったのではないかと思われる。しかし，当初はごく一部の研究者がその存在を知っていただけに過ぎず，日本において，特に経営学の領域において本格的に行動科学研究が始まるのは，それから10年ほど経た後，つまり1960年代のことになる。それは，1966年にマグレガーの著書 *The Human Side of Enterprise* が『企業の人間的側面』として邦訳されたことと軌を一にする。行動科学研究の一つの成果として数えられる目標管理も，この時期に導入され始めている。

　また，行動科学研究に関する論文や訳書が公刊され始めただけではなく，この頃には行動科学研究を担う様々なグループも登場してきた。1965年に早稲田大学が創設した行動科学研究所などが良い例である。さらに日本における最大の経営学会である日本経営学会では，1969年の大会統一論題として「経営学と隣接諸科学」が掲げられ，そのなかで「経営学と行動科学」が議論されている（日本経営学会編，1977）。

このように，1960年代の後半にもなると，一種の行動科学ブームとも言えるような現象が日本において生じていたことがわかる。このことは，先に挙げた目標管理だけでなく，行動科学研究の影響を受けたと思われる制度が，この時期の日本企業において急速に普及していることからも裏付けられる。例えば，日経連が実施した労務管理諸制度についての調査結果を時系列的に分析してみると，1968年実施の第3回調査で初めて取り上げられた項目に，行動科学の影響を受けたと思われる制度が数多く見られることがわかる。前回第2回の調査が1963年に行われていることから，行動科学が注目されるようになってきたのは，それ以降1960年代後半にかけてということになる。事実，第3回調査の報告書では，時代背景として，「この時期における行動科学の発展の影響が強く存在したこと」が強調されているのである（日本経営者団体連盟編，1971）。

本節では，これまで見てきたマズローの思想，そしてそれをベースに理論化を試みてきた行動科学研究が，いかに日本企業ひいては日本社会に受け入れられていったのかについて見ていく。日本に行動科学研究が導入され始めた1960年代とは，どういった時代だったのだろうか。まずは当時の日本社会の状況から見ていくことにしよう。

（1） 導入時の時代状況

アメリカで行動科学研究が本格化し始めた1950年代初頭，日本は戦後復興の真只中にいた。その後，戦後復興は順調に推移し，1955年に始まる神武景気を皮切りに，日本は高度経済成長期に突入していく。そして遂には，1956年の『経済白書』が示す通り，「もはや戦後ではない」状況が現出するのである。さらにそれからの日本は，保守合同によって内政的な安定を得る一方で，アメリカによる庇護のもと安全保障上の憂慮もなく，ひたすら経済大国をめざして邁進することになる。

さてこのような状況下で，日本社会特に産業界には，具体的にどのような変化があったのだろうか。日経連が簡潔にまとめてくれているので，以下に紹介しよう（日経連能力主義管理研究会編，1969）。

①労働事情の変化（労働力過剰から労働力不足，雇用構造の老齢化，進学率上昇にともなう従業員学歴構成の高度化など）
②大学教育の一般化にともなう大学卒の量的拡大と質のバラツキの増大
③技術革新の進行
④外国技術輸入依存から国内技術の開発・輸出へ
⑤貿易自由化・資本自由化による国際競争の激化
⑥国内競争の激化
⑦労働者，特に若年労働者の価値観の変化
⑧労働異動増大にともなう定着対策の必要性の発生

　これらを見ると，経営を取り巻く内外の環境が，いかに劇的に変化しようとしていたかがよく理解できる。日本は経済が成長するにつれ，国際的競争に巻き込まれるようになり，さらなる技術革新を必要としていたのである。そして技術革新を担う人材は，教育水準の向上によって賄われることになった。しかし教育水準の向上は，技術革新への対応力を生み出しただけでなく，労働者の価値観を変化させ，労働に求める欲求を高度化させてしまったのである。技術革新によって機械は高度化し，人間が担う仕事は機械にできないような複雑なものか，機械でする必要のない単純なもののどちらかになってしまった。そこに労働に対する欲求の高度化が加わり，単純労働に従事する人々の労働疎外という現象が再び生じるようになってくる。ここに，行動科学研究導入の最も大きな契機を見てとることができるのである。この点については，森・松島(1977)も「労務管理への行動科学導入の背景」として，「生活水準の向上による欲求の高度化」および「技術革新と組織化にともなう疎外感と新しい欲求」を挙げている。
　いずれにしても，類まれなる高度経済成長が，大きく分けて二つの問題を当時の日本産業社会に投げかけていたということである。一つは，技術革新を実現する能力をいかにして創出するかという問題であり，今一つは，高度化する労働者の欲求をいかに充足させるかという問題である。では，次にこの二点について，もう少し詳しく見てみることにしよう。

第5章　日本における行動科学と自己実現思想

　前述したように，当時の日本社会は高度経済成長の真只中にいた。その契機とも言えるものが，池田勇人内閣によって1960年12月に発表された「国民所得倍増計画」であろう。経済成長を年7.5％と設定した同計画は，社会資本の充実，産業構造の高度化などを達成することによって，国民生活水準の向上と完全雇用を図ろうとするものであった。ここで注目すべきは，政府がこうした経済発展を担うために必要な人間を質的，量的にいかに確保すべきかという問題意識をもち，人的能力の重要性を強調している点である。当時の経済企画庁によれば，このような問題意識はそれまでの日本の経済政策に欠けていた。しかし技術革新の急速な進行の過程で，日本の経済構造が大きく変化しつつあったことや，諸外国における人的能力問題の研究に刺激されたことで，問題がクローズアップされてきたのである。

　それでは，政府はこの人的能力問題をどのように理解し，対処しようと考えていたのだろうか。当時の経済企画庁総合計画局長である向坂（1963）によれば，人的能力政策の根本を流れる理念は人間尊重の精神であり，能力主義の徹底である。そして能力主義とは，潜在的な能力を十分に伸ばすと共にこれを活用することを目的としている。さらに向坂は，「社会における能力主義徹底は，企業経営における人的能力活用の問題であり，その中心は活用の場としての経営秩序を近代化することである」（6頁）と，企業経営にも言及したうえで，今後企業は職務要件を明確にし，漸次的に職務給へ移行すべきであると主張するのである。

　以上のような考え方には，当時の国家政府による人間の捉え方が反映されていると言ってよいだろう。しかし，こうした人的能力政策に対して危惧を抱いていた研究者もいたようである。例えば淡路（1963）は，まず労働者を一介の労働力と見て，人間力の功利的利用を企図する「人的資源論」に疑念を抱く。それは，第二次世界大戦中の義勇奉公の「人的資源論」と一脈通じるものを感じるからだという。そして，人的資源論が「大企業の労務独占を促したり，また人間の資材扱いの悪習を助長するのでは，逆効果」（20頁）であると批判するのである。さらには，方法原理としての能力主義についても触れ，能力偏重の考え方は，労働生産性における個人の意思や意欲などの個性的条件をないが

しろにするものであり，むしろ人間のあらゆる可能性の開発をめざして，個性尊重の精神に基づく適材適所主義の方が妥当であると主張している。

　この両者による見解の開きには興味深いものがある。共に人間尊重を根本理念として掲げているにもかかわらず，なぜこのようなことが生じたのであろうか。淡路の批判が示唆しているのは，政府の人間尊重があくまでも生産性向上を図るうえでの方便であるということであろう。つまり人間尊重より上位に生産性向上を置くという考え方である。このことを踏まえて再度両者を比較してみると，向坂の議論には個性や個人の尊重という姿勢があまり感じられない。一方淡路の議論では，個性尊重が基調をなしている。言うなれば，人間尊重を生産性向上の上位に置く考え方である。これらのことから言えることは，本来人間尊重とは，顔の見える個々の人間を尊重するということであり，あくまでも個人尊重でなくてはならないということである。

　いずれにしても，高度経済成長期に突入すると同時に，国家政府が人的能力に関心をもち始めたことは注目に値する。人的能力政策を検討するために設置された政府部会は，答申を出しただけで，あまり実質的な成果を残していないようであるが，この思想は間違いなく数年後に日経連によって提唱された「能力主義管理」に影響を与えたと考えてよいであろう。まさに1960年代は日本という〈システム〉（国家政府およびそのサブシステムとしての企業）において管理者と呼ばれていた人々が，人間とその能力に関心を示し，それを利用し始めた時代だったと言えそうである（Wolferen, 1989）。そして，それは当時の時代状況を見事に反映していたのである。

　1960年代も半ばを過ぎると，人々の意識も徐々に変化していった。高度経済成長を通じて，日本人の生活は豊かになり，日本国内は自動車や家電製品などいわゆる「三種の神器」と呼ばれる消費物資によって満たされようとしていた。欧米先進国に追いつけ追い越せとばかりに生産第一主義を貫いてきた一つの成果であった。しかし，こうした豊さの裏側で，様々な負の成果も生み出されていた。その一つが公害問題である。1960年以降重化学工業を中心とした高度経済成長が進展したこの時期，公害の発生状況は一変したと言われる。工場廃液による水質汚濁，工業用土地埋立・造成による自然破壊など，それらを原因と

する植物の枯死，動物の死滅，人間の生命・健康への危害などが顕著になってきた。公害は日本列島を覆うことになり，公害に対する住民意識も高まり，各地で公害闘争が起こった。

　こうして日本社会および日本企業は大きな転換期を迎えることになる。それまで自明のこととして貫徹されてきた生産第一主義が疑問視され，そのことによって消費者および生活者優位の時代が招来された。また，これと相俟って，それまでの国民，特に若い世代による政治に対する興味関心が薄れていったことも忘れてはならない。安保闘争や学園紛争に見られる，いわゆる反体制運動と連帯の意識は1970年代になると急速に萎えていき，代わって，より「パーソナル」な時代が到来した。井上陽水のヒット曲「傘がない」は，こうした時代を象徴するかのように，1972年に突如として現れた。社会で起こっている様々な出来事よりも，自分にとって最も重要な問題とは，雨のなかを今から恋人のもとに行こうとしている自分が，傘をもっていないことだと切々と歌い上げたこの曲は，当時の日本に大きなセンセーションを巻き起こした。その2年後井上陽水の発表したLPは日本人歌手として初めてのミリオンセラーを記録する。[1]

　こうしたパーソナルな時代の到来は，必然的に人間を内向化させていった。あくせく働いていた日本人が急に立ち止まり，自分を見つめなおし始めたのである。1960年代後半から1970年代にかけて日本は，いわゆる「生きがい論」ブームに巻き込まれていったと言えるようだ。例えば，1970年に上梓された見田(1970)の『現代の生きがい』などが良い例であろう。そのなかで見田は次のように述べている。「いまや世界で第三位のGNPと豊富な消費物資のさなか，ふとみずからの生活にある空洞を見出す構図は，まさしく現代日本の〈生きがい〉論的な状況の構図そのものではないか」(24頁)。

　〈生きがい〉という言葉は日本語独特の語感を有している。見田も述べているように，〈生きがい〉に正確にあてはまる英語やドイツ語やフランス語はない。そこで，彼は興味深い挿話を紹介している。「心理学者の本明寛氏の話では，心理学ではセルフ・アクチュアライゼーション（自己実現）と訳している」というのである。つまり，当時すでに〈生きがい〉と自己実現はほぼ同義のものと考えられていたということである。前述したように，日本において行動科

学が本格的に研究され始めたのは1960年代後半のことである。行動科学，なかでも新人間関係学派による研究が自己実現を基本にしていることを考えるなら，まさに日本における行動科学の導入は，企業だけでなく社会全体の要請にも見合ったものであったと言えそうだ。

（2） 導入時における日本人研究者の捉え方

これまで，高度経済成長期を通じて，いかに当時の日本社会および企業が，行動科学研究の成果を必要とする段階にさしかかっていたのかについて見てきた。簡潔に言うなら，当時の日本は，技術革新に見合ったハイタレント（高い能力）の開発を必要とする一方で，経済成長および教育水準の向上によって生じてきた高度な欲求を充足できないという，いわゆる労働疎外問題の解決を迫られていたのであった。特に後者について言えば，それは広義には人間疎外の問題であり，見田（1970）の言う「生活の空洞化」の問題でもあった。

では，こうした状況下で，日本の経営研究者たちは，行動科学研究をいかに理解したのであろうか。また，マズローの自己実現思想はいかに解釈されていたのであろうか。ここでは，前項までの議論と照らし合わせながら，日本人研究者による行動科学研究解釈の妥当性などについて論じてみたい。

まず取り上げたいのは，1969年に水谷によって上梓された『人間管理革命――行動科学による人間関係』である。行動科学に関する日本人の文献のなかで，的確に当時の時代状況を把握したうえで，独自の議論を展開していると思われるものの一つである。

水谷によれば，当時の日本は激動の時代を迎えており，それに伴って人々の価値観も大きく変化しようとしていた。水谷はこの事態を乗り切るために，新しい能力主義の必要性を主張する。水谷によれば，能力主義は別段当時の日本に初めて登場した考え方ではなく，いつの時代にも存在していたありふれたものである。ただ以前と異なるのは，かつての能力主義の能力が，「従業員一人一人の全人的能力を問題とする傾向が強かったのにたいして，新しい意味での能力とは，主として仕事がどれだけできるかの能力に絞った，いわば仕事中心の能力」（水谷，1969，38頁）であるとする点なのである。

こうした捉え方はそれまで主流とされてきた，人間関係管理との対比から導き出されるものであり，一般的な理解と言ってよい。それまでの人間関係管理が，人間の感情的側面に注目し，インフォーマル組織の重要性を主張したのに対し，行動科学的管理は仕事そのものに目を向ける。マグレガーのY理論の前提にあるのは，元来人間は労働・仕事を好むものであるという仕事中心的な考え方であるし，ハーズバーグの職務充実にしても，その点は同じである。

　当然のことながら水谷の議論は，自らが唱える仕事中心の新能力主義と自己実現との融合へと展開していく。水谷によれば，「新能力主義による人事労務管理は，…（中略）…何よりも職務・仕事の能力の発揮・開発を進めるための新しい原理を人間のやる気の管理に求めたもの」である（水谷，1969，207頁）。つまり「新能力主義の実現と，仕事を通ずる自己実現欲求の充足とは，組織条件のあり方という観点に立てば，まさに，同一の土俵のなかで解決されるもの」であり，「人間の自己実現欲求が充足される場づくりは，同時に，能力が仕事のうえに具現される場づくりでもある」のである（同上，198-199頁）。

　ここに，前章で見た能力主義管理論の前提と同様，労働および仕事のなかに自己実現を閉じ込めようとする一連の発想が垣間見られる。自己実現はたんなる労働に必要な能力の発揮に矮小化されてしまっている。そもそも自己実現とは，潜在能力の発現を含めた，十全なる人間発達を意味していたはずである。にもかかわらず，自己実現をこのように捉えることで，労働者の人間性は尊重され得るのだろうか。水谷はここではっきりと言う。「それ（新能力主義の実現と，仕事を通ずる自己実現欲求の充足；筆者加筆）は…（中略）…人間行動の主体性を，そして仕事への意欲を刺激するための手段でなければ，新しい人間管理を通じて，経営効率を高めるための組織手段とはなりえない」と（同上，199頁）。つまり，自己実現欲求の充足は，あくまでも経営効率を高めるための手段に過ぎないということなのである。アメリカの行動科学者たちがあからさまに議論できなかったことを，これだけ明確に論じていたということに，むしろ潔さのようなものを感じはするが，ここに，日本企業ひいては日本社会の特殊性を感じるのは筆者だけではあるまい。

　これまで，日本企業が社員丸抱えの共同体的組織であることは度々論じられ

てきた。なかにはこの高度成長期を通じて，よりその傾向が強まったと考える論者もいる。つまり日本では，従業員にとって企業は生活の全てであり，労働は自己を表現する唯一の場であったのである。水谷の議論は，こうした日本の特殊事情を反映しているように思われる。

さて，以上のような特徴は，大方の日本人研究者に見られるものではあるが，なかには，筆者と同様の疑問を投げかけている論者もいる。例えば，田杉(1977)はマグレガーのY理論について次のような問題を提示する。すなわち，マグレガーの統合理論の特徴は，ある前提から出発していることにあり，その前提の妥当性を問う必要があるというのである。田杉によれば，マグレガーは「人が自主性の欲求と自己実現の欲求をもつから，組織目的に寄与すれば，たんに昇給や昇進のごとき報酬だけでなく，自主性も認められ，またそれによって自己の能力が育成されることに満足を感ずる，という理論に基づいている」(113頁)。しかし，果たしてこうした前提に妥当性はあるのか，というのが水谷の主張なのである。

水谷はこの点に関して，疑問を呈するのみで，これ以上深くは論じていない。従って，その真意については計りかねるところもあるが，間違いなくここで指摘されているのは，マグレガーのY理論，なかでも「企業目標に向かって努力すれば直ちにこの最も重要な報酬（自我の欲求や自己実現の欲求の満足：筆者加筆）にありつけることになるのである」(McGregor, 1960：邦訳，1970，55頁)という言及に対してであろう。水谷は，漠然とではあるにせよ，自己実現の欲求と組織目的とが必ずしも一致するものではないということを感じ取っていたものと思われる。

前章でも述べたように，当時マグレガーのY理論が与える影響は大きかった。しかし，このY理論に対して批判がなかったわけではない。その最も痛烈なものが，ドラッカーによる批判であろう。彼は当時の産業心理学の文献のほとんどが，マグレガーのY理論への忠誠を示しているとしたうえで，次のように言う。「彼ら（Y理論への忠誠を示している人々：筆者加筆）は，自己実現，創造性，人格としての人間といった言葉を使う。しかし，彼らが実際に言っていることの中身は，人間心理の操作による支配である」と。そして，Y理論の

前提さえもが，結局のところはX理論の前提と同じだと言うのである(Drucker, 1974；邦訳，1975，118-119頁)。

果たして，Y理論の前提が，X理論の前提と同じであるとはどういうことであろうか。マグレガーの言説から，このような議論が導き出せるのだろうか。ドラッカーはこうした人間心理の操作による支配を，心理学の濫用だと言い，「心理的専制主義」という表現を用いて喝破する。ドラッカーによれば専制とは，「組織が互いに競争しあう多元的な社会のかわりに，独裁者をもってくる」と同時に，「責任のかわりに，恐怖をもってくる」忌まわしい統制形態である(Drucker, 1974；邦訳，1975，1-2頁)。つまり，ドラッカーによる「心理的専制主義」とは，心理を操作することによって，恐怖をもって部下を統制しようとする経営者による独裁を意味する。それにしてもなぜ，ドラッカーはここまでY理論を否定的に捉えるのであろうか。

一つには，心理学の成果を経営に応用しようとする時点で，どうしても発生してしまう問題が考えられる。これは現代の遺伝子治療などにも通じる問題であるが，人間が自らを十分に知り得ない存在であるということに起因している。心理操作という言葉によって，端的に表されているように，それは自らのものであるはずの自己を知らないうちに，他者によって自由にされてしまうことを意味しているからである。それは人間の不可侵性を脅かす行為である。

ただ，ここで問題となっているのは，それ以上に，部下が自らを十分知らないにもかかわらず，経営管理者はそれ（部下の人間性）を知ることができるし，また，知らなければならないとしている点なのである。ドラッカーはその点を鋭くついていると言える。つまり，「心理学者の言うところによれば，経営管理者はあらゆる種類の人間について，洞察力をもたなければならない」し，「あらゆる人間の性格構造，心理的欲求，心理的問題を，全て理解できなければならない。換言すれば経営管理者は全知全能でなければならない」のである。まさに，経営管理者は「心理的専制主義」の実践者でなければならないのである。そしてこれらのことは，「経営管理者だけが健康で，他の人間はすべて病気であると仮定している」ことになると，ドラッカーは言う。Y理論の前提がX理論のそれと同じであるというのは，このようにY理論でさえもが，結局は

人間（労働者）を下等な存在，または不健康な人間として見なしているという点においてであったのである（Drucker, 1974）。

マグレガーはこうした批判に対して，自らの理論はあくまでも人間の本性についての仮定を表現しているだけであって，いかに管理したらよいかの教則本ではないと弁解している。つまり，それらは規範的ではあるが，指令的であろうとするものではないというのである（Harold, 1969）。しかし，当時の行動科学者たちが，経営学者から経営理論の主導権を奪うという野心のもとで行動していたとしたなら，そのような弁解は少し空々しく聞こえるかもしれない。いくら人間尊重を叫んだとしても，所詮は経済目標というより大きな目標のもとでのスローガンに過ぎないのであれば，どうしても胡散臭さがつきまとう。この点に関して北野（1998）の批判もまた痛烈である。北野によれば，確かにマグレガーの理論がこれほどに普及したのは，彼の売りこみが功を奏したからに他ならない。まさに北野には，マグレガーが「企業の経済的側面をその人間的側面に優先させ，人間的側面を操作してそれを経済的側面に服従させる技法を売りこんでいるとしか考えられない」（2頁）のである。

それでは最後に，こうしたドラッカーの批判に関連すると思われる他の文献についても検討してみよう。ドラッカーの批判は心理的専制主義という表現によって示されるように，極めて厳しいものであった。それは，行動科学的管理が人間心理の操作に向かうことに対して，危機感を表明したものであったと言うこともできるだろう。江口・村田（1968）の主張は，こうしたドラッカーの懸念を見事に裏付けるものである。

彼らは経営管理の手法として，性格管理の活用を提唱する。彼らによれば性格管理とは，「人間個々の性格の改造および補強を目的とすると同時に，それらが合成されて，新しく生まれ，つくりだされる集団性格を，人件管理の目的にそうように管理してゆくこと」を目的としている（江口・村田, 1968, 108頁）。まさに人間心理の操作・改造による経営管理の究極の姿がここで示されている。懸念されるのは，こうした管理方法が，労働者の適性を発見するために使用されるのではなく，集団不適応者の発見に使用されるべきであるとする点であり，さらには，深層面接（デプス・インタビュー）の実施をこうした不適応者に対す

る適応化政策として行うよう主張している点である。彼らによれば深層面接とは、「相手（被面接者）の深層意識（大脳生理学的に人間の大脳皮質は表層と深層の二重構造をもっており、深層皮質が無意識の行動を支配すると考えられている）にアプローチして、言葉となってあらわれないような感情を探り出そうとする面接方法のこと」（同上、112頁）である。深層面接の実施は、本人でさえ窺い知ることのできない深層心理までをも、経営の道具として利用しようとすることを意味する。つまり、経営者は労働者の深層心理をも知ることとなり、全人格的支配の可能性がここに現実味を帯びてくるのである。

以上、江口・村田の主張について見てきた。現代において、この研究をそのまま企業経営に活かすことなど到底考えられないだろう。彼らの思想に横たわる人間観には、倫理的な問題があると言わざるを得ない。行動科学研究がある方向に突出すると、このような危険な思想に結実するという良い例である。ドラッカーによる批判が、大いに検討に値するものであることも、これでよく理解できたと思われる。

（3）行動科学研究が日本企業に与えた影響

では最後に、これら行動科学研究がその導入時に、日本企業ひいては日本の産業界に、いかなる影響を与えたのかについて見ていくことにしたい。

これまでくり返し述べてきたように、当時の日本産業界は、ハイタレントの開発と労働疎外の解消という二つの大きな問題を抱えていた。こうした当時の状況に、行動科学研究の成果が作用し、水谷の言う、新たな能力主義の必要性が主張され始めたのである。そして、そのメルクマールとも呼ぶべきできごとが、前章で取り上げた日経連による『能力主義管理』（1969年）の発刊およびそこに至るまでの研究会活動だったと言えるであろう。

日経連によればそもそも「能力主義」とは、1965年の総会において、「労働者一人一人の能力を最高に開発し、最大に活用し、かつ、学歴や年齢・勤続年数にとらわれない能力発揮に応じた真の意味における平等な処遇を行うことによって意欲喚起を重視し、もって少数精鋭主義を目指す人事労務管理の確立を産業界全体の見解として採択した」際に、そのような人事労務管理を表現する

ために名付けられた言葉である（日経連能力主義管理研究会編，1969，1頁）。このように，日本的経営の根幹とされる年功序列を払拭してまで少数精鋭主義をめざす日経連は，経営をとりまく環境の変化が，これまでになく厳しいものであることを感じ取っていたようである。その並々ならぬ決意のほどは，この『能力主義管理』が発刊された1969年を明治101年と捉え，一つの契機としての重要性を強調している点や，当時の日本が，産業技術革命後に連鎖的に生じてくる人間革命の時期にあるとして，その歴史的意義を訴えている点などに見ることができよう。

さて，こうした並々ならぬ決意によって提唱された「能力主義管理」ではあるが，その核とも言える「能力」そのものを，日経連はどのように捉えていたのだろうか。日経連によれば能力とは企業における構成員として，企業目的達成のために貢献する職務遂行能力であり，業績として顕現化されなければならない。また，能力をその構成要素によって表すとすれば，次のような等式が成り立つとする。

$$能力 = 遂行能力 = 体力 \times 適性 \times 知識 \times 経験 \times 性格 \times 意欲$$

ここで興味深いのは，前述した向坂と淡路の議論で争点となっていた能力の捉え方において，日経連は適性や性格さらには意欲をも能力の構成要素と考えている点である。淡路は，体力・知識・経験を労働生産性における能力的条件として捉える一方で，性格や意欲は個性的条件として捉え，後者の重要性を強調したうえで適材適所の必要性を主張していた。この見解に従えば，日経連による能力主義は政府による人的能力政策よりも，人間尊重という点において一歩前進しているのかもしれない。また，日経連は企業の従業員には職業人・企業人の他に，社会人あるいは家庭人としての，多面にわたる能力があるとして，人格の多様な側面に対する理解を示してもいるのである。

しかし，当然のことながら批判も存在した。多くの労働組合が時代情況を理解し，また，組合員の働き甲斐を増すためにも能力主義管理は必要であるという認識をもっていたようであるが，一部の労働組合においては，これは労働者に対する思想攻撃であり，分裂と搾取の道具であるというような議論もなされていたようである。また，オートメーションの時代に，能力に応じた適材適所

が果たして可能であるのか，さらには，企業には経営の維持向上という使命がある以上，どこまで人間尊重という理念が実現されるのかといった本質的な危惧も抱かれていたようである（森他，1970）。

　ここでは，人間尊重の理念が経営目的の前に形骸化してしまうのではないかという問題が，淡路のような痛烈な批判とはならず，漠然とした危惧として論じられている。しかしこれを以って，人間尊重の精神がより深化したと考えるのは早計というものだろう。なぜなら，産業界において企業目的は自明のことであり，人間尊重の理念が企業目的に従属することは労働組合にとっても，暗黙の了解事項だからである。先程，日経連が従業員の多様な役割を認めていることについて触れたが，実はこれが日経連の本音とは言えそうにないことは，前章で取り上げた引用箇所からもわかるであろう。ここで再び引用してみることにしよう。

　「企業で働く人間はすべて，その生涯における最も活動的な時間を大部分企業において働くことに没入しているし，また，その社会的なつながりや活動の場は主として企業にあり，企業を中心に展開している。したがって人生そのものを企業に託しているといってよく，人生の目的を企業の仕事の中に見出すことを望むのが当然である。なかには，企業で働くことを生活の糧を得るための手段と見なしている人もいるかも知れないが，この場合は，不幸にして仕事の中に生きがいを見出すことができなかった結果そうなったのであって，決して正常な姿ではない。企業で働くということは単に労働を売って，その対価として報酬を受けるというだけの関係ではない。欲求段階説でいえば最も高い段階の欲求についてまで，企業において充足されんことを期待して働いているのである。最も高い段階の欲求とはふつう自己完成の欲求と呼ばれているが，これは自分のもてる可能性をきわめ尽くすということであって，いいかえれば，能力の最大限の発揮ということに他ならない」（日経連能力主義管理研究会編，1969，66頁：下線筆者）。

　これは紛れもなく当時の日経連ひいては産業界の本音と考えてよいだろう。

またこの文章からは，高度成長期を通じて日本がいかに企業中心社会へと変貌していったかを窺い知ることもできよう。そして，このような企業中心社会を前提とするからこそ，自己実現（日経連によれば自己完成）は企業における労働によってのみ達成されると断言することができるのであり，またそれゆえに，その方法原理としての能力主義が人間尊重に結びつくということにもなるのである。こうした点については先にも述べた通りであるが，これまではあまり論じられてこなかったところである。それは，このような企業中心社会という閉じられた系において，かかる論理を批判するのが困難であったからだと思われる。

　以上，日経連の能力主義管理について見てきた。当時の産業界における一つの大きな潮流が，いかに行動科学研究を反映するものであったのかを理解することができた。では次に，行動科学的労務管理制度が実際にどれだけ日本企業に導入されていたのかについて見てみることにしよう。前述した日経連による調査に基づいて，森・松島（1977）が分析を行っているので，それを取り上げる。

　日経連による調査では，「行動科学の適用」という項目が掲げられているわけではないので，森・松島（1977）はその制度や施策の機能から独自に判断を行い，行動科学研究を労務管理に適用したと認めてよいものの普及度について現状を分析している（下線筆者）。両氏によれば，行動科学研究が適用された労務管理制度・施策とは，「従業員を主体化させ」，従業員の「やる気や積極性」を引き出し，従業員が「自らの創意の発揮等を行おうとするよう」に動機づけるものでなくてはならない。こうした独自の判断によって選び出された制度および施策と，企業によるそれらの採用率は次のようなものである。

　第一に「自己申告制度」である。採用率は49.8％で，特に5000名以上の巨大企業では実に85％を示しており，かなり普及していたことがわかる。前回調査では，16.9％だったので，採用率がほぼ3倍に跳ね上がったことになる。森・松島は人間関係施策として取り上げられている「自己申告制度」にのみ注目しているが，別箇所では配置施策としても取り上げられているので，参考までに見ておくことにしたい。「自己申告による配置」とされた項目では，採用率は

43.2％となっている。前回調査では27.0％である。3倍とまではいかないが，配置施策としても自己申告を採用する企業の増加したことがわかる。

　第二に「社内公募制度」である。「おしきせ」の配転や昇進よりもはるかに主体化の意識をもたせることのできる制度であるが，実施率は4.6％と極めて低い。第三に「CDP (Career Development Program)」であるが，これも低く5.6％の実施率である。第四に管理者・監督者へのリーダーシップ能力育成のための一つの訓練としての「ST (感受性訓練)」は3.3％，「MGT (管理者像の自己改革訓練)」は4.5％と同じく低率である。第五にプロジェクト・チームのような動態的な自主組織については，29.2％であり，ある程度採用されていたことが伺える。第六に，人事考課における「本人の自己評定」については7.7％の実施率と低くなっている。第七に，「小集団活動」としてのZDグループについては23.2％，QCサークルについては26.1％と実施率はやや高い。そして最後に「目標管理」が取り上げられており，これについては36.8％と高い実施率が示されている。以上，「社内公募制度」から「目標管理」までは，この時点で初めて登場した質問項目である。

　以上のように，森・松島によって選抜された制度・施策についてその採用率を見てきた。8種類の制度・施策のうち半分が10％以下であることがわかる。さらに，二人は実施率の高い制度・施策について次のようなコメントをしている。

　まず，実施率が最も高い「自己申告制度」については，「社内公募制度」の実施率の低さからも伺えるように，十分機能しているとは言えない。何より，部下の自己申告を上司が活用していないという実態が厳然として存在することを述べている。また，プロジェクト・チームや「小集団活動」については，上からの「おしきせ」によるものでなく，小集団の自主性によるものであるかどうかが問題であるとして，実施率の高さをそのまま評価することはできないとしている。さらに「目標管理」についても，どこまで目標の設定が自主的ないし自発的なものとなっているか，疑問であるとしている。このように森・松島の分析を検討してみると，1960年代後半に普及し始めた行動科学的労務管理制度・施策は，この段階ではまだ表面的導入に過ぎず，多くの企業に浸透していたとまでは言えないことがわかる。

以上本節では、行動科学研究が日本に導入された当時の、社会的状況、日本人研究者の理解、日本産業界に対する影響などについて見てきた。アメリカで生まれた行動科学研究の理念が、日本社会に意外なほど親和性をもち、新たな形で浸透していったことが明らかになった。しかし、実際にこうした制度がどれだけ定着してきたのかについては、言及困難なところがあるようである。この点については今後の課題としたい。

2 人事管理理念としての自己実現

（1） 現代日本企業における人事理念

現代の日本企業はどのような理念に基づいて人事管理を行っているのだろうか。ここでは、その潮流を探るために、様々な企業の人事方針を概観する。

そもそも人事方針とは、経営理念の一部を占める人事管理理念を成文化したものである。『経営学大辞典』には、経営理念とは、「経営目標・経営組織・経営経済の望ましい在り方、企業と社会との望ましい関係についての経営者の考え方であり、経営活動の原点、原動力、最高基準となる」（神戸大学経営学研究室編、1988、233頁）とある。この記述では理念の表明主体が経営者であることが明示されているが、この点については、様々な解釈があり、表明主体として、組織体＝企業や経営学者を挙げる論者もいる（岩永、1996）。ここでは、こうした表明主体の問題にはあまり立ち入らず、ひとまず経営理念を「経営主体の意思決定や行動の規範となる価値観」と定義しておきたい。そして、当然のことながら人事管理理念もこのなかに含まれるので、同様に人事管理理念を「経営主体による従業員および労働管理における意思決定および行動の規範となる価値観」と定義しておくことにする。

さて、経営理念にはいかなる役割があるのだろうか。日本経営協会編（1999）によれば、それは事業領域（ドメイン）を策定する際の基準となり、様々なトレード・オフを解決する際に指針を与え、過去の経営者と対話をしながら未来を策定することを可能にする。このグローバル化およびハイスピード化の時代に、経営者は様々な困難な問題に直面し、瞬時の意思決定を絶え間なく迫られ

る。そしてこうした困難な問題は，トレード・オフである場合が多いのである。経営者は他方を切り捨てて，一方を選択するという決定を行わなくてはならない。経営理念は，「経営者が一貫した戦略に基づいて意思決定をするために」存在しているのである。

また，経営理念とは，経営者の独断ないし恣意によって生み出されるものではない。笛木（1969）によれば，「経営理念は経営者をとりまく環境，すなわち政治的，経済的，社会的な制度的条件，文化的条件および自然的条件のなかで形成されるものであり，かつそれによって存在意義をうることができる」（90頁）。従って，経営者は経営理念を形成する際，社会の期待を十分考慮しなくてはならないのである。ここで社会の期待とは，「社会がいかなるものに価値を求めるか，あるいは社会の構造と変化をいかに解釈ないし判断するかを意味する」。そしてこれを社会思想と考えるならば，「経営理念は基本的に社会思想を基礎としなくては，その意義をもちえない」と言えるのである（同上，91頁）。

ここで強調しておきたいのは，このように経営理念，そして本書で問題にしている人事管理理念が，トレード・オフにある困難な問題を解決する際の基準となり，さらにこうした規範が，現代の社会思想を基礎にしているということなのである。人事管理理念およびそれを成文化した人事方針を研究する意義がここにある。また，先に述べた経営理念に対する捉え方は，本書でのこれからの議論に重要な視点を与えてくれるであろう。

さて，人事管理理念の位置付けが明確になったところで，企業が実際にどのような方針を掲げているのか，見てみることにしたい。これまで経営管理の基礎となる人材像や管理思想は，約30年毎に大きく変化してきた。経済人モデルを基礎とした，テイラーの科学的管理法は20世紀初頭に提唱され，その約30年後にホーソン研究が行われ，その成果が社会人モデルを生んだ。そして，それからさらに約30年が経過した1960年代には，行動科学研究が花開き，新たな人材像として自己実現人が登場してきたのである。果たして，それから30年を経た1990年代に産業社会はどのような人材像を経営管理の基礎としたのであろうか。

ではここで，筆者が20世紀末に行った調査をもとに少し検討してみることに

しよう。当時筆者は，日本経済新聞社によって順位付けられた「優れた会社」の上位10社について調べた。なお，この日経によるランキングは，専門家が「優れた会社」と見なした企業群を「社会性」「収益・成長力」「開発・研究」「若さ」の4因子を基に評価モデルを作成した後，30項目の調査データと財務諸表から総合得点を算出して導き出されたものである。また，調査対象企業は東京証券取引所上場企業と有力非上場企業の計1847社である。

さて，当時の上位10社について企業理念，人事・教育方針，人事制度などを会社ホームページや採用パンフレットなどを通じて調べた結果，次の4社から情報が得られた。3位のキヤノン，4位の松下通信工業，9位のリコー，そして10位の武田薬品である。以下がその要旨である。なお，松下通信工業は実質的には当事松下電器産業（現在のパナソニック）の一事業部であったので，経営理念および人事方針は松下電器と同一である。

○キヤノン（「採用課あいさつ」抜粋）
　「『人』に関する考え方として，個人と組織を有機的に結びつけ，個人の能力を完全に燃焼させることをねらって人事諸施策を作り，社員が自由闊達にのびのびとそれぞれの能力・個性を伸ばせる環境を常に整えています」。
○松下通信工業（松下電器人事方針抜粋）
　「…（前略）…さらには，社員全員の自己実現を目指して，ひとりひとりの意欲を活かし，持てる能力を最大限発揮させることである。それが，個人の生き甲斐，働き甲斐に通じ，同時に会社の目標と一致するような…（中略）…人間集団をつくりあげるのである」。
○リコー（RICOH-ism 抜粋）
　「人生のかなりの時間を過ごす会社で，社員が人生を楽しめなければ，会社の発展はない。社員が自身を成長させていけば，会社もおのずと成長していくはずだ…（後略）…」。
○武田薬品（「人事制度のご紹介」抜粋）
　「会社生活と個人生活の調和を図り，『成果に対し公正な評価で報い，従業員一人ひとりが豊かな人生を実現できる会社』を目指す」。

4社における人事方針等を概観すると，いくつかの共通した特徴が現れてくる。一つは，「個人の尊重」である。しかし，一口に個人尊重と言っても漠然としていて，よくわからない。そこで，もう少し具体的に見てみると，それが個人の能力やその人らしさであり，こうした個性と結びついた能力を発揮することによって成長しようとする，個人の成長欲求であることがわかる。つまり，松下電器の言う「自己実現」欲求である。さらには，リコーや武田薬品に見られるように，個人尊重とは個人の人生および生活の尊重をも意味している。

　二つ目の特徴は，「能力成果主義」である。先ほど見たように，個人尊重という名のもとに企業は，特に個人が遺憾なく自らの能力を発揮できるようサポートすることを訴えていた。そしてそれはもちろん，能力のない社員については能力発揮を不問にするということを意味しているのではない。ましてや，能力のない社員に対して，勤続年数に応じた給与を保証するということを意味しているのでもない。企業が求めているのは自らの行動を律することができ，社外にも通用する高度な専門性を有したプロフェッショナルなのである。社員の自律性に対する期待はキヤノンの「三自の精神」によって見事に表現されている。「三自」とは「自分の立場・役割・状況を理解し（自覚），自ら仕事を見つけ切り開き（自発），解決に向け自身を管理する（自治）」ことを表している。これまで組織に依存してきた社員を突き放すことによって，個人と組織の独立性を明確にし，大人の関係をつくっていこうとしているのである。また，このように自律を促す考え方は，先の個人尊重とも密接に関わってくるだろう。なぜならこれまでのような，社員を企業に従属するだけの子どもとして扱うやり方は，一人の人間として尊重していることにはならないからである。まさに，個人とは自律し，自らで責任を負うことのできる一人の大人として考えられているわけで，もしそうならば従来の企業組織には個人など存在しなかったと言っても過言ではないだろう。

　あたかも企業は，個人を一人の大人として尊重することと引き換えに，相応の成果を求めているようである。もちろん社員にとってもそれなりのメリットはある。それは自由を得るということである。自律性は自由と一心同体の関係にある。従って，自律性を求める以上企業は，自由な風土，環境を用意しなけ

ればならない。もちろん、業務を遂行するうえで必要な権限も与えなければならないだろう。そうして初めて、業務はより社員個人のものとなり、業績はその個人の責任に帰することとなる。つまり、個人尊重の思想は、社員に自由と権限を与えると同時に、ドラスティックな成果主義をも生み出してしまうのである。

　最後に三つ目の特徴として、各社とも「個人と組織の有機的融合」をめざそうとしていることが挙げられる。前述のように企業は、従来と比較して、個人との境界を明確にしつつある。しかし、企業活動を継続させるためには、当然のことながら組織と個人の関係を維持していかなければならない。これまでのように個人が組織に従属していた時代にはそれほど困難でもなかったことが、今や企業活動における最大の課題とも言えるのである。それでは、各社ともどのようにして個人と組織を統合しようと考えているのだろうか。武田薬品は「従業員一人ひとりが豊かな人生を実現すること」によって組織と個人の調和を図ろうと考えている。また、リコーは社員が人生を楽しみ、成長してこそ会社も成長すると考えている。そして、こうした考え方は松下電器の人事方針においてうまく総括されている。つまり松下電器は、社員が自己実現をめざすことによって、会社の目標と一致するような人間集団がつくりあげられると考えているのである。ここにも個人尊重の思想は貫かれている。そして、個人を尊重することによって、自ずと個人は組織に統合されると考えているのである。しかし、果たしてそうした必然性が本当に存在するのであろうか。むしろ、個人の自己実現を尊重すれば、組織は解体へと向かうのではないのか。こうした問いについては後述したいと思う。

　以上三つの特徴について簡単に触れてきた。これらが当時の日本企業の人事管理における傾向である。現代経営学において、現代企業による人間的側面における管理は、人的資源管理（Human Resource Management 略してHRM）と呼ばれ、行動科学者たちによって確立された自己実現理論がその支柱的理論だと言われている。今回の調査分析は、まさにそれを裏付けたと言ってよいであろう。つまり、現代日本においても、人間的側面における管理は自己実現理論をベースにしているということである。ちなみに、松下電器のように自己実現と

いう表現を直截的に用いている企業は他にもあるので紹介しておこう。

　○YAMAHA（経営理念抜粋）
　「…（前略）…個人の発意，主体性を重んじ，個人が業務を通じて自己を高め自己実現しうる，働き甲斐のある職場を目指す」。
　○日本IBM（人事方針抜粋）
　「私たちは，誰もが仕事を通じ自己実現を目指せる環境づくりに『個人の尊重』の視点で取組んでいます」。
　○NECソフトウエア（人事制度抜粋）
　「…（前略）…社員ひとりひとりが実力を発揮し，自己実現を可能にする環境があります」。
　○キリン（「人材観・人材育成システム」抜粋）
　「…（前略）…自己実現を求める社員の意欲と，長期ビジョン達成を目指すキリンとのベクトルの一致を促すことで，〈自己の成長が会社の成長につながる〉仕組みを作り…（後略）…」。

（下線は全て筆者）

　以上新たに4社について見てみた。大体どの企業も個人を尊重し，社員の自己実現が企業の発展につながり，ひいては個人と組織が統合されるという考え方を表明している。では次に，自己実現企業を目標に掲げていた当事の松下電器を事例として取り上げ，さらに深く考察してみることにしたい。

（2）　パナソニックにおける人事管理理念の変遷
　これまで日本の産業界を牽引してきたリーディング・カンパニーは自動車および電機メーカーであると言われてきた。松下電器（これ以降は当事の名称を用いる）はその一角を占め，総合家電メーカーとして現在も業界の先導役を担っている。また，松下電器はその販売額や従業員などの規模だけでなく，常に時代に先んじる制度・施策の実施によって，社会に対して影響力を誇ってきた。週休2日制に始まり，労働時間1800時間，そして退職金の前払い制度など，特

に雇用管理面に力を注いできたと言ってよいだろう。従って，今後の人事管理の行方を追ううえで，松下電器について検討しておくことは，意義こそあれ無駄にはならないと思われる。その松下電器が当事，21世紀に向けて，自己実現企業を目指していたのである。そこでここでは，日本企業の一事例として松下電器を取り上げ，松下電器が捉える自己実現について考えてみたいと思う。

　①松下電器の人事方針

　前述した通り，松下電器は人事方針においても，自己実現の重要性を強調している。そこでまず，人事方針を再度取り上げ，より詳細に検討してみたい。なお，松下電器の現人事方針は，1988年に改訂されたものである。前の人事方針は1957年に制定されており，これが松下電器における最初の人事方針である。経営管理，特に人の管理の基礎となる思想が約30年毎に大きく変化してきたことは，先に述べた通りであるが，松下電器におけるこうした人事方針の変遷はそれを裏付けるものと言える。ここでは，現人事方針（表5-2）を特徴づける自己実現思想を一層浮き彫りにするために，旧人事方針（表5-1）についても取り上げ，その比較を行うことにする。

　旧方針の大きな特徴は，経営基本方針（経営理念），人（従業員），そして人材育成の強調にある。それは人の育成こそが経営の根幹であるという表現に端的に示されている。もちろん，これらの点は現方針においても貫かれている。しかし，現方針における強調点は，個人の尊重，個人の自立つまりは社員一人ひとりの自己実現に置かれているのである。実際，現方針においては個人という表現が頻出するが，旧方針の方では全く見られない。社員は個人ではなく,「部下」もしくは「責任者」と表現されるのみである。現在の人事管理が個人を基本に考えられていることがよく理解できる。

　そして，さらに注目すべきは，管理者の位置付けである。権力重視を改めると謳っているのだが，やはり主体者は管理者であり，社員はあくまでも提案や意見を聞いてもらうだけの従属的な存在でしかない。方向付けは全て管理者が行うのである。社員は上司から適切な要望を与えられて初めて，望ましい方向に成長することになる。ここから強いパターナリズムを感じるのは筆者だけではないであろう。現に旧方針においては，上司は「部下の生活の安定に強い責

第5章　日本における行動科学と自己実現思想

表5-1　松下電器の旧人事方針・要旨（1957年制定）

・基本的考え方：人の育成が経営の根幹（経営基本方針を体した人材の育成が第一）
・人事の具体的要綱
　①経営基本方針の徹底
　②よい経営の根幹は人である
　③人事には誠意と大きな愛情が必要である
　④権力よりも，理解と信頼による部下管理を
　⑤人材育成には適切な要望を与えることが必要
　⑥権限と責任を与えなければ育たない
　⑦和親一致の協力が必要（懇談会・提案・労働組合との関係などを重視）

（出所）　松下電器内部資料。

表5-2　松下電器の新人事方針・要旨（1988年制定）

Ⅰ．人事の基本
　①経営方針を体した人材の育成
　②挑戦意欲の重視
　③社員の自己実現を目標に（⇨会社の目標と一致するような，強固でしかも人を大切にする心豊かな人間集団ができる）

Ⅱ．求める社員
　・基本的考え方：経営基本方針を体していること
　　　　　　　　　意欲と個性にあふれ，真に社会に貢献する実力を備えていること
　　　　　　　　　良識と豊かな人間性を備えたよき社会人，よき家庭人であること
　①経営基本方針の実践者
　②自主自立の挑戦者
　③その道を究める専門家
　④豊かな個性の持ち主
　⑤広い視野を持つ国際人

Ⅲ．人を預かる者の基本
　・基本的考え方：人材育成の重要性
　　　　　　　　　部下の革新はまず自らの率先垂範から
　①自らの人間性の向上を
　②人が育つ組織・風土を
　③個人意欲の喚起を
　④適切な要望と活躍の場の提供を
　⑤多様性の実現を
　⑥人を活かす評価を
　⑦健全な労使関係の発展を

（出所）　松下電器内部資料。

表5-3 自己実現思想が反映されている部分

```
Ⅱ. 求める社員
  ④豊かな個性の持ち主
    ・個性とは、個人にそなわった「その人らしさ」
    ・個人にとって最大の喜びは、自らの個性を仕事の中で十分に活かしえたとき
    ・個人に生き甲斐、働き甲斐が生まれると、組織の一員としての一体感も生まれる

Ⅲ. 人を預かる者の基本
  ③個人意欲の喚起を
    ・部下の個人としての生き甲斐と社員としての働き甲斐が一致するよう、その成長意
     欲を尊重し、自己実現を図らせるよう努めなければならない
```

(出所) 松下電器内部資料。

任を感じなければならない」(下線筆者)という文章が盛り込まれているのである。

　何より、愛情という表現は現方針には見られない。他者を尊敬もしくは尊重することと、他者に対して愛情をもって接することとは根本的に異なる態度である。こうした他者に対する態度において、愛情が尊敬を上回ると、それは他者の自立を妨げるパターナリズムに陥る危険性を生じさせることになる。子どもがまだ幼いときの親の態度というのであれば、別段問題はないであろうが、成人した大人に対する態度としてはどうだろうか。松下電器の新旧二つの人事方針はこれらのことを見事に映し出しているといってよいだろう。なお、旧人事方針では懇談会や提案が重視されていることも併せて指摘しておきたい。人間関係論を基礎とした管理方法は、1950年代の日本において普及したと言われている。それを反映したものであろう。こうして見てみると、企業が管理理論を実践的に取り込むのに、しばらく時間を要することがわかる。では次に、現人事方針において、自己実現がどのように強調されているのか、その詳細について見てみよう。

　表5-2が新人事方針の骨子である。また、さらに新人事方針において、社員の自己実現について触れられている部分を抽出した（表5-3）。一人ひとりの社員には自己実現の重要性を説き、管理者に対しては部下の一人ひとりが自己実現を図ることができるよう、管理者として努力することを促すという徹底ぶりである。このように、二つの項目にまたがって強調されているのは、社員

の自己実現についてのみである。経営基本方針でさえ,「Ⅲ. 人を預かる者の基本」においては触れられていない。いかに, 自己実現を重視しているかが理解できる。

また, 他の項目においても, 自己実現をベースにした考え方が貫かれている。例えば,「Ⅱ. 求める社員」では, 自らの人格や能力を成長させてこそ目標は達成されるとしているし,「Ⅲ. 人を預かる者の基本」では, 個々人の能力が十分に発揮できる立場に部下を置き, 一人ひとりの持ち味を活かす職場風土づくりをこころがけるよう説いている。

松下電器は「遵奉すべき精神」の一つとして「和親一致の精神」を掲げているほど, 従業員の和を第一義に考える企業である。また, こうした考え方は旧人事方針にも貫かれていたことは前述の通りである。松下電器は従業員を粗末に扱ってきた企業ではない。創業者である故松下幸之助は一貫して人を大切にするという姿勢を貫いてきた。しかし, それは前述の通りパターナルなものであって, 個人重視とは異なるものであったのである。

では, 松下電器は組織や従業員の和についてどう考えるようになったのだろう。上記にもあるように, 松下電器は「個人に生き甲斐, 働き甲斐が生まれると, 組織の一員としての一体感も生まれる」と考えているのである。つまり, 決して組織を軽視しているわけではなく, 組織の一体感を醸成するために個人の自己実現が必要だということである。このことは,「Ⅰ. 人事の基本」でも触れられており, そこでは,「社員全員の自己実現をめざして, 一人ひとりの意欲を活かし, 持てる能力を最大限発揮させることである。それが, 個人の生き甲斐, 働き甲斐に通じ, 同時に会社の目標と一致するような, 強固でしかも人を大切にする心豊かな人間集団をつくりあげる」としている。つまり, 個々人が自己実現を達成すれば, 互いを尊重し合う人間集団が形成されると考えているのである。

論理的に考えれば, 自己実現的人事管理理念から, 組織の統合が生じる必然性はどこにもない。ましてや, 自己実現を求めることは, 下手をすると組織の破壊をも生みかねない。にもかかわらず, 組織が維持されているのは, どこか別のところで統合の原理が働いているからに他ならないのである。それは一体

何か。

　その答えは経営理念にある。松下電器の経営理念は「綱領」「信条」「松下電器の遵奉すべき精神」として明文化されている。ここでそれぞれについて少しだけ見てみよう。まず，「綱領」である。「産業人たるの本分に徹し，社会生活の改善と向上を図り，世界文化の進展に寄与せんことを期す」。このように，綱領では松下電器の経営・事業目的が実に簡潔に示されている。次に「信条」である。「向上発展は，各員の和親協力を得るに非ざれば得難し，各員至誠を旨とし，一致団結社務に服すること」。信条は，「信念として一人ひとりが心に深く期し，毎日の仕事を遂行するうえに基本となる心構えを簡潔に述べた」ものである（「Panasonic World」5頁）。見ての通り，個人の自己実現には何一つ触れられていない。解説書には，「一人ひとりが自らの能力を啓発し，人間性の伸長を図っていくためにも」，「全員の強い協力と心の一致が前提」となると記述されているが，現代の解説書なので，従来のものとはかなり異なっているのではないかと思われる。いずれにしても，ここで強調されているのは，「相互信頼」であり，「私心のない誠意と誠実さ」なのである（同上，6頁）。このことは，さらに「松下電器の遵奉すべき精神」でも触れられている。遵奉すべき精神とは，社員が守るべき日々の心構えを明文化したものであり，従来5精神であったのが，現在は7精神になっている。そのなかで注目すべきなのが，先ほども取り上げた「和親一致の精神」である。この精神の主旨は次のように記されている。「和親一致は既に当社信条に掲ぐる処，個々に如何なる優秀の人材を聚むるも此の精神に欠くるあらば，所謂烏合の衆にして何等の力なし」（同上，9頁）。つまり，互いに私心をもたず信頼し合うことが，松下電器の日々の活動において，最も重要なことなのである。

　松下電器の綱領，信条，遵奉すべき精神は経営理念であり，いわば憲法である。これら経営理念から見れば，人事方針はあくまでも下位理念にすぎない。つまり，人事方針は経営理念を踏まえていることが前提なのである。だとすれば，人事方針で唱えられている自己実現とは，これら経営理念の枠組みのなかでのみ有効だということになる。人事方針で，どれだけ自己実現を強調しても，企業が組織内の秩序について安心していられるのは，上位理念である経営理念

が統合の原理として機能しているからなのである。
　②松下電器の唱える自己実現とは
　前述の通り，松下電器が現人事方針を制定したのは1988年のことである。それから約10年が経過した20世紀末，松下電器は従業員の自己実現を尊重するという姿勢を強めていった。1997年，1年の初めに実施される恒例の経営方針発表会において，松下電器の当事社長であった森下洋一氏は「発展2000年計画」を謳い，そのなかで四つの企業像を示した。「お客様第一」「価値創造」「グローバル」といったコンセプトと並んで，「自己実現企業」という新たな企業像が，海外を含めた約27万人の松下グループ全社員に提示されたのである。
　森下氏によれば「『自己実現』とは，主役である社員の一人ひとりが明確な『目標』や『志』を持ち，仕事を通じてそれを『かたち』にしていくこと」である（「Pana News」1997年1月15日）。また，森下氏が構想する「自己実現企業」の姿とは，「さまざまな能力を持った人たちが，お互いに自立したプロフェッショナルを目指して自らの能力を高め」あい，「その能力をフルに発揮し合いながら，連携して共通の大きな目標に向かって進んでいく」というものである（「Pana News」1997年2月1日）。つまり，端的に言えば，自己実現とはプロフェッショナルを目指すということであり，その前提には自立の概念がある。
　こうした認識は当然，他の経営幹部にも共有されている。当時の人事総括担当副社長である田原氏は，森下氏以上に社員の自立を強調する。田原氏によれば，現在の日本企業，ひいては社会，経済に活力がなくなったのは，戦後50年間続いてきた日本企業の雇用システムに原因がある。その最たるものが終身雇用制度であり，日本ではそのために労働市場が欧米ほど発達しなかった。つまり「働く人にとって会社のなかでしか競争がない」状況が，この戦後50年間延々と続いてきたのである。今後，成熟産業からの脱皮を図ることが日本社会に対する時代の要請であるなら，革新を実現するためにも，個人は社外にも通用するプロフェッショナルをめざさなければならない。そして，そのためには個人の自立が不可欠であるというのが田原氏の考え方なのである。田原氏は言う。「これからの企業は自立した個人の共同体であるべきです。当社でも『まず集団』から『まず個の確立へ』ということに意識を変えていこうとしています」

(「Pana News」1997年2月15日)。

　以上見てきたように，当時の松下電器の幹部が考えていた自己実現とは，自立あるいは個の確立を指し，具体的に表現するなら，プロフェッショナルとしての専門能力発揮であるということになりそうだ。では，もう少し下位層の幹部ではどうだろうか。松下電器は商品別事業部制を採用していたことで知られているが，その事業部毎のトップつまり事業部長が自己実現について語っているので，それを見てみよう。

　座談会は本社人事部長が4人の事業部長をコーディネートするといった形で行われている。内容を見てみると，やはりこれまで述べてきた通り，個人の自立が強調されていることがわかる。たとえどれだけ企業の側がお膳立てをしたところで，社員一人ひとりの自立に対する熱意がなければ，何も始まらないというのが彼らの認識である。そして，自己実現の前提として，自らの仕事が松下電器にとってだけでなく，社会にとっても意義あるものであることを理解し，仕事に誇りをもつことが重要であると強調する。それがなければ「自分の存在価値」を感じることはできないのである。ただ，ここで興味深いのは，彼らが自己実現を目的として考えていないように思えることである。ある事業部長は，かつて自らが初めて顧客から名指しで注文をもらったときに，「自分の存在価値」を感じたという趣旨のことを述べ，それが自己実現なのだとつけ加えている。つまり，自己実現はあくまでも結果であり，目的は顧客満足にあるということなのである。しかし，このコメントに対して，気になる発言をしている事業部長がいる。彼は，先の場合の自己実現は上司による承認がなければ成立しないと言うのである。これはマズローの言う，承認欲求が充足されなければ自己実現欲求は生じてこない，という意味合いで述べられているのではない。ここには，自己実現は上司から与えられるものであるというニュアンスが込められている。彼は，自らの自己実現経験を語るなかで，上司から与えられた「目標とガイドラインが，自己実現の非常に大きな背景になった」と述べているのである。もちろん，これが全事業部長の総意であるとは言えない。しかし，経営トップが明確には述べていなかった論点がここで浮き彫りにされているのは事実である。自己実現は他者から与えられるものなのだろうか。そのようなも

のを自己実現と呼べるのであろうか。いずれにしても，ここで，いわゆる独り善がりの自己実現は考えられていないということである。考えられているのは，あくまでも組織における自己実現なのである（『松風』1997年秋）。

では，最後に幹部以外の社員が自己実現をいかに受け止めていたのかについて見てみよう。まず取り上げたいのは，松下電器が1996年に行った意見調査の結果である。調査は参事職（部長クラスの社員）以下の無作為抽出社員約3500名に対して行われた。主な内容は次の通りである。

まず一つ目の問いは，「あなたは今，自分の将来について『こうありたい』『こうなりたい』という具体的目標を持っていますか」というものであった。この問いについては，71％の社員が「持っている」と回答している。「持っていない」と回答したのはわずか7％の社員にすぎない（残りは「どちらとも言えない」）。

二つ目の問いは，終身勤務を望むのか，あるいは転職を容認するのかを問うもので，ここで，終身勤務とは「たとえ転職のチャンスがあっても同一の会社に永勤する方がよい」という考えを指し，一方転職容認とは「転職することで存分に自分の能力が発揮できるチャンスがあれば転職した方がよい」という考えを指す。いわゆる転職意識についての調査である。結果は，終身勤務と回答した社員が27％であったのに対し，転職容認を選択した社員は，実に73％であった。いかに松下電器の社員が高い転職意識をもっているかが理解できる。

松下電器は，これら二つの調査結果を受けて，社内に自己実現があふれていることを示すものだとしている。確かに，これまで述べてきたことからすれば，この結果は経営サイドにとっても望ましいものなのかもしれない。しかし同時にこの結果は，従来のような，社員の高い帰属意識が予想以上に低下していることをも表している。松下電器は，もはやこれまでのようにただ松下電器であるというだけで，社員を繋ぎとめておくことができないのである。そういう意味でこの結果は，経営幹部にとって厳しい結果でもあると言えるのではないだろうか。

では，社員は自己実現を具体的にはどう捉えているのであろうか。別の調査結果を踏まえて考えてみよう。調査は社員100人を対象に行われた。自己実現を自分なりの言葉に言い直させるというもので，選択方式ではなく，自由記述

第Ⅱ部　帰属意識と精神的健康

表 5-4　自己実現に対する解釈

・理想自己および夢の実現（自分のなり得る最高状態の自分になること）
・自己変革および成長（サナギから蝶への変態）
・能力の発揮（転職, プロ）
・自己満足（やりたいことをやる, 幸福の追求）
・自分らしさ（本来の自分）
・課題解決（目標・達成）
・その他（自尊, 承認, 社会貢献, 真理体験, 人間関係, 自然さなど）

（出所）　松下電器内部資料。

方式で行われた。結果, 実に様々な回答が寄せられたが, 類似した内容も多いので, 筆者なりにまとめてみることにした。以下がその項目である（表5-4）。

いかに自己実現という概念が多義的であるかが理解できる調査結果である。マズローやフランクルが唱える自己実現から, 自己満足というレベルまで千差万別である。しかし, 経営幹部が説くような, 仕事に限定した自己実現を志向する社員はあまりいなかった。能力の発揮やプロフェッショナルをめざす社員のことである。これらから, 社員は経営幹部が願うほどには, 自己実現と労働とを不可分のようには考えていないということがわかる。そして, 自己実現と言うからには, 自らにとっての自己実現という概念にこそ意味があるのであり, 他者によって提示された自己実現にはそれほどの意味を感じていないようである。

以上, 経営幹部から一般社員まで, 自己実現をどう捉えているのかについて見てきた。それぞれの階層によって特徴のあることがわかった。経営幹部は理念的な自己実現, 事業部長は組織における自己実現, そして一般社員は個人毎の自己実現という捉え方をしていたと言えるであろう。これらから理解できることは, 組織運営の鍵を握っているのはやはりミドルマネジャーであるということである。一般社員による千差万別の自己実現を組織目的に収斂させていくのは, ミドルマネジャーの重要な役割と言えるだろう。事業部長を高位のミドルマネジャーとすれば, 前述のような自己実現解釈には十分妥当性があると言えるのである。

では, 本節を締めくくるにあたって, 松下電器が当事導入していた人事政策についても触れておこう。松下電器は自己実現企業に相応しい人事政策をどの

ように考えていたのであろうか。

　これまで述べてきたように，経営幹部が考える自己実現とは，自立を基盤としたプロフェッショナルになることであった。そして，もしやりたい仕事があるのであれば，挑戦意欲をもって自らで選び取ることが必要とされた。松下電器はこうした意味で，自己実現的人事管理施策の一つとして，1988年から実施している「オープンチャレンジ制度」を挙げている。いわゆる社内公募制度である。

　先に紹介した森・松島（1977）によれば，社内公募制度は行動科学的人事管理制度の一つである。従って，松下電器の認識はこうした一般的理解に沿うものと言ってよい。しかし，松下電器にはもともとこうした制度はなかったのだろうか。松下電器によれば，この「オープンチャレンジは，従来社内公募として実施されてきたものを，さらに充実・拡大し，徹底した形で行う制度」である。つまり，森・松島が言うように，松下電器においても，社内公募制度は導入されてはいたものの，あまり機能していなかったということのようである。それが，1988年に新しく人事方針が制定されたのを機に，社員の意欲と持ち味を幅広く生かしていくことによって，チャレンジ精神に溢れた企業風土を醸成することをねらいとして，設けられたというわけである（「Pana News」1988年8月22日）。

　具体的には，人材を必要とする事業場がどのような仕事に人材が必要かを明確にして，社内に応募を呼びかけ，希望する社員は，自らの挑戦的な意志により，直接応募するというシステムである。本社が発行している社内広報誌によって募集の案内が行われ，休日に説明会が開催されたので，社員は上司に知られることなく応募することができた。面接を経て，募集事業場が受け入れる決定をして初めて，その社員の上司が知るところとなるのである。従って，その管理責任者と人事部門との間で摩擦が生じることは稀ではない。日常的な人事異動であれば，人事部門は職場間のパイプ役に徹するのみであり，基本的に人事部門は後景に退いている。しかし，オープンチャレンジ制度に関しては，どれだけ当該管理者が懇願しようとも人事部門はそれを拒絶し，異動を敢行する。強大な人事権と言える。それぐらい徹底しなければ，制度が形骸化していくこ

とを人事部門はよく理解しているのである。当時（1996年）の調査によれば，制度創設以来13回募集を行い，1559人が応募し，740人が実際に異動している。見事に定着したと言ってよいだろう。

　以上，松下電器の自己実現的人事管理施策について見てきた。松下電器が，理念だけでなく，実際の制度・施策においても自己実現企業を真摯に追求していたことが理解できた。しかし，これらはあくまでも，企業組織内での自己実現を想定した制度・施策であり，その点においては，理念と同様である。このように，松下電器をはじめとする多くの日本企業が行動科学と自己実現思想を受容していたことが理解できる。しかし，前の章でも述べたように，自己実現思想は諸刃の剣とも言い得る側面がある。集団主義的文化の強い日本企業においては，それが労働者の全人格支配につながりかねないのである。そこで，次章ではこの頃から盛んに議論されることの多くなった会社人間の問題を中心として，現代日本産業社会における労働者のメンタルヘルスについて考えてみたい。

注
(1) 音楽プロデューサーである酒井政利氏によれば，当時の100万枚は現代の500万枚に相当する。井上陽水の社会に対するインパクトの強さがうかがいしれるというものである。
(2) 松下電器に入社した新入社員が，会社についての理解を深めるために編集された教育用図書である。入社時に全員に配布される。経営基本方針，会社の歴史，事業部や各職能部門の役割，そして福利厚生制度などが説明されている。
(3) 当時，毎月発行されていた社内報。
(4) 当時，年4回発行されていた社内報。

参考文献
淡路円治郎「産業経営と人間投資」『日本労働協会雑誌』第5巻第1号，1963年，18-22。
Drucker, P. F., *Management*, Harper & Low, 1974.（上田惇生訳『抄訳　マネジメント』ダイヤモンド社，1975年）
江口恒男・村田信夫『行動科学と企業経営——人を生かす性格管理の進め方』池田書店，1968年。
笛木正治『労務管理発展史論』同文舘出版，1969年。
Harold, M. F. R., *Behavioral Science : concepts and management application*, National In-

dustrial Conference Board, 1969.（犬田充訳『行動科学——その概念とマネジメントへの適用』日本能率協会，1971年）
岩永宏治「経営思想研究序説」『経営論集』第44巻第1・2号併合，1996年。
北野利信「自己実現と経営」『経営学研究』第8巻第1号，1998年。
神戸大学経営学研究室編『経営学大辞典』中央経済社，1988年。
McGregor, D., *The Human Side of Enterprise*, McGraw-Hill Inc., 1960.（高橋達男訳『企業の人間的側面［新版］』産能大学出版部，1970年）
見田宗介『現代の生きがい——変わる日本人の人生観』日本経済新聞社，1970年。
水谷雅一『人間管理革命——行動科学による人間関係』講談社，1969年。
森五郎他「労務管理の現代的課題」『日本労働研究雑誌』1970年1月号。
森五郎・松島静雄『日本労務管理の現代化』東京大学出版会，1977年。
日本経営学会編『経営学の回顧と展望——日本経営学会五十周年記念特集』千倉書房，1977年。
日本経営協会編『わが社の経営理念と行動指針——21世紀の扉を開く』日本経営協会総合研究所，1999年。
日本経営者団体連盟編『わが国労務管理の現勢 第三回』日本経営者団体連盟広報部，1971年。
日経連能力主義管理研究会編『能力主義管理』日本経営者団体連盟，1969年。
向坂正男「人的能力問題の現状と課題」『日本労働協会雑誌』第5巻第1号，1963年，4-11。
田杉 競『経営行動科学論』丸善，1977年。
Wolferen, K. V., *The enigma of Japanese power : people and politics in a stateless nation*, Macmillan, 1989.（篠原勝訳『日本／権力構造の謎』早川書房，1994年）

第6章
現代日本企業社会におけるメンタルヘルス問題

　前章では，労働者の精神的健康と密接な関連を有する自己実現思想を，日本の企業社会がどのように受容していったのかについて見た。それを踏まえて本章では，現代の日本企業社会において，労働者の精神的健康がどのような問題を抱えているのかについて考えてみたい。

1　メンタルヘルス問題に対する関心と会社人間論

(1)　関心が高まりつつあるメンタルヘルス問題

　これまで本書では，労働者の精神的健康について，主に行動科学の視点から考えてきた。しかし，労働者の精神的健康は，精神医学や教育学などその他様々な領域でも扱われてきた。例えば桐原（1949）は，戦後まもなくの日本教育界において，「メンタルヘルス」または「メンタルハイジン（mental hygiene）」という言葉が氾濫し始めていたと述べている。メンタルハイジンは日本語で精神衛生のことであり，精神衛生とは「衛生学の一分科で，精神的健康を保たせ，適応をうまくさせ，神経症や精神病の出現，アルコール中毒その他を予防し，それらの病気の早期発見・保護・処理をしようとするもの」である（宮城編，1979）。1908年にアメリカのビヤーズがコネチカット精神衛生協会を設立したことを契機として，精神衛生運動がアメリカ全土に広がったと言われている。もともと精神病患者として入院したことのあるビヤーズが，入院中に監護人から暴行などを受けた経験から，劣悪な環境にある精神病院を改善しようとしたことが運動の発端であった。この運動によって，例えば，国家政策において身体的な健康にしか払われてこなかった意識が，精神的健康にも払われるようになった。また，アカデミズムにおいては，これまで取り上げてきた，人格心理

学などに大きな影響を与えたとされている。

　さて，桐原（1949）によれば，終戦直後の日本産業界においても，同様の状況があった。身体の健康に関しては一定の努力が払われ，すでに回復の兆しが見え始めていたにもかかわらず，精神の健康に関しては，看過されていたのである。だからこそ，教育界において，メンタルヘルスやメンタルハイジンといった言葉が叫ばれるようになってきたのであろう。桐原（1949）はこのときすでに，精神衛生の問題は，労働者の福祉と生産能率との両面から見て極めて重要であると述べている。桐原（1949）によれば，個人の自我と外界との間に起こるところの力の関係から成立している全体の場において，適当な平衡が保たれなければ，その個人は適応できない。そして，仕事に能力があって，それによってその社会の一員としての自覚をもって，その持ち場において安定を得ることが精神的健康をもたらし，それを維持することができると述べている。これらはまさにメイヨーと同じ考え方であると言えよう。ここでも，所属性と精神的健康との関連性が明確に述べられている。

　労働者の精神衛生もしくは精神的健康の問題を歴史的に振りかえってみると，これらの問題に対する注目は徐々に広がりを見せ，同時に高まってきているようである。これまでにも述べてきたように，米国では1950年代になると，人格心理学の誕生にともなって，精神的健康の問題は，漸次心理学者の関心をひくようになってきた（倉戸，1982）。1960年代になると，アメリカにおいては，カーンとその仲間たちによって，仕事における役割葛藤，過剰負担，そして役割の曖昧さに関する研究が発表され，注目されるようになった（Kahn et al., 1964）。そして，カーンたちの研究が刺激となったのか，その後1970年代の半ば過ぎまでの間に，何百ものメンタルヘルスに関する調査研究や新聞・雑誌の記事そして本などが発表された。それらは，「幹部の神経症」「ブルーカラーの憂うつ」「ホワイトカラーの苦悩」などを扱っていた（Gavin, 1977）。当事，ギャバンはアメリカにおけるこうした関心の高まりが何によってもたらされたのかについて考えた。その答えは以下の通りである。

①産業における民主化の高まりにより，労働者が，様々な領域の意思決定に

おいて，より積極的な役割を求められるようになってきた。

②労働組合によって労働の質に対する関心が高まってきた。同じく，労使間の議論においてメンタルヘルスが争点になってきた。

③プロテスタントの倫理からいわゆるレジャーの倫理へと労働者の価値観が変化してきた。仕事を優先することの負担と効用のバランスを見積もるようになってきた。

④精神的病気に対する社会の態度が変化してきた。精神的健康の問題を理解し，受け入れるようになってきた。

⑤公正労働基準法が改正され，労働安全衛生法が制定された。

⑥精神的に働くことができなくなった労働者を擁護するような判決が出されるようになった。

⑦心理的カウンセリング・サービスや，精神的健康問題に関する会社負担による保険プログラムの普及などが，従業員の心理的安寧に対する会社の意識を高め，責任の共有化を促した。

⑧社会を構成している様々な部分は，相互に関連性を有しているという認識が高まってきた。それゆえ，組織への介入は幅広い影響を有していることが理解され始めた。

⑨アメリカにおける女性運動の成功によって，雇用機会の均等のみならず，生産に対する私たちのバランス感覚の必要性，もしくは人間システムを維持することの重要性が認識され始めた。

⑩ウォーターゲート事件以降，いわゆる「信憑性」主義が高まってきた。誠実さや正直さが求められるようになってきた。

さらに，クーパーたちによれば，1970年代後半までには，仕事の配置はより個人を全体的な視点で捉えるように変化してきた。職場ストレスへの介入において，最初の体系的な試みが見られるのは1970年代の後半であったという（Cooper & Dewe, 2004）。

さて，前述したように，終戦直後の日本においては，教育界がいち早くメンタルヘルスの問題に関心をもった。そして，産業界において，本格的にこうし

た問題が取り上げられるようになるのは，もう少し後になってからのようである。平井（1988）によれば，産業界において，労働者の精神的健康の問題を最初に手がけたのは国鉄であった。平井たちはその画期を，国鉄に休復職判定委員会が設置された1954年と見ている。

　平井たちによれば，高度経済成長の時期までは精神衛生的側面から，精神科医が主にこれらの問題を扱ってきた。つまり，対象となるクライアントは精神障害者であったのである。先ほど取り上げた国鉄においても，同様であったと平井たちは言う。しかし，「オイルショック以来，どういうわけか，急にメンタルヘルスということが言われだした」（同上，17頁）。精神的健康ではなく，精神衛生でもなく，横文字の「メンタルヘルス」という表現がなされるようになってきたというのである。それは，組織における不適応者が精神障害者以上に，健常人にも見られるようになってきたことと軌を一にしている。まさにそうしたなかで，「メンタルヘルス」が生まれてきたのである。病名がつくような精神障害を有している労働者だけでなく，強迫観念や抑うつ気分に苛まれているような一般の労働者にも注意を注ぐ必要があると訴えたのはメイヨーであった。約40年が経過した日本においても，ようやくメイヨーの主張が現実味を帯びてきたのだと言える。

　さて，こうした現象はその後も変化がなかったようである。小此木（1986）によれば，1980年代に入ってもなお，メンタルヘルスという言葉が頻繁に用いられていた。ここで小此木（1983）が，メンタルヘルスについて明瞭な解説を行っているので引用しておこう。小此木（1983）によれば，「精神衛生といった場合には，何やら専門家たちの仕事という語感があるが，メンタル・ヘルスはもっと幅広い概念である。だれにも身近な日常的な問題であり，必ずしも精神病とか，心身症とか，うつ病といった専門的な精神医学的な病気などではなく，日常の生活の中での悩みとか，不適応とか，心の落ち込みとか，そうしたものを広く包含した心の健康について，正確にそれを理解し，対処していく営みを意味している」（19頁）。すなわち，「従来の精神医学が対象とした精神障害の範囲を越えてより広く，いわゆる正常と診断される人々の精神健康をも，包括した心へのかかわり」（小此木，1986，1469頁）なのである。

以上，日本と米国における「メンタルヘルス」に対する関心の高まりについて見てきた。メンタルヘルスは精神衛生や精神的健康よりも広義な概念であることが理解できた。ただ，精神衛生が対象としてきた精神障害者が，本当に精神的に不健康であるのか否かについては異論もある。例えば倉戸（1982）は，ある分裂病と診断された患者と接し，その患者の，病気から自ら進んで立ち上がろうとする生き方のなかに，精神的健康性を感じないではおれなかったと述べている。精神的な病気を患っていても，精神的に健康であり得ることを倉戸は示唆している。

この点については村田（1984）も同様のことを述べている。精神分裂病は極論すると誰でもがおちいる精神的状況であり，そう診断される患者が全て，あらゆる面で精神的健康が害されているとは考えられないと言うのである。さらに村田は，社会適応と精神的健康の関係についても言及しており，国家や企業の要請に自己を適応させようとして，自分自身の生きがいや自己実現の目標を失うようでは，精神的に健康とは言えないことを示唆している。これまで見てきたように，適応は精神的健康とほぼ同義に用いられてきた概念である。しかし，村田の議論を斟酌すると，この等価関係はそれほど単純ではないことが伺える。適応と一口に言っても，その程度が問題なのであろう。過剰な適応はむしろ，精神的健康を損なうのである。その典型的なタイプがいわゆる「会社人間」である。

（2） 会社人間論

労働者を人間類型化するとき，様々な呼称が用いられる。その先駆的なものの一つが，前にも取り上げた，ホワイトによる「オーガニゼーション・マン」であろう。ホワイトによれば，これらの人々は組織に帰属している中産階級の人々で，もっぱら組織のために働く。ブルーカラーワーカーでもないし，ホワイトカラーというカテゴリーにも収まりきらない。オーガニゼーション・マンと称する以外に呼びようのない人たちが，これらの人々なのである（Whyte, 1956）。ホワイトがこのような新しい人間類型を発見してから約20年が経過した日本において，「会社人間」が誕生した。過去の新聞記事を調査整理した中

川（2011）によると，1978年に初めて会社人間の記事が見られることから，そう言ってほぼ間違いないであろう。

　中川（2011）によれば，その後2007年まで会社人間の記事は掲載され続ける。最も多くの記事が掲載されたのは1994年であったようである。これは，雑誌記事を調査した江（2001）の結果とも符合する。1990年代初めから半ば頃までが，こうした会社人間論のピークであったと考えられる。この時期は，前章で見たように，日本の企業が人事方針に自己実現思想を取り込み，自己実現企業を目指そうとしていた時期とも重なる。例えば，森岡（1995）が会社人間を次のように説明していることからもそれが伺える。森岡（1995）によれば会社人間とは，「出世競争への参加を自己実現だと信じ，身を粉にして働き，さらには自分がいなければ組織が動かないと思い込んでいるような人間」のことである（51頁）。マズローの唱えた自己実現が行動科学者たちによって矮小化され，組織のなかへと閉じ込められたことによって，会社人間が生まれたのである。まさに，企業の自己実現的人事管理と表裏一体の関係にあったと言ってもよいかもしれない。

　しかしこれらの人たちは，いわゆる「仕事人間」とは異なるのであろうか。この点についても森岡（1995）の説明が的を射ている。仕事人間は仕事に没頭し，熱中し，仕事のことで頭がいっぱいの人を指すが，会社人間はそれだけではない。森岡も言うように，会社人間は仕事がなくても長時間会社に拘束され，「行き過ぎた仲間主義による不必要なつき合い，職場主催の休日の運動会などの行事への参加」を強いられる（同上，52頁）。つまり，組織内外で繰り広げられる一切合財の組織活動に関与することを強いられるというのである。仕事さえしていればよいということではないのである。従ってこのような会社人間は，先ほど述べた，自己実現的人事管理によって形成されたという側面もあるが，それだけではないことが理解できる。内橋・奥村・佐高編（1994）によれば，会社人間はいわゆる企業中心社会もしくは会社主義社会によって形成された。ここで企業中心社会とは，企業をはじめとする組織の存在が拡大しすぎ，その目的や行動原理が，個人や社会のそれに優先し，個人生活の自由度が制約された社会を指している（経済企画庁国民生活局編，1991）。組織が肥大化したがゆえ

に，労働者個人の自己実現が組織のなかに閉じ込められてしまったのである。

　中川（2011）によれば，こうした一連の会社人間論とは，会社に対して病理的な関係をもつ人間像としての会社人間をめぐって展開された，会社と個人の関係についての批判的言説であった。中川は会社人間論をこのように捉えたうえで，関連する記事を「雇用制度批判」「健康問題」「余暇・労働時間」「ボランティア・地域社会」「家族関係」「その他」のジャンルに分けており，健康問題に関する記事は1990年前後と2000年代前半において割合が上昇しているとしている。ここで「健康問題」とは会社人間が罹患するうつ病や過労死などを論じ，それを通して会社人間を批判する記事を指している。

　このように，会社人間と健康問題は密接不可分の関係にあることが理解できる。田尾編（1997）も言うように，会社人間とは，組織に対して過剰に同調し，しかもそれに対して無関心である人たち，そしてそのために，健常な自我概念を維持できなくなった人たちである。こうした意味においては，本書のテーマである帰属意識と精神的健康の関係が，まさにこの人間類型のなかに凝縮されていると言っても過言ではない。もちろん，帰属意識が弱すぎても，精神的健康は維持できない。精神科医の柴田（1984）も言うように，組織からの現実逃避としてノイローゼになる人も多いのである。しかし，柴田によれば，以前は，このような現実逃避型のノイローゼが多かったのに，1980年代の前半頃から，過剰適応型のノイローゼが増え始めた。柴田は過剰適応状態を，本人が意識しないながらも所属組織へ自我を過剰に一体化させている心の状態としており，先ほどの田尾が会社人間の特徴として，組織に対する無自覚な過剰同調を挙げていたことと符合していることがわかる。

　柴田によれば，過剰適応症候群が発症するメカニズムは次の通りである。まず我々は，誕生してしばらくは母親の庇護下にあり，母親の期待に応えることで，安定感を得る。それによって，不安や恐怖は覆い隠されると柴田は言う。こうして個人は他者と一体化することによって，自己を維持することを身につけていくことになる。しかし，この時点で自我は他者のなかに埋没しているのである。この状態が行き過ぎてしまうと過剰適応が生じる。それは自我が成熟しておらず，自己の存在が曖昧なために生じるのである。会社人間は，会社と

一体化している自分を自己として受け止めることによって心のバランスを維持しているとは柴田は言う。当然、このようなあり方は健全ではない。真の自己が疎外されているからである。まさに上田（1969）が言う、自己疎外の状態である。柴田によれば「真の自己とは、このようなかかわりから離れ、個人としての人格を持った一貫した己の存在である」。そして、「真の自己、つまり自我が成熟し己の存在が確かであれば、対象と無理に一体化する必要もなく、おのずから対象とする現実との間に、フランスの精神医学者ミンコフスキーの言う『生きる空間』という緩衝地帯が生まれ、自我が弾力性をもつようになる」のである（柴田, 1984, 13頁）。さらにこのようなメカニズムに加えて、我々日本人の場合は、伝統的な家族制度などの影響もあって、より一層過剰適応が生じるのだと柴田は指摘している。

　さて、柴田と同様の指摘を、すでに1976年に行っている精神科医がいる。小此木である。小此木（1976）は会社人間という表現を用いてはいないものの、当事問題になりつつあった、こうした現象を鋭くあぶりだしている。小此木によれば、組織との関係から生じる精神障害には、帰属意識欠乏型だけでなく、帰属意識が過剰なために生じる帰属意識過剰型がある。日本人は職場にただ依存するだけではなくて、むしろ積極的に職場と自分を同一化してしまう。つまり、「仕事や職場と自分が一つに合体してしまう」（83頁）のだと小此木は言う。しかし、ひとたび、企業ないし仕事とのこの一体感が崩れてしまうと、うつ病が発症するのである。この点も柴田の指摘と同じである。さらに小此木は、日本人の人間関係には、自分と自分が好意を向けている相手との間の区別がなくなってしまうパターンが多いことを挙げ、問題視している。この点は第1章で論じた、日本人労働者の複雑かつ曖昧な帰属意識に通じる点ではないだろうか。個人と組織の一体化はそれらの間の境界を曖昧にしてしまう。そのために、帰属意識は曖昧で複雑なものになってしまうのである。

2　会社人間を生んだ日本的経営と共同体主義

　これまで会社人間は日本の企業が採用してきた自己実現的人事管理と、企業

組織の肥大化による企業中心社会によって生み出されたことを述べてきた。ここでは，企業中心社会を支えてきたと考えられる日本的経営について改めて考えてみたい。

社会学者テンニースが提起した概念にゲゼルシャフトとゲマインシャフトがある（Toennies, 1912）。ゲゼルシャフトは，利益社会とも呼ばれる概念で，諸個人が互いに自己の目的を達成するために，選択意志に基づいて形成した社会関係を指す。いわば人工的・機械的な形成物である。企業組織は何らかの目的を有し，それを達成するために参加してくるメンバーによって成り立っている。企業が公式組織と呼ばれるとき，それはまさに人工的な形成物であると言える。そこでは，人格のごく一部のみで互いが結合しており，人々は利害に従って行動し，返礼や反対給付がなければ，他人のために何かをするというようなことはないとされる。

一方，ゲマインシャフトとは，共同社会とも呼ばれ，人間の本質そのものを表す本質意志によって結合した統一体を指している。それ自体が有機的な生命体をもつと考えられ，そこでは人々はときに反発することがあるとしても，基本的には全人格をもって感情的に互いに融合し，運命を共にする。従ってそこには，交換や売買，契約や規則といった概念の入りこむ余地は少ない。血縁に基づく家族が最もよくこれにあてはまる。日本的経営とは，欧米との比較において，日本に特徴的とされる経営管理制度を指しているが，我が国の場合これまで，欧米に比べてゲマインシャフト的な傾向が強いと考えられてきた。そして，これまでの研究で，こうした日本的経営の特徴は，家族主義的もしくは共同体主義的経営と呼ばれてきたのである。

日本企業の共同体主義は日本的経営における三種の神器によって支えられてきたとされる。三種の神器とは歴代の天皇が皇位のしるしとして受け継いだという三つの宝物のことで，後にその意が転じて，そろえていれば理想的であるとされる三種の品物という意味として用いられるようになった言葉である。つまりこの場合は，日本的経営においてなくてはならない三種の制度慣行を指している。

第一に挙げられるのは終身雇用制である。第1章で取り上げたように，日本

的経営にいち早く着目したアメリカの文化人類学者アベグレンによって命名された言葉で，日本特有の長期雇用慣行を指している。これまでの日本企業では，ひとたび学校を卒業して入社すれば，よほどの事情がない限り定年（本人の意思と関係なく，定められている退職年齢）までその会社に留まり，勤めあげるのが通常であった。従って組織内部の人間関係は必然的に濃密になっていく。終身雇用慣行が形成されてきた背景には様々な要因が考えられるが，その一つに，労働市場の問題がある。日本においては欧米ほど労働市場が流動化しておらず，辞めたくても辞められないという事情があった。そこで従業員は高い忠誠心を会社に示し，会社もまたそれに応えてきたのである。

　そのよい例として退職金制度が挙げられる。退職金とは雇用関係が消滅した場合に，労働協約または就業規則の定めによって使用者から労働者に支払われる給付金を指し，一時金と年金の2種類がある。労務行政研究所が行った調査によれば，2012年時点で，退職金制度（一時金・年金）を実施している企業は全体の91.1％であり，ほとんどの企業が退職金制度を有していることがわかる。大学卒の定年モデル退職給付（退職一時金＋年金現価額）の平均額は1864万円にもなる。そもそもこの退職金制度は江戸時代の「三井ののれん分け」に端を発していると言われており，功労報奨的側面が強い。つまり，高い忠誠心と長年の奉公に報いるために企業が支払う付加給付なのである。長く勤めれば勤めるほど退職金は増加するので，従業員が中途で辞めにくい制度であるとも言える。終身雇用制はこうした様々な制度によって支えられ維持されてきたのである。

　第二に挙げられるのは年功序列制である。これには年功昇進制と年功賃金制の二つが含まれる。年功昇進制とは，学歴や勤続年数を主な基準として従業員を昇進させていく制度慣行である。役職が上になるほど年齢も高くなる傾向がある。欧米であれば，経営者の資質を備えていると判断されれば，比較的若くても経営幹部として登用されるが，日本企業においては，特に大手になるほど，若い経営幹部は少ない。こうした企業では，経営幹部の若返りを図ろうとして早期選抜制度などを導入しているところもあるが，なかなか思うように進んでいないのが現状である。年功賃金制は学歴や勤続年数などの属人的要因に基づいて賃金が決定する仕組み，慣行を指している。給与は属人給と仕事給によっ

て構成されていることが多いが，我が国の場合，属人給の部分がこれまで大きいとされてきた。従って，同じ職務に従事していても，勤続年数の長い従業員の方が高賃金となるのである。この点は，職務や専門性に応じて賃金が決まる欧米に比べて，日本的な特徴であると言える。

　また勤続年数に応じて賃金が上昇するため，年度が変わる度に全従業員の給与が一定程度上昇する。これを定期昇給制度（定昇）と呼ぶ。これは従業員の生活を保障するために設けられている制度であり，こうした意味において年齢給は生活給であるとも言える。経済成長に従い物価も上昇するため，その分を補うという目的で始まったのである。しかし，かつてのような経済成長がなく，生活が豊かになった現代においてはあまり意味がないと考えられている。従って，最近では年齢給や属人給を廃止する企業も多くなってきている。ただ，安定的に昇給する仕組みや慣行は，終身雇用制とともに従業員に安心感を与え，従業員の定着を促進する機能を有しているとも言える。新入社員の時点では，発揮された能力よりも低く抑えられていた給与も，勤続年数が経つに連れて，逆に発揮された能力以上の給与が得られるというように考えれば，従業員は企業を離れるインセンティブを失うことになり，定着は促進される。欧米では労働市場が流動化しており，社員がいつ離職するかわからないので，職務遂行（成果）と給与のバランスを短期的に考える必要があるが，日本の場合は，それを長期的に考えることができる。それが株主にあまり気を使わなくてもよい企業環境と相俟って，従業員中心で長期的視野に基づいた経営を実践することが可能となってきたのである。

　これら二つの日本的慣行を説明する際に，よく利用されるモデルがある。このモデルでは，企業もしくは経営サイドと労働者との間には一種の交換関係が成立していると考える。そのバランス関係に依拠して労働者は企業に帰属しているのだとも言えるのだが，そのバランス関係の様相は一定ではない。特に日本企業の場合は，労働提供と賃金がその都度時局的に均衡しているという，単純な関係ではない。それを端的に示したのが図6-1である。このモデルによれば，労働者は企業への参加によって，様々な熟練を形成していく。そして，労働者の生産性はこの熟練の形成とともに上昇し，ある年齢でピークに達した

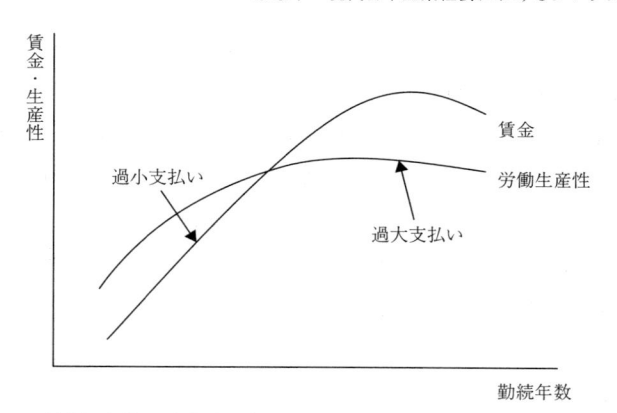

第6章　現代日本企業社会におけるメンタルヘルス問題

(出典)　加護野・小林（1989）を一部修正。
図6-1　労働生産性と賃金

後は横ばいに推移するという。一方で労働者が受け取る賃金は勤続年数とともに単調に上昇する。そのため，当初は生産性分を下回っていた賃金が，ある時期を境に生産性分を上回ることになる。つまり，当初は過少支払いであった賃金が，ある時期から過大支払いに転じるのである。そして，これら両者の支払い分が定年までの在職期間中に相殺される。労働者は「見えざる出資」をしていることになり，それを回収するために企業に帰属し続けようとするという説明がなされるのである（加護野・小林［1988；1989］，太田［1994］）。

　さて，こうした慣行は新卒者を一括して採用するという特徴とも関係している。欧米のように職務中心主義であれば，新たな職務が発生したり，ポストに空きができた場合に，その都度人材を採用していかなくてはならない。従って欧米では通年採用が普通である。しかし日本の場合，人が中心であり，解雇がなく，定年で退職していくケースがほとんどであるから，毎年決まった時期に計画的な採用が可能となる。また，職務中心でないということは，専門性がそれほど重要視されないということであり，逆に人中心ということは，採用時点で重視されるのは，人柄や性格といった人間関係能力や対人能力など情意的な側面ということになる。そして，その方が年功的システムには都合がよいのである。

　専門性の高い人材はたとえ若くても，それに見合った賃金を得たいという欲

求を強くもっている。しかし，年功制を維持しようとすれば，若いうちはどうしても能力以下の賃金に抑える必要がある。そこで，大学や高校を出たばかりの，まだあまり何の色にも染まっていない人物を企業は求めるのである。もちろん，情意的な側面ばかりを見ているのではない。企業が最も重視しているのは潜在的な能力である。つまり，自分たちの仲間になって，後々大いに能力を発揮してくれるであろう人物を求めているのである。ここに一括採用の意味がある。職種毎に採用するのではなく，まとめて採用してから後に配属が決定するという仕組みである。採用される社員はどこに配属されるかわからないまま入社する。欧米企業が職務担当者を採用するのであれば，まさに日本企業は仲間を採用するのだと言えよう。

　では，このような専門性軽視の採用をして，企業の組織力は低下しないのだろうか。それを補完しているのが，充実した企業内教育である。社員は採用されれば新入社員導入教育を受ける。メーカーであれば，製造実習をしたり，販売店に赴いて販売実習をさせるところもある。職場に配属されればOJT教育が待っている。OJTとはOn the Job Trainingの略語で，上司や先輩から仕事を通じて受ける教育のことである。その職場の特性や専門性の習得については，このOJTに負うところが大きい。また，様々な集合教育も充実しており，これをOff-JTと呼ぶ。節目に応じて施される節目研修や，技術習得のための研修，管理手法を学ぶ研修など多様である。このようにOJTを中心とした企業内教育が充実しており，優れているからこそ，年功制は維持されるのである。ほとんど白紙の状態の人材を採用し，一から教え込んでいくというシステムがあるからこそ，勤続＝経験年数が賃金算定のベースになり得るのである。

　三種の神器の三番目は，企業内労働組合である。欧米の労働組合が企業の枠を超えて産業別，職種別に組織される横断的な労働組合であるのに対して，我が国では終身雇用制のもと，横断的な移動が少ないこともあり，企業毎に労働組合が結成されているのが特徴である。企業別労働組合とも呼ばれる。こうした企業内組合が企業の共同体主義を助長するのは言うまでもないことであろう。対立と調和を掲げ，かつてはストライキも行われていたが，最近ではめっきり少なくなった。経営が破綻してしまえば，労働組合自体意味がなくなってしま

うわけであるから，組合も執拗な抵抗はしないのである。それゆえ日本企業は労働組合，ひいては従業員の支持を効率的に調達することが可能となり，労使一体となった力強い組織運営を行うことができるのである。

共同体主義は企業内部に留まらない。これまで日本では各企業が，ある程度の独立性を維持しながら，企業相互の連携関係を強化して企業集団を形成してきた。これを系列化と呼ぶ。系列化にはカネを介した系列化と，モノを介した系列化などがある。ここではまず，カネを介した系列化から考えてみよう。

言うまでもなく，カネは経営活動にとってなくてはならない重要な資源の一つである。そのカネ＝資金を調達する仕組みには大きく分けて，2種類あるとされている。それらは間接金融と直接金融と呼ばれる仕組みである。間接金融とは，資金需要者が銀行などの金融機関を通じて，資金供給者から資金を調達することである。例えば家計からの預金を資金として企業に貸し出すケースが代表的である。国民の貯蓄したカネが銀行を経由して企業に貸し出されることから間接金融と呼ばれている。一方直接金融とは，銀行などの金融機関を介さずに，資金需要者が資金供給者から直接資金を調達する仕組みである。資金需要者である企業が自社の株式や社債を投資家に売却するケースが代表的である。

我が国における資金調達はこれまで間接金融によるケースが多かった。実際に企業の負債構成を調べてみると，英米と比較して日本の場合は銀行からの借り入れが非常に大きいのである。これは家計の金融資産構成と表裏一体の関係にある。つまり，英米において家計の金融資産は主に株式や保険によって構成されているのに対し，日本の場合は，株式や保険よりも主に現金や預金によって構成されているということである。こうした間接金融の仕組みは我が国の場合，メインバンク制という特徴を有している。メインバンクとは，主力銀行のことであり，ある企業の取引先金融機関が複数あるとき，主たる取引先金融機関を指して用いられる表現である。特徴としては，まず融資シェアが第1位であること，そして大株主であること，さらに役員を派遣するなど人的関係を結んでいることなどが挙げられる。このようにメインバンク制は主力銀行を中心とした一種の共同体を形成することになる。固定的な取引関係によって，メインバンクは融資先企業に対して長期資金を供給することが可能となる。また，

融資先企業が経営難に陥った場合も，関係性を重視するために，倒産しないよう資金を供給するのである。従って，企業は直接金融によって資金を調達するよりも，長期安定的な経営活動を続けることが可能となる。

　同様の系列化がモノに関しても見られるのが日本企業社会における共同体的特徴である。組立系のメーカーであれば，組立に必要な部品の供給を外部から賄うことが多い。両者は長期的な取引関係にあるため，相互信頼で結ばれており，市場において自由に取引を行う場合よりも，柔軟な対応や，高品質を維持することが可能となる。例えば，組立系のメーカーが新しい製品で一気に勝負に出ようとするとき，大量の部品を供給してくれる部品メーカーを探すのには困難を要するであろう。しかし，長期的な関係を有している部品メーカーであれば，多少のリスクを承知のうえで，生産に応じてくれるのである。また，組立系メーカーに，高品質を実現したいという欲求が強くある場合，そうしたメーカーは部品メーカーに技術者を派遣して，部品生産の段階から技術的な指導を行うこともある。こうして，部品メーカーだけでは果たせない高品質を実現することができるのも，長期的取引関係があればこそなのである。

　またモノの系列化はこのような生産系列化だけではない。販売においても同様の系列化が，日本の企業社会にはよく見られた。典型的な例が，パナソニックなどの家電メーカーに見られるものであろう。パナソニックとその専属販売店いわゆる「パナソニック・ショップ」との関係がそれである。これはメーカーが小売店に対して一地域における一手販売権を与えるとともに，競合製品を扱わないという専属契約を結び，製品の販売促進などを義務付けることを特徴としている。いわゆる販売系列化と呼ばれるものである。松下電器の専属店はピーク時には2万店を超えていたとされ，それが松下電器の競争優位の源泉でもあった。

　このように共同体主義は経営の三大資源（ヒト・モノ・カネ）に基づいてそれぞれ実践されてきた。そしてこれらは，日本的経営を幾重にも取り巻くようにして支えてきたのである。このような状況下で会社人間は大量に生産されてきたのだと言える。

3 日本企業社会におけるメンタルヘルス問題の現状

20世紀末にピークを迎えた会社人間論は，今ではその勢いを失い，最近ではほとんど聞かれることもなくなってきた。それは，会社人間を両親や上司にもつ若い世代の労働者たちを中心に，企業社会における彼や彼女たちの労働観が変化してきたからであろう。昨今のワークライフバランス政策などがよい例である。にもかかわらず，依然として労働者のメンタルヘルスに関する問題はそれほど好転していないようである。では本章を締めくくるにあたって，現代の日本企業社会におけるメンタルヘルス問題の現状について見ておこう。

(1) 厚生労働省調査

まず取り上げたいのは，厚生労働省が5年毎に実施している「労働者健康状況調査」の結果である。現時点では，2012年10月の調査結果が最新になる。調査対象は常用労働者を10人以上雇用する民営事業所から抽出された約1万3000事業所と，これら事業所に雇用されている労働者約1万8000名である。有効回答数はそれぞれ9283事業所（69.6％），9915名（56.7％）であった。それでは，本調査結果からメンタルヘルス関連の結果を抽出してみよう。

まず，メンタルヘルスケアに取り組んでいる事業所の割合は全体の47.2％であった。これは前回の33.6％を大きく上回る数値である。また，規模別に見ると，300人以上の規模で9割を超えていた。メンタルヘルスケアに取り組んでいる事業所のうち，その取り組み内容（複数回答）を見てみると，「労働者への教育研修・情報提供」（46.7％），が最も高く，次いで「管理監督者への教育研修・情報提供」（44.7％）「社内のメンタルヘルスケア窓口の設置」（41.0％）の順となっていた。

次に，メンタルヘルスケアを推進するにあたっての留意事項についてである。メンタルヘルスケアに取り組んでいる事業所のうち，留意している事項がある事業所の割合は96.2％であった。具体的な留意事項内容（複数回答）としては，「労働者の個人情報の保護への配慮」（73.5％）が最も高く，次いで「職場配置,

人事異動等」(65.7％)，「家庭・個人生活等の職場以外の問題への配慮」(42.6％)の順となっていた。

　次にメンタルヘルスケアに取り組んでいる事業所のうち，「専門スタッフがいる」とする事業所の割合は61.8％で，これも前回の52.0％を上回っていた。専門スタッフの種類（複数回答）別の配置状況を見ると「産業医」(67.4％)が最も高く，次いで「衛生管理者又は衛生推進者等」(46.0％)の順となっていた。

　また，メンタルヘルスケアに取り組んでいる事業所のうち，「効果がある・あった」とする事業所の割合は36.9％で，これに関しては前回の67.0％を大きく下回っていた。さらに，メンタルヘルスケアに取り組んでいない事業所について，取り組んでいない理由（複数回答）を見ると，「必要性を感じない」(51.0％)とする事業所の割合が最も高く，次いで「取り組み方が分からない」(31.6％)，「専門スタッフがいない」(22.4％)の順となっていた。最後に，過去1年間にメンタルヘルス上の理由により連続1カ月以上休業又は退職した労働者がいる事業所の割合は8.1％となっていた。

　続いて労働者を対象とした調査の結果から，メンタルヘルス関連のものを見ておこう。まず，仕事や職業生活に関する不安，悩み，ストレスについて「相談できる人がいる」とする労働者の割合は90.0％であった。そのなかで，具体的な相談相手（複数回答）として挙げられたのは，「家族・友人」(86.7％)が最も高く，次いで「上司・同僚」(73.5％)の順となっていた。

　次に，自分の仕事や職業生活に関して強い不安，悩み，ストレスが「ある」とする労働者の割合は60.9％となっており，前回の58.0％をわずかに上回る結果となった。具体的なストレスの内容（複数回答）は，「職場の人間関係の問題」(41.3％)が最も高く，次いで「仕事の質の問題」(33.1％)，「仕事の量の問題」(30.3％)の順となっていた。男女別に見ると，「職場の人間関係の問題」(男35.2％，女48.6％)は女が男より高く，「会社の将来性の問題」(男29.1％，女15.0％)，「昇進，昇給の問題」(男23.2％，女13.7％)は，男が女より高くなっていた。

（2）　大阪府調査

　次に大阪府が2008年に実施した調査結果について見てみよう。本調査は，企

業で働く従業員の心の健康（メンタルヘルス）問題に対する大阪府内中小企業の意識や取り組み状況，従業員の心の健康と就業に関する意識などを把握することにより，従業員の心の健康保持・増進を効果的に図る行政施策を検討するための参考資料作成を目的として実施された。本調査には筆者も深く関わった。本調査も先に紹介した厚生労働省の調査と同様に，事業所と労働者それぞれを対象としている。ただし，本調査の特異な点は，常用雇用者規模で10人以上300人未満の企業を対象としている点であろう。中小企業のみを対象とした，メンタルヘルスに関する大規模調査は日本でも珍しい。対象企業は府内の2000社，対象労働者はこれらの企業で働く従業員8000名であった。有効回答数はそれぞれ，296社（15.2％），606名（11.3％）であった。

　有効回答者の属性は次の通りである。性別については，女性が204名（33.7％），男性が402名（66.3％）であった。勤務している会社の業種については，卸売・小売業が111名（18.3％），製造業が202名（33.3％），サービス業が101名（16.7％），建設業が85名（14.0％），運輸業が34名（5.6％），情報通信業が22名（3.6％），医療・福祉が28名（4.6％），その他が23名（3.8％）であった。会社の規模については，29人以下が341名（56.3％），30人以上49人以下が103名（17.0％），50人以上99人以下が87名（14.4％），100人以上299人以下が57名（9.4％），300人以上が18名（3.0％）であった。このように，調査対象企業抽出時点においては300人未満であった企業が，調査時点において300名を超えているケースが18件あった。しかし，今回は規模による影響を厳密に問うているわけではないので，データとして用いることにする。次に職種については，事務・企画が246名（40.6％），営業・販売が87名（14.4％），研究開発・技術設計が54名（8.9％），製造・建設・運輸などの現場業務が166名（27.4％），保安・サービスが27名（4.5％），その他が26名（4.3％）であった。役職については，管理職が119名（19.6％），職場の管理監督者が68名（11.2％），一般従業員が419名（69.1％）であった。平均年齢は40.3歳（SD：10.94），平均勤続年数は10.3年（SD：8.28），2007年度の平均的な週当たり残業時間は8.6時間（SD：10.35）であった。以下，主な結果を抜粋して紹介する。

　まず，「従業員の心の健康」への配慮の必要性に対する認識については，全

体の86.8％の企業が「大きな配慮」（18.2％），または「一定の配慮」（68.6％）が必要と回答していた。次に従業員の心の健康が損なわれていると判断するポイントについては，「日常の職場における仕事ぶりの観察から」（75.8％）が最も高く，続いて，「管理職や職場の管理監督者の意見から」（41.6％），「欠勤の状況から」（39.1％），「本人の申告から」（35.2％），「社内の噂から」（23.5％）の順となっていた。次に従業員の心の健康保持・増進のための対策実施状況と効果については，「対策を講じており，効果もあがっている」企業は13.9％に留まっていた。「対策は講じていない」とする企業は53.7％であり，過半数を占めていた。

　次に，心の病による休職者，退職者の発生状況についてである。最近1年間に，「休職者や退職者があった企業」は全体の15.8％，「休職者も退職者もなかった企業」は78.4％であった。次に，最近1年間の正社員における，心の病による休職者数について，3年前との人数の増減を見ると，「増加した」とする企業が47.5％と半数近くあり，「減少した」とする企業はわずかに7.5％であった。同様に，最近1年間の正社員における，心の病における退職者数について，3年前との人数の増減を見ると，「増加した」とする企業が22.5％，「同じ」とする企業が42.5％，「減少した」とする企業は7.5％であった。次に，最近1年間の心の病による休職者や退職者の病名について尋ねたところ，「うつ病」が65.4％で最も高く，続いて，「自律神経失調症」（7.7％），「神経病」（5.8％），「統合失調症」（3.8％）の順となっていた。

　次に，休職者，退職者発生の最も大きな直接的原因としては，「本人の問題」が28.0％と最も高く，続いて「職場の人間関係」（26.0％），「家庭の問題」（12.0％），「仕事の責任」（12.0％）の順となっていた。さらに，従業員の心の健康保持・増進のための経費支出額の最近3年間の推移について見ると，「増加傾向」にある企業は11.1％，「横ばい傾向」が36.6％，「減少傾向」が4.5％で，「3年前から経費は支出していない」とする企業は47.7％であった。

　以上が企業を対象とした調査結果の一部である。さて，労働者を対象とした調査結果については，統計的分析を施している部分が多いため，その大半は次章で紹介することにして，ここでは，それ以外の部分について少しだけ触れておく。

まず，自身の心の健康について誰と相談するのかについて尋ねたところ，「相談に乗ってもらう特定の人はいない」という回答が37.8％と最も多かった。この結果は先の厚生労働省による調査結果と大きく異なっている（厚生労働省調査では10.0％）。続いて，「その他」が22.0％，「上司の管理監督者や管理職」が21.7％という順であった。なお，「その他」を選択した場合は自由に記述してもらうようにしておいた。その結果，「その他」には，友人，家族，同僚，恋人などが含まれることがわかった。また，心の健康について「相談する人がいる人」と「相談する特定の人がいない人」とで，ストレスおよびメンタルヘルスの程度が異なるかについて調べたところ，「相談する特定の人がいない人」は「相談する人がいる人」に比べて，ストレスの程度が高く，メンタルヘルスの程度が低かった。なお，ストレスおよびメンタルヘルスの測定に関しては，次章で解説する。

最後に，残業時間の増減とメンタルヘルスとの関係について見ておこう。回答者に，3年前と比べた，月平均残業時間の増減状況について尋ねたところ，「倍以上増加」が3.3％，「倍以下であるが増加」が13.6％，「横ばい」が53.2％という結果となった。これらの回答者について，ストレスおよびメンタルヘルスの状況を調べてみたところ，「倍以上増加」と回答した人の状況が他の回答者に比べて極端に悪いという結果となった。以上，大阪府が実施した中小企業労働者の心の健康に関する調査結果の一部を紹介した。

（3） 精神障害等の労災補償状況と過労自殺

これまで，国および地方自治体によって実施されたメンタルヘルスに関する調査の結果について見てきた。厚生労働省の調査によれば，仕事に関して不安やストレスを感じている労働者は6割にものぼった。また，大阪府の調査によれば，9割近い企業が従業員の心の健康に対して配慮が必要であると認識していた。さらに，半数近くの企業が，3年前と比べて，心の病による休職者数が増加していると回答していた。このように，近年我が国においては，依然として企業におけるメンタルヘルスの問題が改善されていないことがわかる。また，こうした傾向は，精神障害等に係る労災請求・支給決定件数の増加にも如実に

第Ⅱ部　帰属意識と精神的健康

図6-2　精神障害等の労災補償状況

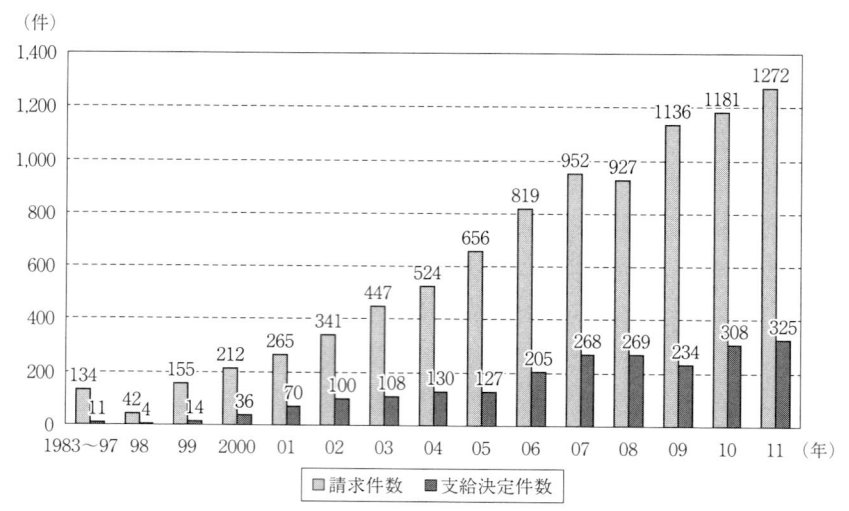

（出典）厚生労働省による調査結果から筆者作成。

現れている。精神的障害が労働災害になるという，新たな判定基準が旧労働省によって提示された1999年を境にして，それらの件数が増加の一途を辿っているのである。1983年から2011年までのデータを図6-2にまとめておいた。請求件数，支給決定件数ともに増加傾向にあることが読み取れる。なお，ここで支給決定件数とは，決定件数のうち「業務上」と認定された件数を指している。

さて，精神障害等に係る労働災害において最悪であると考えられるケースは，労働者本人が自ら命を断つことであろう。2010年においては，支給決定件数308件のうち，自殺は65件であった。同様に2011年においては，325件中66件が自殺であった。我が国においては，1998年以降，自殺者の数が3万人以上で推移しており，そのなかでも労働者の自殺が急増しているという（天笠，2007）。だとすれば，今取り上げた数字は実際よりもかなり小さい値なのかもしれない。さて，自殺とは個人自らが命を断つことであるため，従来，企業組織の責任を問うことが難しかった。事実，20世紀の間は，我が国の場合，過労自殺の労災認定はほとんど認められなかったと言われている。しかし20世紀末になって，企業側の安全配慮義務違反を理由に損害賠償責任を認めた画期的な判決が下さ

れた。いわゆる電通事件である。その後，同様の判決が続くことになり，現代日本の企業社会において，過労自殺といった特殊なケースにおいても，組織側の責任を認めるという社会認識が形成されるようになってきた。では，その画期となった電通事件の最高裁判決の内容を示して本章を閉じることにしよう。

　この事件は，長時間にわたる残業を恒常的に伴う業務に従事していた労働者，大嶋一郎氏がうつ病に罹患し自殺したケースに対し，使用者の民法715条に基づく損害賠償責任が肯定された事例である。東京高等裁判所における判決を不服とする被告（広告代理店・電通）が最高裁判所に上告を試みるも，一部棄却されている。東京高等裁判所の判決は，遺族である両親それぞれに対して，被告が6294万294円と，1991年8月28日から支払済みまで年5分の割合による金員を支払うというものであった。この判決の理由は章末の附資料の通りである。

　資料を見てわかるように，大嶋氏の働きぶりは常軌を逸したものであった。この資料では触れられていないが，東京地裁の判決内容によると，大嶋氏の年間労働時間は4000時間を超えていたと推定される。当時は国を挙げて，年間総実労働時間1800時間をめざしていた時期である。4000時間はその倍以上ということになる。また，過労死する危険性のある長時間労働のボーダーラインは年間3000時間と言われていることから見ても，この労働時間は限界を上回っている。ではなぜ，大嶋氏はここまで働かなくてはならなかったのだろうか。ここにこれまで本書で議論してきた，企業組織に対する日本人労働者の複雑な態度が垣間見えると感じるのは筆者だけではあるまい。先ほど取り上げた，柴田の議論に依拠するのであれば，大嶋氏の自我は幾分未成熟であったのかもしれない。新入社員という，まだ一人前とは言えないような時期を考えれば，それは当然のことであろう。そこで彼は，会社と一体化することで自己を維持しようとしていたのかもしれない。まさに会社人間となることによって，自己のなかのバランスを保っていたのである。しかしそれは，本来の自己が疎外された状態であり，健全とは言えない。それゆえ，大きなイベントの仕事が終わったのを期に，彼は自殺に踏み切ったのである。自己を補完していた何かが失われて，大きな穴があいてしまったのであろう。この点についても，柴田や小此木が示唆する通りであると言える。

大阪府調査の一環で，企業のメンタルヘルス問題に詳しい社会保険労務士にインタビューをしたことがあった。そのとき，彼女たちが話してくれたことで印象に残っているのは，「年次有給休暇を取得することができない人は，心の健康を害しやすい」ということであった。大嶋氏は年休をほとんど取得しなかった。自己を自律的に管理できる状態になかったのであろう。彼のなかにある会社部分が自己をコントロールしていたのかもしれない。だとすれば，年休を取得することは憚られるであろう。次章で詳しく見るが，先の大阪府調査では，自律的な働き方に対する上司の配慮が，労働者個人のメンタルヘルスに対して好ましい影響を及ぼしていた。これまでも繰り返し述べてきたことではあるが，やはり個人の自律性とメンタルヘルスは密接な関係にあるのである。年休取得は労働者の自律性を測る指標と言えるのかもしれない。一見，被告の会社は大嶋氏の自律性を尊重しているようにも見えるが，それは違うであろう。上司も含めて，放任しているに過ぎない。真に，大嶋氏の自律性もしくは自律性の回復に対する配慮があれば，このようなことにはなっていなかったのではなかろうか。悔やまれてならない事例である。

　以上，我が国企業社会を取り巻く，労働者のメンタルヘルス問題についてみてきた。日本においても，米国同様産業界においてメンタルヘルス問題への関心が高まってきたことがわかった。また，当初は精神衛生的側面からのアプローチが主流であったが，時代が進むに連れて，一般労働者の職場不適応など，日常的かつ身近な問題が注目されるようになり，それに伴って「メンタルヘルス」という呼称が一般化してきたこともわかった。ただ，関心が高まってきたとはいうものの，依然としてストレスを感じる労働者は多く，対策を必要とする企業の数も増える一方であり，問題が改善されているとは言いがたい状況であることもわかってきた。このように，すでに1930年代の半ばにメイヨーが言っていたように，労働組織において，心の健康が重要であるという認識は広く行き渡ってきたようである。そして，メイヨー以降の行動科学者が提唱した，自己実現的アプローチによる健康観も浸透しつつあるように思われる。ただ，自己疎外の状態を改善し，正常な自我機能を促進するなど，ポジティブなアプローチによる対応策についてはまだこれから先の課題であるといえよう。

第**6**章　現代日本企業社会におけるメンタルヘルス問題

【附資料・電通「過労自殺」最高裁判決抜粋（一部筆者修正）】
　2000年3月24日第2小法廷判決　1998年（オ）第217号，第218号　損害賠償請求事件
　（一部棄却，一部破棄差戻：原審・東京高等裁判所）

I．事実関係

　大嶋一郎（以降，敬称略）は1966年11月30日，原告らの長男として出生した。一郎は，健康で，スポーツが得意であり，その性格は，明朗快活，素直で，責任感があり，また，物事に取り組むにあたっては，粘り強く，いわゆる完ぺき主義の傾向もあった。1990年から1991年当事，一郎と原告らは同居しており，原告らはそれぞれ職を有していた。

　一郎は，1990年3月に明治学院大学法学部を卒業し，同年4月1日，被告の従業員として採用され，他の178名と共に入社した。採用の約2カ月前に一郎に対して行われた健康診断においては，色覚異常があるとされた他は，格別の問題の指摘はなかった。新入社員研修を終え，一郎は，1990年6月17日，被告のラジオ局ラジオ推進部に配属された。同部には13名の従業員が所属し，2つの班に分けられていた。一郎は，築地第7営業局及び入船第8営業局関係の業務を担当することになった。

　1990年当事，被告の就業規則においては，休日は原則として毎週2回，労働時間は午前9時30分から午後5時30分までの間，休憩時間は正午から午後1時までの間とされていた。そして，1998年法律第112号による改正前の労働基準法第36条の規定に基づき被告と労働組合との間で締結された協定（以下「36協定」という）によって，各労働日における男子従業員のいわゆる残業時間の上限は，6時間30分とされ，1990年7月から1991年8月までの間の各月の合計残業時間の上限は，ラジオ推進部の場合，**表6-1**の「月間上限時間」欄記載の通りとされていた。

　ところで，被告においては，残業時間は各従業員が勤務状況報告表と題する文書によって申告することとされていたが，実際には，従業員は事後に所属長の承認を得るという状況になっていた。被告においては，従業員が長時間にわたり残業を行うことが恒常的に見られ，36協定上の各労働日の残業時間または各月の合計残業時間の上限を超える残業時間を申告する者も相当数存在して，労働組合との間の協議の席等において問題とされていた。さらに，残業時間につき従業員が現に行ったところよりも少なく申告することも常態化していた。被告は，このような状況を認識し，また，残業の特定の職場，特定の個人への偏りが問題であることも意識していた。

　被告は，午後10時から午前5時までの間に業務に従事した従業員について，所定労働

表6-1　一郎の申告残業時間など

	月間上限時間	申告残業時間	午前2時以降退勤回数
1990年7月	60	87（深夜15）	4
1990年8月	60	78（深夜12.5）	5
1990年9月	80	62.5（深夜10）	2
1990年10月	80	70.5（深夜6，休日13）	3
1990年11月	80	66.5（深夜10）	5（徹夜1）
1990年12月	60	62.5（深夜12.5）	6
1991年1月	60	65（深夜12，休日6）	10（徹夜3）
1991年2月	60	85（深夜20.5，休日8.5）	8（徹夜4）
1991年3月	80	54（深夜8）	7（徹夜2）
1991年4月	80	61.5（深夜8）	6（徹夜1）
1991年5月	60	56（深夜1，休日7）	5（徹夜1）
1991年6月	80	57.5（深夜3，休日11）	8（徹夜1）
1991年7月	60	73（深夜4，休日9）	12（徹夜8）
1991年8月	80	48（深夜4.5，休日3.5）	9（徹夜6）

（注）　1：「申告残業時間」欄の括弧内は，「深夜」とあるのは午後10時から翌日午前5時までの間に行われたとされる残業の時間を，「休日」とあるのは休日に行われたとされる残業の時間を言い，それぞれ内数である。
　　　2：1991年8月について，「月間上限時間」欄の記載以外は，同月1日から同月22日までの結果である。

時間に対する例外的取扱いを認める制度を設けていた他，午前零時以降に業務が終了した従業員で翌朝定時に出勤する者のために，被告の費用で宿泊できるホテルの部屋を各労働日において5室確保していたが，被告による周知徹底不足のため，これらは，新入社員等には余り利用されていなかった。

　一郎は，ラジオ推進部に配属された当初は，班長付きと称される立場であって，日中はおおむね班長Aとともに行動していた。その業務の主な内容は，企業に対してラジオ番組の提供主となるように企画書等を用いて勧誘することと，企業が宣伝のために主宰する行事等の企画立案および実施をすることであった。一郎は，労働日において，午前8時頃までに自宅を出て，午前9時頃までに出勤し，執務室の整理など慣行上新入社員が行うべきものとされていた作業を行った後，日中はほとんど，勧誘先の企業や被告の他の部署，製作プロダクション等との連絡，打ち合わせ等に忙殺され，午後7時頃に夕

食をとった後に,企画書の起案や資料作り等を開始するという状況であった。一郎は,業務に意欲的で,積極的に仕事をし,上司や業務上の関係者から好意的に受け入れられていた。

 1990年7月から1991年8月までの間に一郎が勤務状況報告表によって申告した残業時間の各月の合計は,表6-1の「申告残業時間」欄に記載の通りである。しかしながら,右申告に係る残業時間は,実際の残業時間よりも相当少なく,また,右各月において一郎が午前2時よりも後に退勤した回数は,表6-1の「午前2時以降退勤」欄に記載の通りであった(同欄の括弧内の数字は,右のうち終夜退勤しなかった回数である)。一郎は,退勤するまでの間に,食事,仮眠,私事等を行うこともあったが,大半の時間をその業務にあてていた。

 一郎は,ラジオ推進部に配属されてからしばらくの間は,出勤した当日中に帰宅していたが,1990年8月頃から,翌日の午前1,2時頃に帰宅することが多くなった。同月20日付けの同部部長Bの一郎に対する助言を記載した文書には,一郎の業務に対する姿勢や粘り強い性格を評価する記載と共に,今後は一定の時間内に仕事を仕上げることが重要である旨の記載があった。一方,一郎は,同年秋頃に被告に提出した文書において,自分の企画案が成功したときの喜びや,思っていた以上に仕事を任せてもらえるとの感想と共に,業務に関する不満の一つとして,慢性的に残業が深夜まであることを挙げていた。なお,同年秋に実施された一郎に対する健康診断の結果は,採用前に実施されたものの結果と同様であった。

 一郎は,1990年11月末頃までは,遅くとも出勤した翌日の午前4,5時頃には帰宅していたが,この頃以降,帰宅しない日や,父親が利用していた東京都港区内所在の事務所に泊まる日があるようになった。両親らは,一郎が過労のために健康を害するのではないかと心配するようになり,父親は,一郎に対し,有給休暇をとることを勧めたが,一郎は,自分が休んでしまうと代わりの者がいない,かえって後で自分が苦しむことになる,休暇をとりたい旨を上司に言ったことがあるが,上司からは仕事は大丈夫なのかと言われており,とりにくいと答えて,これに応じなかった。

 1991年1月頃から,一郎は,業務の7割程度を単独で遂行するようになった。この頃に一郎が被告に提出した文書には,業務の内容を大体把握することができて計画的な作業ができるようになった旨の記載の他,今後の努力目標として効率的な作業や時間厳守等を挙げる記載や,担当業務の満足度に関して仕事の量はやや多いとする記載等があった。一郎の業務遂行に対する上司の評価は概して良好であり,部長Bらがこの頃に作成

した文書には，非常な努力家であり先輩の注意もよく聞く素直な性格であるなどと評価する記載があった。

　部長Ｂは，1991年3月頃，班長Ａに対し，一郎が社内で徹夜していることを指摘し，班長Ａは，一郎に対し，帰宅してきちんと睡眠をとり，それで業務が終わらないのであれば翌朝早く出勤して行うようにと指導した。この頃の部長Ｂらの一郎についての評価は，採用後の期間を考慮するとよく健闘しているなどというものであった。1990年度において一郎が取得することができるものとされていた有給休暇の日数は10日であったが，一郎が実際に取得したのは0.5日であった。

　一郎の所属するラジオ推進部には，1991年7月に至るまで，新入社員の補充はなかった。同月以降，一郎は，班から独立して業務を遂行することとなり，築地第7営業局関係の業務と入船第3営業局関係の業務の一部を担当し，入船第8営業局関係の業務の一部を補助するようになった。この頃，一郎は，出勤したまま帰宅しない日が多くなり，帰宅しても，翌日の午前6時30分ないし7時頃で，午前8時頃までに再び自宅を出るという状況となった。母親は，栄養価の高い朝食を用意するなどして一郎の健康に配慮した他，自宅から最寄りの駅まで自家用車で一郎を送ってその負担の軽減を図るなどしていた。これに対し，父親は，一郎と会う時間がほとんどない状態となった。両親らは，この頃から，一郎の健康を心配して体調を崩し，不眠がちになるなどしていた。一方，一郎は，前述のような業務遂行とそれによる睡眠不足の結果，心身ともに疲労困憊した状態になって，業務遂行中，元気がなく，暗い感じで，うつうつとし，顔色が悪く，目の焦点も定まっていないことがあるようになった。この頃，班長Ａは，一郎の健康状態が悪いのではないかと気づいていた。

　一郎は，1991年8月1日から同月23日までの間，同月3日から同月5日までの間に旅行に出かけた他は，休日を含めてほぼ毎日出社した。一郎は，右旅行のため同月5日に有給休暇を取得したが，これは，1991年度において初めてのものであった。一郎は，同月に入って，班長Ａに対し，自分に自信がない，自分で何を話しているのかわからない，眠れないなどと言ったこともあった。

　1991年8月23日，一郎は，午後6時頃にいったん帰宅し，午後10時頃に自宅を自家用車で出発して，翌日から取引先企業が長野県内で行うこととしていた行事の実施にあたるため，同県内にある班長Ａの別荘に行った。この際，班長Ａは，一郎の言動に異常があることに気づいた。一郎は，翌24日から同月26日までの間，右行事の実施にあたり，その終了後の26日午後5時頃，行事の会場を自家用車で出発した。

第6章　現代日本企業社会におけるメンタルヘルス問題

　一郎は，1991年8月27日午前6時頃に帰宅し，弟に病院に行くなどと話し，午前9時頃には職場に電話で体調が悪いので会社を休むと告げたが，午前10時頃，自宅の風呂場において自殺（い死）していることが発見された。
　うつ病は，抑うつ，制止等の症状から成る情動性精神障害であり，うつ状態は，主観面では気分の抑うつ，意欲低下等を，客観面では打ち沈んだ表情，自律神経症状等を特徴とする状態像である。うつ病に罹患した者は，健康な者と比較して自殺を図ることが多く，うつ病が悪化し，又は軽快する際や，目標達成により急激に負担が軽減された状態のもとで，自殺に及びやすいとされる。
　長期の慢性的疲労，睡眠不足，いわゆるストレス等によって，抑うつ状態が生じ，反応性うつ病に罹患することがあるのは，神経医学界において広く知られている。もっとも，うつ病の発症には患者の有する内因と患者を取り巻く状況が相互に作用するということも，広く知られつつある。仕事熱心，凝り性，強い義務感等の傾向を有し，いわゆる執着気質とされる者は，うつ病親和性があるとされる。
　また，過度の心身の疲労状況の後に発症するうつ病の類型について，男性患者にあっては，病前性格として，まじめで，責任感が強すぎ，負けず嫌いであるが，感情を表さないで対人関係において敏感であることが多く，仕事の面においては内的にも外的にも能力を超えた目標を設定する傾向があるとされる。
　前記の通り，一郎は，1991年7月頃には心身ともに疲労困憊した状態になっていたが，それが誘因となって，遅くとも同年8月上旬頃に，うつ病に罹患した。そして，同月27日，前記行事が終了し業務上の目標が一応達成されたことに伴って肩の荷が下りた心理状態になるとともに，再び従前と同様の長時間労働の日々が続くことをむなしく感じ，うつ病によるうつ状態が更に深まって，衝動的，突発的に自殺したと認められる。

II．以上の事実に基づいて，被告の民法第715条に基づく損害賠償責任を肯定した原審の判断について検討する

　労働者が労働日に長時間にわたり業務に従事する状況が継続するなどして，疲労や心理的負荷等が過度に蓄積すると，労働者の心身の健康を損なう危険のあることは，周知のところである。労働基準法は，労働時間に関する制限を定め，労働安全衛生法第65条の3は，作業の内容等を特に限定することなく，同法所定の事業者は労働者の健康に配慮して労働者の従事する作業を適切に管理するように努めるべき旨を定めているが，それは，右のような危険が発生するのを防止することをも目的とするものと解される。こ

れらのことからすれば，使用者は，その雇用する労働者に従事させる業務を定めてこれを管理するに際し，業務の遂行に伴う疲労や心理的負荷等が過度に蓄積して労働者の心身の健康を損なうことがないよう注意する義務を負うと解するのが相当であり，使用者に代わって労働者に対し業務上の指揮監督を行う権限を有する者は，使用者の右注意義務の内容に従って，その権限を行使すべきである。

被告のラジオ局ラジオ推進部に配属された後に一郎が従事した業務の内容は，主に，関係者との連絡，打ち合わせ等と，企画書や資料等の起案，作成とから成っていたが，所定労働時間内は連絡，打ち合わせ等の業務で占められ，所定労働時間の経過後にしか起案等を開始することができず，そのために長時間にわたる残業を行うことが常況となっていた。起案等の業務の遂行に関しては，時間の配分につき一郎にある程度の裁量の余地がなかったわけではないと見られるが，上司である部長Ｂらが一郎に対して業務遂行につき期限を遵守すべきことを強調していたとうかがわれることなどに照らすと，一郎は，業務を所定の期限までに完了させるべきものとする一般的，包括的な業務上の指揮または命令のもとに当該業務の遂行にあたっていたため，右のように継続的に長時間にわたる残業を行わざるを得ない状態になっていたものと解される。

ところで，被告においてはかねて従業員が長時間にわたり残業を行う状況があることが問題とされており，また，従業員の申告に係る残業時間が必ずしも実情に沿うものではないことが認識されていたところ，部長Ｂらは，遅くとも1991年3月頃には，一郎のした残業時間の申告が実情より相当に少ないものであり，一郎が業務遂行のために徹夜まですることもある状態にあることを認識しており，班長Ａは，同年7月ころには，一郎の健康状態が悪化していることに気づいていたのである。それにもかかわらず，部長Ｂおよび班長Ａは，同年3月頃に，部長Ｂの指摘をうけた班長Ａが，一郎に対し，業務は所定の期限までに遂行すべきことを前提として，帰宅してきちんと睡眠をとり，それで業務が終わらないのであれば翌朝早く出勤して行うようになどと指導したのみで，一郎の業務の量等を適切に調整するための措置をとることなく，かえって，同年7月以降は，一郎の業務の負担は従前よりも増加することとなった。

その結果，一郎は，心身共に疲労困憊した状態になり，それが誘因となって，遅くとも同年8月上旬頃にはうつ病に罹患し，同月27日，うつ病によるうつ状態が深まって，衝動的，突発的に自殺するに至ったというのである。

原審は，右経過に加えて，うつ病の発症等に関する前記の知見を考慮し，一郎の業務の遂行とそのうつ病罹患による自殺との間には相当因果関係があるとしたうえ，一郎の

上司である部長Bおよび班長Aには，一郎が恒常的に著しく長時間にわたり業務に従事していることおよびその健康状態が悪化していることを認識しながら，その負担を軽減させるための措置をとらなかったことにつき過失があるとして，被告の民法第715条に基づく損害賠償責任を肯定したのであって，その判断は正当として是認することができる．論旨は採用することができない．

参考文献

天笠　崇『成果主義とメンタルヘルス』新日本出版社，2007年．
Cooper, C. L. & Dewe, P., *Stress : A Brief history*, Blackwell Publishing Ltd., 2004.（大塚泰正・岩崎健二・高橋修・京谷美奈子・鈴木綾子訳『ストレスの心理学――その歴史と展望』北大路書房，2006年）
Gavin, J. F., "Occupational mental health-Forces and trends," *Personal Journal*, 56, 1977, 198-203.
平井富雄「企業社会とメンタルヘルス」『こころの科学』21，1988年，14-25．
加護野忠男・小林孝雄「見えざる出資――従業員持分と企業成長」伊丹敬之・加護野忠男・小林孝雄・榊原清則・伊藤元重『競争と革新――自動車産業の企業成長』東洋経済新報社，1988年，214-251．
―――「資源拠出と退職障壁」今井賢一・小宮隆太郎編『日本の企業』東京大学出版会，1989年，73-92．
Kahn, R. L., Wolfe, D. M., Quinn, R. P. & Rosenthal, R. A., *Organizational Stress : Studies in Role Conflict and Ambiguity*, Wiley, 1964.
経済企画庁国民生活局編『個人生活優先社会をめざして』大蔵省印刷局，1991年．
桐原葆見「働く者のメンタル・ヘルス」『労働の科学』第4巻第10号，1949年，2-10．
江　春華「ハイコミットメントモデルの有効性についての考察――会社人間を中心にして」『現代社会文化研究』21，2001年，107-124．
倉戸ヨシヤ「精神的健康性について――ゲシュタルト派からの仮説」『甲南大学紀要文学編』47，1982年，66-87．
宮城音弥編『心理学小事典』岩波書店，1979年．
森岡孝二『企業中心社会の時間構造――生活摩擦の経済学』青木書店，1995年．
村田豊久「精神的健康」『教育と医学』第32巻第10号，1984年，1016-1022．
中川宗人「会社と個人の関係をめぐる反省――1970～2000年代の『会社人間論』に着目して」『年報社会学論集』第24号，2011年，144-155．
小此木啓吾「精神医学からみた帰属意識の問題」『通産ジャーナル』第9巻第8号，1976年，78-84．
―――「現代社会とメンタルヘルス」『健康保険』37，1983年，18-24．
―――「メンタルヘルスとその課題」『日本医師会雑誌』96，1986年，1469-1472．
太田　肇『日本企業と個人――総合のパラダイム転換』白桃書房，1994年．
柴田　出「未成熟が生む自己埋没――会社人間の過剰適応症候群」『科学朝日』第44

巻第12号，1984年，11-15。
田尾雅夫編『「会社人間」の研究——組織コミットメントの理論と実際』京都大学学術出版会，1997年。
Toennies, F., *Gemeinschaft und Gesellschaft : Grundbegriffe der reinen Soziologie*, Karl Curtius, 1912.（杉之原寿一訳『ゲマインシャフトとゲゼルシャフト——純粋社会学の基本概念』岩波書店，1957年）
内橋克人・奥村　宏・佐高　信編『会社人間の終焉』岩波書店，1994年。
上田吉一『精神的に健康な人間』川島書店，1969年。
Whyte, W. H., *The Organization Man*, Simon and Schuster, Inc., 1956.（岡部慶三・藤永保訳『組織のなかの人間』東京創元社，1959年）

第Ⅲ部

個人と組織の健全な関係に向けて

　第Ⅲ部では，これからの日本産業社会における個人と組織の健全な関係について考える。まず第7章では，日本人労働者の帰属意識と精神的健康との関係についてこれまで筆者が行ってきた研究の結果について紹介する。日本においては，帰属意識が四つの要素で説明され得ることが示される。また，愛着的な帰属意識や内因的なコミットメントが精神的健康に好ましい影響をもたらすことが明らかにされる。最終章である第8章では，戦後隆盛となった日本人論および日本文化論を改めて紐解き，日本人の心理構造について考えてみる。そこでは主に，日本人の心理的二重性の存在が明らかにされる。そして，こうした心理的特徴を踏まえたうえで，これからの日本社会における個人と組織の健全な関係について，個人がどうあるべきか，組織はいかに働きかけるべきなのかといったことについて，筆者なりの提言を行う。

第7章
帰属意識と精神的健康に関する実証的研究

　本章では，これまで論じてきた日本人労働者の帰属意識と精神的健康との関係に関する実証的研究の一端を紹介する。これまで我が国においては，これら両者の関係に関する実証的研究が極めて少ない。ここでは，筆者自身が行ってきた研究を主に紹介する。

1　帰属意識と精神的健康の操作化

　これまで筆者は日本人労働者の組織に対する帰属意識に興味をもち，その複雑かつ曖昧な帰属意識の実態に迫ろうとしてきた。そのためには，帰属意識以外に労働者が抱える様々な態度や意識との関係性から探っていくことが近道であるように思われた。なかでも，メイヨー以来関心をもたれながら，その関係性についての実証研究があまり行われてこなかった精神的健康を取り上げることは，今後の人事管理政策や働き方・働かせ方を考えていくうえでも必要であると思われる。しかし，これらの関係を探るためには，これら二つの構成概念を変数として操作化する必要がある。そこで，まずここでは，これら二つの構成概念をどのように測定してきたのかについて，説明しておきたいと思う。

（1）　組織に対する帰属意識
　第2章で見たように，近年我が国においては，組織に対する帰属意識に関しては組織コミットメントと呼ばれる概念を用いて実証研究が行われることが多い。ただし，測定尺度は研究者によって様々で，統一されたものがない。そこで，筆者は組織コミットメント研究の一つの到達点とも言える，3次元モデルを確立したアレンとメイヤーの尺度を基礎に，日本人版を作成したとされる高

表7-1　高木ら（1997）による組織コミットメント尺度

質問内容
①他の会社ではなく，この会社を選んで本当によかったと思う
②もう一度就職するとすれば，同じ会社に入る
③この会社で働くことに決めたのは，明らかに失敗であった（R）
④この会社にいることが楽しい
⑤友人に，この会社がすばらしい働き場所であると言える
⑥この会社が気に入っている
⑦この会社に自分を捧げている
⑧この会社の発展のためなら，人並み以上の努力を喜んで払うつもりだ
⑨この会社にとって重要なことは，私にとっても重要である
⑩会社のために力を尽くしていると実感したい
⑪いつもこの会社の人間であることを意識している
⑫この会社の問題があたかも自分自身の問題であるかのように感じる
⑬私は自分自身をこの会社の一部であると感じる
⑭この会社のためだけに苦労したくない（R）
⑮この会社の悪口を聞くと，心中穏やかではいられない
⑯この会社を辞めると，人に何と言われるかわからない
⑰会社を辞めることは，世間体が悪いと思う
⑱今この会社を去ったら，私は罪悪感を感じるだろう
⑲この会社を辞めたら，家族や親戚に会わせる顔がない
⑳この会社の人々に恩義を感じているので，今すぐにこの会社を辞めることはない
㉑この会社で働き続ける理由の一つは，ここを辞めることがかなりの損失を伴うからである
㉒この会社にいるのは，他によい働き場所がないからだ
㉓この会社を辞めたいと思っても，今すぐにはできない
㉔この会社を離れたら，どうなるか不安である

（出典）　高木・石田・益田（1997）。

木・石田・益田（1997）の尺度を用いることにした。彼らが開発した尺度は**表7-1**の通りである。彼らが尺度を開発した際の因子分析の結果によれば，質問番号1～6の質問は愛着要素を，7～15は内在化要素を，16～20は規範的（日本的）要素を，そして21～24は存続的要素をそれぞれ構成している。尺度の信頼性を示す係数αは順に，.76, .66, .77, .70であった。なお，3と14の質問は逆転項目である。

（2） 精神的健康

　これまで議論してきたように，最近の精神的健康観は，たんに疾病や障害がない状態を健康であるとは見なさない。例えばWHO（世界保健機構）も言うように，「健康とは，身体的，精神的ならびに社会的に完全に良好な状態であって，たんに疾病や虚弱でないというだけではない」（憲章前文）のである。しかしそれでも，企業労働との関連で言えば，メンタルヘルス研究は大きく二つに分類されるようである。一つは，産業医学的な捉え方で，主にストレスをその中心概念とする。疾病や障害のない状態を健康とする立場であり（例，夏目［1999］など），ネガティブなアプローチと言える。バーンアウト研究（Maslach & Leiter, 1998）や，職務ストレス（job stress）研究（例，Gardiner & Tiggemann [1999], Mullarkey et al. [1997]）などを挙げることができるだろう。今一つは，これまで繰り返し述べてきた，人格心理学的な捉え方で，ポジティブなアプローチと言える。生活の満足感や楽観主義，自己評価などを特徴としたwell-beingに焦点をあてた研究を例として挙げることができるだろう（例，Bolino & Feldman [2000], Feldman [1996], Gechman & Wiener [1975], Jones-Johnson & Johnson [1991], Warr [1990]）。

　筆者も，精神的健康を捉える際に，ネガティブな側面のみを強調することには問題があると考えているので，これら両方の側面を兼ね備えた測定尺度を用いることにした。それが，橋本・徳永(1999)のメンタルヘルスパターン(MHP)尺度である（表7-2）。この尺度は，「種々のストレッサーを不快・恐れとして認知することによって生じた心理的，身体的，社会的な歪みの状態」を測定するストレスチェックリスト30項目と，「生活の満足感や生きがい，あるいはそれらを含めたQuality of Life（QOL）」を測定する5項目（16〜20）で構成されている。さらに心理的ストレスは「こだわり（1〜5）」と「注意散漫（6〜10）」から，身体的ストレスは「疲労（11〜15）」と「睡眠起床障害（31〜35）」から，そして社会的ストレスは「対人回避（21〜25）」および「対人緊張（26〜30）」と命名された下位尺度から成り立っている。

表7-2　メンタルヘルスパターン尺度

質問内容	
①心配ばかりしている	⑱毎日を楽しく生活している
②物事にこだわっている	⑲精神的にゆとりのある生活をしている
③神経が過敏になっている	⑳生きがいを感じている
④気持ちが落ち着かない	㉑人と話をするのがいやになる
⑤不快な気分が続いている	㉒人と会うのがおっくうである
⑥一つのことに気持ちを向けていることができない	㉓一人でいたいと思う
⑦がんばりがきかない	㉔にぎやかなところを避けている
⑧何かにつけて面倒くさい	㉕なぜか友人に合わせて楽しく笑えない
⑨ボーッとしている	㉖見知らぬ人が近くにいると気になる
⑩気が散って仕方ない	㉗周囲のことが気になる
⑪何となく全身がだるい	㉘多くの人々の中にいると硬くなる
⑫なかなか疲れがとれない	㉙他人に見られている感じがして不安である
⑬ときどき頭が重い	㉚目上の人と話す時汗をかく
⑭何かするとすぐ疲れる	㉛寝つきが悪い
⑮気分がさえない	㉜眠りが浅く熟睡していない
⑯しあわせを感じている	㉝夜中に目が覚める
⑰自分の生活に満足している	㉞さわやかな気分で目が覚めない
	㉟朝気持ち良く起きられない

(出典)　橋本・徳永 (1999)。

2　大手家電メーカーA社における調査研究 (2000年実施)

　ここからは筆者が手がけてきた調査研究の結果を一つずつ紹介していく。まず取り上げるのは，関西の大手家電メーカーA社に勤める半導体技術者（非管理者）を対象に実施された調査である。事業場の担当人事から企業内LANを通じて質問票を配信し，無記名で回答されたものを，同様にLANを通じて回収してもらった。対象者は1000名，回収数は788名（回収率：78.8％），有効回答数は711名（有効回答率：71.1％）であった。

　有効回答者の属性は次の通りである。女性は32名（4.5％）であった。未婚者は370名（52.0％），既婚者は334名（47.0％），その他7名（1.0％）であった。最

終学歴については，大学院卒が350名（49.2%），大学卒が308名（43.3%），高校卒その他が53名（7.5%）であった。職位については，一般職が327名（46.0%），下級役付者が228名（32.1%），上級役付者が156名（21.9%）であった。平均年齢は31.6歳（SD：5.43），平均勤続年数は7.8年（SD：6.48）であった。

　本調査では，従業員のメンタルヘルスと組織コミットメントの関係以外に，モチベーションおよび仕事への関与についても測定し，それらとの関係も見ている。まず，組織コミットメントについては，上述した24項目のなかから20項目を抜粋して用いることにした。回答については，"そう思う"から"そう思わない"までの5段階で評価してもらった。主因子法により因子分析を行い，固有値1.0で因子の抽出を打ち切ったところ，3因子を得た。バリマックス回転した後，他の因子との整合性を勘案し，負荷量の絶対値が0.5以上の項目を採用した。採用された16項目で再度因子分析を行ったところ，累積寄与率は52.85%となった。因子分析の結果が田尾編（1997）とほぼ同じであったため因子の命名は田尾編（1997）に従った。しかし，第二因子については田尾編（1997）の規範的要素と存続的要素が混在しているため，存続的要素として表現した。信頼性係数αはそれぞれ，愛着要素＝.89，存続的要素＝.80，内在化要素＝.80であった。次に，メンタルヘルスについては，先ほど紹介したMHP尺度35項目を用いた。こちらは橋本・徳永（1999）に準じ，4段階で評価してもらった。モチベーションおよび仕事への関与の詳細については，松山（2002）を見られたい。

　さて，研究を進めるにあたって，まず仮説を設けることにした。メンタルヘルスのネガティブな側面であるストレスと従業員態度との関係については次のような研究がある。渡辺・水井・野崎（1990）は人材派遣会社従業員のストレスおよび組織コミットメントの程度を探るなかで，うつ傾向と組織コミットメントが負の相関関係にあることを見出している。また，田中（1996）は単身赴任者について調査を行い，組織コミットメントを四つの因子に分解したうえで，ストレス反応と「働く意欲」および「価値の内在化」が負の相関を示し，「功利的帰属」とは正の相関を示すことを見出している。そして，Kalliath & Gillespie（1998）は看護婦と技術者を対象に調査を実施し，高い組織コミットメント

がバーンアウトを軽減することを発見している。

また，メンタルヘルスのポジティブな側面であるwell-beingと態度との関係については次のような研究がある。Riipinen（1997）は，個人が自らの望んでいる仕事に従事している場合には，仕事への関与が高いレベルのメンタルwell-beingをもたらすことを見出している。またLadewig（1986）は共稼ぎの夫婦を調査し，夫婦ともに仕事に対して強くコミットしている場合，その男性の仕事への関与と自己評価（self-esteem）およびwell-beingとの間には正の相関関係が生じることを見出している。さらに，Wiener & Muczyk（1987）は若手商店主を調査し，組織や仕事に関与するほどwell-beingが高まることを見出している。そこで本研究では，これらを踏まえ以下のような仮説が提示されている。

　　仮説：組織コミットメントの功利的側面とメンタルヘルスとは負の相関を示し，非功利的側面とは正の相関を示すだろう。

こうした仮説を検証するために，メンタルヘルスおよびモチベーションそれぞれを基準変数，当該変数以外の5変数を説明変数とする重回帰分析を行った（図7-1）。メンタルヘルスを基準とした分析結果は重相関係数が0.61（F＝81.83, p＜.001）で5変数の説明率は37％であった。5変数全ての標準偏回帰係数が有意であることから，これら全てがメンタルヘルスに対する直接の規定要因と考えられる。またモチベーションを基準とした分析結果は重相関係数が0.81（F＝264.76, p＜.001）で，5変数の説明率は65％であった。5変数全ての標準偏回帰係数が有意であることから，これら全てがモチベーションに対する直接の規定要因と考えられる。

メンタルヘルスとモチベーションを規定している要因を比較すると興味深い結果となった。愛着要素は両変数に対して正の影響を及ぼしていた。一方，存続的要素は両変数に対して負の影響を及ぼしていた。また，内在化要素と仕事への関与はメンタルヘルスに対しては負の影響を及ぼしていたが，モチベーションに対しては正の影響を及ぼしていることがわかった。すなわち，良好な

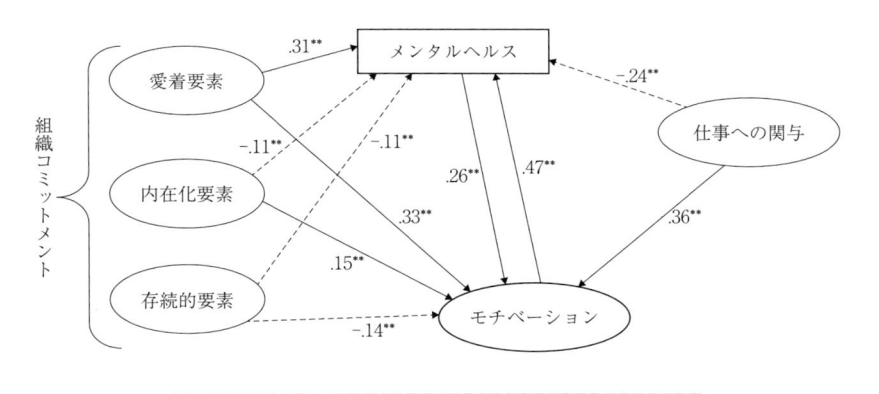

図7-1 メンタルヘルス・モチベーションを基準変数とした重回帰分析結果

数値は標準偏回帰係数（**p<.01）　――→正の影響　┄┄→負の影響

メンタルヘルスをもたらす従業員態度は，組織に対する愛着的なコミットメントと仕事に対するモチベーションだけであった。

　さて，本研究の主要な目的は，メンタルヘルスと組織コミットメントとの間の関係を探ることにあった。そこで，これらの結果から仮説を検討してみると，半分支持されたと考えられる。今回の因子分析において存続的要素と命名されたのが，組織コミットメントの功利的側面と考えられるので，功利的側面については仮説は支持されたと言える。また愛着要素については，組織コミットメントの非功利的側面と考えられるので，同様に仮説は支持されたと言えるだろう。しかし，同じく非功利的側面と考えられる内在化要素はメンタルヘルスに対して負の影響を与えていることから，仮説が支持されたと考えるわけにはいかない。内在化要素は従業員個人がいかに会社と一体感をもって組織に関わっているかを表している。組織への関与度合いを比較すれば，愛着要素や存続的要素と比較して最も強いと言えるだろう。従って，この結果から示唆されることは，組織に対する関与度合いが強すぎても弱すぎても個人のメンタルヘルスは悪くなるということである。この結果は第6章で取り上げた小此木（1976）とも符合する。メンタルヘルスにとっては適度な組織関与が望ましいということであろう。

第Ⅲ部 個人と組織の健全な関係に向けて

表7-3 メンタルヘルスを従属変数,組織コミットメントを独立変数とした重回帰分析の結果

質問内容	平均	SD	β	
⑧会社のために力を尽くしていると実感したい	3.63	0.87	.03	
⑭この会社を辞めたいと思っても,今すぐにはできない	3.59	1.15	−.12	**
⑨いつもこの会社の人間であることを意識している	3.48	0.96	.04	
⑲この会社が気に入っている	3.41	0.94	.01	
⑥この会社にとって重要なことは,私にとっても重要である	3.40	0.98	.13	**
①他の会社ではなく,この会社を選んで本当によかったと思う	3.32	0.91	.00	
②この会社の発展のためなら,人並み以上の努力を喜んで払うつもりだ	3.28	0.96	.03	
④この会社にいることが楽しい	3.22	0.92	.22	**
⑬この会社を離れたら,どうなるか不安である	3.20	1.17	−.13	**
⑱この会社のためだけに苦労したくない (R)	3.18	1.10	−.10	**
⑩この会社の問題があたかも自分自身の問題であるかのように感じる	3.11	1.02	−.12	**
⑰この会社で働き続ける理由の一つは,ここを辞めることがかなりの損失を伴うからである	3.03	1.13	.04	
⑦友人に,この会社がすばらしい働き場所であると言える	2.97	1.01	.07	
⑫この会社にいるのは,他によい働き場所がないからだ (R)	2.83	1.07	−.02	
③もう一度就職するとすれば,同じ会社に入る	2.68	1.05	−.05	
⑳今この会社を去ったら,私は罪悪感を感じるだろう	2.62	1.16	−.11	**
⑮会社を辞めることは,世間体が悪いと思う	2.29	1.09	−.01	
⑪この会社を辞めたら,家族や親戚に会わせる顔がない	2.21	1.13	−.03	
⑤この会社で働くことに決めたのは,明らかに失敗であった (R)	2.20	0.95	−.18	**
⑯この会社を辞めると,人になんと言われるかわからない	2.02	1.02	.04	

＊＊：1％有意。

3 大阪府調査1：帰属意識と精神的健康

　次に第6章で取り上げた大阪府による調査を取り上げる。まず,本書のテーマである帰属意識とメンタルヘルス（以降MHと表記）との関係について見てみよう。本調査では,第2節で取り上げた組織コミットメントの全項目を独立変数,MHを従属変数とする重回帰分析を行っている。その結果が,**表7-3**である。

　表7-3は各項目の平均値,標準偏差（SD），およびMHを従属変数とする

第7章 帰属意識と精神的健康に関する実証的研究

表7-4 メンタルヘルスを従属変数,働く意欲を独立変数とする重回帰分析の結果

質問内容	平均値	SD	β	
⑤私は今の仕事にとても生きがいを感じる	3.61	1.08	.04	
⑬私は今の仕事よりも大事なことが他にある(R)	3.38	0.88	.04	
④私は心から仕事に喜びを感じる	3.34	0.88	.01	
②私は仕事よりも,もっと自分の生活を大事にしたい(R)	3.22	1.02	.01	
⑧我を忘れるほど仕事に熱中することがある	3.21	1.16	－.02	
⑨私はいつも少し早目に行って仕事の準備をしている	3.07	1.08	－.01	
⑪私はこの仕事をしていることに誇りをもっている	3.03	0.87	－.02	
③自分の仕事がつまらなく思えて仕方のないことがある(R)	3.03	0.87	－.15	**
⑦私にとって,今の仕事は,あまり意味のないものである(R)	2.83	0.93	－.09	*
⑩私は仕事の上で重い責任を負わされることを避けたい(R)	2.77	0.98	－.14	**
①たとえ残業手当がつかなくても,やり終えるまでは,仕事を続けたいと思うことがある	2.68	1.20	－.09	**
⑥今の仕事が楽しくて,知らないうちに時間が過ぎていく	2.62	1.06	.06	
⑫出勤前,仕事に行くのがいやになって,家にいたいと思うことがある(R)	2.20	0.84	－.40	**

(注) **:1%有意,*:5%有意。

重回帰分析の結果(β)を示している。平均値の大きい項目から順に並べてある。網掛けされている項目はMHに対して有意な影響力を有していた項目である。その点に注目して分析してみると,会社の選択に後悔し,会社のために苦労したくないと考えているほど,MHは悪化する傾向にある。また,生活に対する不安や会社に対するジレンマ(辞めた場合の罪悪感やコスト意識)を抱えているほど,MHは損なわれる。興味深いのは,「この会社の問題があたかも自分自身の問題であるかのように感じる」ほどMHは悪化する傾向が見られる点である。内在化の程度が高いほどMHは損なわれるようである。

以下では,少し帰属意識から離れるが,労働者のMHを理解するうえで重要であると思われるので,他の態度との関係を探った調査についても触れておきたい。

そこでまず,労働者の働く意欲とMHとの関係を捉えるために行った調査を紹介しよう(表7-4)。ここで働く意欲とは「仕事に対してどの程度動機付けられているか」を表す変数である。高木・石田・益田(1997)で用いられた

13項目に対して，同様に5段階で評価してもらった。MHと同様に，「全くその通り」を5点，「全くそうではない」を1点として得点化している。網掛けされている項目はMHに対して有意な影響力を有していた項目である。

　仕事を否定的に捉えているほど，MHに悪影響を及ぼしている。特に，「出勤前，仕事に行くのがいやになって，家にいたいと思うことがある」という意識は－.40という極めて高い影響力を有している。この意識は労働者のMHを診断するうえで重要な因子であることが示唆される。また，「たとえ残業手当がつかなくても，やり終えるまでは，仕事を続けたいと思うことがある」という意識は唯一，仕事に対して積極的な反応であるにもかかわらず，その程度が大きいほどMHに負の影響を及ぼしていた。この結果は，内在化の程度が高い組織コミットメントによるMHへの影響と近似している。仕事を否定的に捉えることも，のめりこみすぎることもMHにとってはよくないということなのではないだろうか。残業手当に対する意識がMHに対して影響を有するという点も興味深い。残業手当に対する意識がMHを探るうえでの手がかりになるかもしれない。

　次に，上司からの支援や職場風土とMHとの関係を明らかにするために，高木・石田・益田（1997）などを参考に独自の質問項目を設定し調査を行った。これらも同様に5段階で回答してもらった。MHと同様に，「全くその通り」を5点,「全くそうではない」を1点として得点化している。結果は表7－5の通りである。

　少し気になるのは，「職場のなかは暖かくてなじみやすい」および「職場の仲間は仕事に行き詰まったり，困っていたら助け合う」という項目が3を下回っている点である。ただ，後者はMHへの影響力を有していないため，特に注意を払う必要はないのかもしれない。また，重回帰分析の結果からは，上司によるサポートのなかでも，従業員個人の自己裁量を尊重した配慮や従業員のモチベーションを上げるような努力がMHに好影響をもたらすことが明らかになった。職場については，暖かく馴染める風土が最も大切なようである。悩み事の相談や，仕事の助け合いまでは必要ないということだろうか。また，断定は避けるべきかもしれないが，上司からの直接的な働きかけよりも，配慮のよ

第7章 帰属意識と精神的健康に関する実証的研究

表7-5 メンタルヘルスを従属変数，職場風土等を独立変数とする重回帰分析の結果

質問内容	平均	SD	β	
⑧上司は，長時間労働を避けるために仕事の配分や人員体制を考えてくれる	3.86	0.90	.07	
⑦上司は，できるだけ部下が自己裁量を発揮できるように配慮してくれる	3.62	1.07	.11	*
⑭職場の仲間とはいつも本音で話し合える	3.47	0.86	.10	
⑩職場の仲間とは個人的なことでも気兼ねなく話せる	3.43	0.87	.00	
③上司は，仕事の負担が部下の生活におよぼす影響を考えてくれている	3.42	1.05	.10	
⑱上司は部下のモチベーション（仕事に対するやる気）を上げるように努力してくれる	3.33	0.93	.10	*
⑬職場の仲間には心配や悩み事をなんでも相談できる	3.33	0.89	.00	
④上司は，部下の業績が向上するように育成してくれている	3.31	0.99	-.10	
⑥上司は，通常部下が有給休暇を申し出たときには快く了承してくれる	3.30	1.05	-.01	
①上司は，仕事を終えた部下を早く帰宅させるようにしている	3.18	1.08	-.02	
⑨上司は，部下ができるだけ就業時間内に仕事を終えるように指導している	3.17	0.99	-.01	
⑤上司は，部下が個人的な事情や家庭の事情を相談しやすいように心がけてくれている	3.15	1.03	-.03	
②上司は，部下に家庭の事情や個人的な事情があるときには配慮してくれる	3.12	1.05	-.03	
⑫よい仕事をすれば職場の仲間から高く評価される	2.99	0.95	-.05	
⑪職場のなかは暖かくてなじみやすい	2.86	0.94	.15	**
⑰職場の仲間はお互いに無関心で冷淡である（R）	2.86	0.94	-.15	**
⑮職場の仲間は仕事に行き詰まったり，困っていたら助け合う	2.79	0.96	-.01	
⑯職場の仲間はいつも気持ちがバラバラでまとまりがない（R）	2.57	0.94	-.10	

（注）　＊＊：1％有意，＊：5％有意。

うな間接的な働きかけの方がMHには好ましいように思われる。

4　大阪府調査2：自己疎外と精神的健康

　本研究では，大阪府調査を異なる角度から検討している。これまで本書においては，精神的健康を考えるなかで，自己疎外の状態について触れてきた。こ

こでは、こうした労働者の自己疎外と組織コミットメントの関係について考えてみたい。前述した通り、自己疎外的状況とは、自己の認知や行動が、自己の自我から発したものではなく、人格内外の他の要因によって支配されている状態を指している。つまり、自己の置かれている状況を説明する際に、その原因や理由が自己の内部にあるか否かが問題となると考えられる。これは社会心理学の領域において、これまで盛んに研究されてきた原因帰属の問題として捉えられ得る。原因帰属とは、出来事や状態、そして行動について、その原因を推論する過程を指しており、その枠組みは Heider（1958）によって提示された。さて、ここで Heider（1958）によって提唱された人称的原因性および非人称的原因性の概念に基づいて、こうした原因帰属を捉えることが可能なのだとすれば、出来事や状態における原因の所在はその個人を起点とすることが可能であることになる。つまり、出来事や状態における何らかの原因の所在を、その個人の内部や外部に求めることが可能だということである。それは端的に言えば、今、ある従業員が組織に定着しているとして、その原因を自らの内部に求めるのか、外部に求めるのかということを意味している。

　ところで、行動や出来事、もしくはその人が置かれた状態の起源が、その人自身の内部にあることは、精神的な健康に寄与するのであろうか。Heider（1958）の理論を内発的動機付け理論へと応用した deCharm（1976）によれば、人間の最良の状態とは能動的であることであり、人間は受動的であるべきではない。従って、人は自分の行為の主人でなければならないと彼は言う。行動の起源が自らの内部にあるという状態は、前述した自律的状態であり、疎外された状態ではないと考えられる。すなわち、精神的に健康な状態と言えるのである。

　では、これらの観点から組織コミットメントを捉えてみることにしよう。ある個人の組織に定着している状態が説明される際に、その原因や理由の所在に基づいて組織コミットメントを捉えるのである。そこで今回は、組織に定着している状態の原因が、その個人の内部にある場合には内因的コミットメントと呼び、外部にある場合には外因的コミットメントと呼んで概念化することにしたい。

　まず内因的コミットメントについてである。このコミットメントは、組織に

対する定着状態の原因が個人の内部に求められる場合に生じる態度である。個人の内部に原因が位置付けられている状態とは，その組織に対して愛着の情を抱いている，組織の価値観がその個人に内在化している，もしくはその組織と個人が一体化しているといった状態であろう。自律的に定着しているとも言え，既存の枠組で捉えるのであれば，情緒的コミットメントと近似している。先行研究を見れば，愛着的なコミットメントは心の健康に対して正の効果を有しているようである（松山，2002）。また繰り返し述べてきたように，自律的な状態は精神的に好ましい状態であると考えられるので，次のような仮説が設定されることになる。

仮説1：内因的コミットメントは精神的健康に好ましい影響を及ぼす

次に外因的コミットメントについてである。このコミットメントは，組織に対する定着状態の原因が個人の外部にある場合に生じる態度である。ここでは上田（1969）を参考にして，個人の外部に位置する原因について考えてみたい。原因が個人の外部に位置する状況とは，自己疎外的な状況であると考えられる。すなわち，自我とは異なる他の要因によって支配されている状況と言える。上田（1969）では，それらの要因として，義務意識や欲望などが考えられている。上田によればこうした自己疎外的状況とは，他律的な状況であり，その第一のタイプとして強制的他律主義が取り上げられている。ここで強制的他律主義とは，義務意識が人格の支配者の位置を占めている状態を指している。一見すると道徳的な振舞いに見えるが，自然な自己が無視されていると考えられるため，結局こうした状況は人間性を歪めることになり，その個人を幸福にすることはないと上田は言う。このように義務や道徳的意識が原因となって組織に定着している状態は，Allen & Meyer（1990）の規範的コミットメントに近似している。

同様に，Becker（1960）の言うサイドベットも外的な原因として捉えられないであろうか。前述のようにサイドベットとは，Allen & Meyer（1990）による存続的コミットメントの基礎となる概念であり，組織に対してなされる本来

```
                内部          ┌──────────┐   +
            ┌──────────→     │ 内因的    │ ─────┐
┌────────┐  │                │コミットメント│      │
│組織に定│  │ ┌────┐          └──────────┘      ↓
│着してい│──→│原因│                           ┌──────┐
│る状態  │  │ │帰属│                           │精神的│
└────────┘  │ └────┘          ┌──────────┐    │健康  │
            │                │ 外因的    │ ─────↑
            └──────────→     │コミットメント│      │
                外部          └──────────┘   −
```

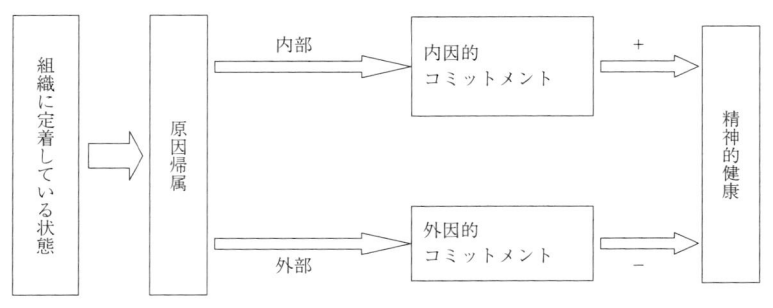

図7-2　組織コミットメントと精神的健康の関係

的な賭け（投資）に付随して生じ，傍らに積みあがっていく「副次的な賭け」を意味している。ベッカーは副次的な賭けの方が本来的な賭けよりも，従業員の行動を制約する条件になると考えた。労働行為は必然的に，組織における人間関係の形成や所属企業における特殊スキルの醸成といった副次的な投資を伴うものである。これらは長く組織に留まれば留まるほど培われていく。そして，これらを失いたくないとして個人は組織に留まるのである。こうした態度から伺えるのは，サイドベットがその個人の組織に対する定着状態を説明する際の外的原因として十分考えられるということである。先ほどの義務意識と同様に，サイドベットによって自己が支配されているがゆえに，その個人は他律的な状況に陥っていると考えられるのである。実際，類似概念であると考えられる功利的な帰属意識がストレスを高めるという先行研究もある（田中，1996）。そこで次のような仮説を設定することにする。

仮説2：外因的コミットメントは精神的健康に好ましくない影響を及ぼす

これまでの議論およびコミットメントと精神的健康の関係（仮説）を図示すると図7-2のようになる。このモデルは，ハイダーの考え方を独自の3次元的帰属理論へと発展させたWeiner（1985）やMoore（1998；2000）のモデルに近い。特にMoore（1998；2000）では，労働における疲労困憊の状態が原因帰属プロセスを経て，様々な態度や行動へと至る道筋が描かれていて参考になる。ただ，彼女の研究においては，原因帰属プロセスとは独立した態度（例えば職

務満足）なども想定されており，そのモデルはかなり複雑である。また，そもそも労働者における疲労困憊はネガティブな状態であることを含意しており，組織への定着状態を分析する際に，それをそのままあてはめるわけにはいかない。なぜなら組織への定着は，それだけではポジティブともネガティブとも言えない中立的な状態であると考えられるからである。従って，組織への定着状態は帰属過程を経由することで，その個人にとっての価値を有するものと考える。

さて，本研究では，内因的コミットメントについて，高木・石田・益田(1997)および松山（2002）の尺度から，愛着的コミットメントおよび内在化コミットメントを13項目抽出して構成した。回答は「全くその通り」から「全くそうではない」までの5点尺度で行われた。尺度の信頼性係数αは.92であった。同様に外因的コミットメントについても，存続的コミットメントおよび規範的コミットメントから6項目を抽出して構成した。同じく5点尺度で回答を求めた結果，尺度の信頼性係数αは.74であった。

また，本研究では分析を行うにあたって，規模，業種，職種，役職，性別，勤続年数など，MHに影響し得るいくつかの変数をコントロールすることにした。特に，残業時間をコントロールしている理由は，内因的コミットメントおよび外因的コミットメントがMHに及ぼす真の影響を特定したかったからである。労働時間と労働者のMHとの関係を扱ったこれまでの研究を概観すると，労働時間の長さはMHに対して好ましい影響を及ぼしているとは言い難い（例えばBorg & Kristensen [1999]）。それゆえ，時間外労働である残業の時間が長くなるほど，MHのレベルは低下するものと思われるのである。

表7-6に本研究で用いた変数の平均値，標準偏差および変数間の相関係数を示している。表から，外因的コミットメントの方が内因的コミットメントよりも平均値が低く，しかも標準値を下回っていることがわかる。また両コミットメントと勤続年数との関係について見てみると，意外なことに相関は見出されなかった。また週当たり残業時間と，両コミットメントおよびMHそれぞれとの間には負の相関が確認された。さらに，MHと両コミットメントとの関係について見たところ，MHと内因的コミットメントとの間には正の相関が，

第Ⅲ部　個人と組織の健全な関係に向けて

表7-6　平均値，標準偏差，および相関係数[a]

		Means	S.D.	1	2		3		4	
1	勤続年数	10.28	8.28							
2	週当たり残業時間	8.55	10.35	-.06						
3	内因的コミットメント	3.27	0.70	.04	-.09	*				
4	外因的コミットメント	2.59	0.73	.05	-.09	*	.20	**		
5	メンタルヘルス	2.15	0.53	.04	-.12	**	.45	**	-.12	**

[a]N=606，**：$p<.01$，*：$p<.05$。

外因的コミットメントとの間には負の相関が認められた。

内因的コミットメントおよび外因的コミットメントのMHに対する影響力を明らかにするために，本研究はメンタルヘルスを従属変数とする階層的重回帰分析を行うことにした。具体的に，まず統制変数として規模ダミー（29人以下＝1，30人以上＝0），業種ダミー（製造業＝1，非製造業＝0），職種ダミー（事務企画職＝1，非事務企画職＝0），役職ダミー（役職者＝1，一般従業員＝0），性別ダミー（男性＝1，女性＝0），勤続年数，週当たり残業時間を投入し（**表7-7：モデル1**），続いて説明変数として内因的コミットメントおよび外因的コミットメントを投入した（**表7-7：モデル2**）。

階層的重回帰分析の結果からそれぞれの説明力について見てみると，モデル1の説明力が比較的低いことがわかる。次に本研究で用いられているコントロール変数とMHとの関係について見てみると，30人以上規模の企業に在籍している従業員よりも29人以下規模の企業に在籍している従業員の方がMHの値は高い（モデル1）。また，コミットメント変数を投入したモデル2においては，男性従業員の方が女性従業員よりもMHの値は有意に高い。さらに，週あたり残業時間については，長いほどMHが低くなるという，予想通りの結果が見出されている。

まず，内因的コミットメントが精神的健康に好ましい影響を及ぼすという仮説1から検討する。仮説1が支持されるためには，モデル2において内因的コミットメントの回帰係数が統計的に有意にプラスにならなければならない。表7-7のモデル2からわかるように，仮説1は支持されている。つまり，内因的コミットメントが強いほど，MHは有意に高くなるのである。

第7章 帰属意識と精神的健康に関する実証的研究

表7-7 階層的重回帰分析の結果

従属変数	メンタルヘルス					
	モデル1			モデル2		
説明変数	B		s.e.	B		s.e.
定数	71.647	***	2.514	45.065	***	4.083
規模ダミー	3.590	**	1.580	2.133		1.377
業種ダミー	0.737		1.624	0.381		1.413
職種ダミー	1.572		1.829	2.351		1.591
役職ダミー	1.094		1.769	-1.655		1.552
性別ダミー	2.907		1.897	3.940	**	1.670
勤続年数	0.025		0.095	0.059		0.083
残業時間	-0.230	***	0.074	-0.178	***	0.065
内因的コミットメント				0.988	***	0.074
外因的コミットメント				-0.991	***	0.152
R^2	0.028	***		0.268	***	
ΔR^2				0.240		
F変化量	2.465	**		97.733	***	
N	606			606		

***；p<.01，**；p<.05，*；p<.10。

次に，外因的コミットメントが精神的健康に好ましくない影響を及ぼすという仮説2を検討する。仮説1と同じく仮説2が支持されるためには，表7-7のモデル2において外因的コミットメントの回帰係数が統計的に有意にマイナスにならなければならない。表7-7からわかるように，仮説2の通り両者の間には統計的に有意な負の影響が現れており，仮説2は支持されている。つまり，外因的コミットメントが強いほど，MHの値は低くなるのである。

これまで本研究では，労働者の組織に対する帰属意識のあり様によって心の健康がどのような影響を受けるのかについて考えてきた。設定された二つの仮説はどちらも支持される結果となった。まず，仮説1である。仮説1が支持されたことにより，組織における定着の内在的原因（個人の内部に位置付けられる）が基礎となった帰属意識のレベルが高いほど，心の健康は良好になることがわかった。従来の研究においても，情緒的な帰属意識がMHに対して好ましい影響を及ぼすことは明らかになっており，予想通りの結果であると言える。ま

た，こうした結果から，従来からの情緒的もしくは愛着的な帰属意識と本研究で措定された内因的な帰属意識は近似的な概念であることが伺える。

次に仮説2である。仮説2が支持されたことにより，組織における定着の外在的（個人の外部に位置付けられる）原因に基づく帰属意識のレベルが高いほど，心の健康は損なわれることが明らかになった。これは興味深い結果であると言えよう。確かに，先行研究では，類似概念であると考えられる功利的な帰属意識が心の健康に対して好ましくない影響を有していることは明らかになっている。しかし，今回の外因的な帰属意識には義務感や世間体を気にするといった，従来は規範的な帰属意識と考えられてきた内容も含まれているのである。Allen & Meyer(1990)によって提唱された第三のコミットメントである規範的コミットメントは，日本人労働者の勤勉性を理解する手掛かりになるとされ，比較的好ましい結果をもたらす帰属意識であるという理解がなされてきたように思われる。しかし，今回の結果は，こうした帰属意識が心の健康にとっては好ましくないことを示唆しており，その点において本研究の意義が認められると言えるのである。自己を支配するしかるべき本来の自我とは異なる何かがその自己を支配するとき，その自己の精神的健康は損なわれるということなのである。本来の自我とは異なるという点においては，サイドベット的なコストの知覚も，義務意識や世間体も同じ範疇に含まれるということなのであろう。自己疎外が精神的健康を損なうことを，帰属意識概念を用いて実証した研究であると言える。

5　内在化コミットメントを中心とした調査

本研究では，高木・石田・益田(1997)によって抽出された，組織コミットメントの内在化要素に注目している。当初，高木・石田・益田(1997)は，アレンとメイヤーの3次元モデルを確認する目的で，日本語版の組織コミットメント尺度を開発しようとしていた。その結果，本章の冒頭でも紹介したように，四つの因子が抽出されることとなった。つまり，組織コミットメントを構成する要素が3次元にとどまらない可能性のあることが明らかになったのである。

高木らはこれらの結果を見て，先行研究の情緒的要素が愛着要素と内在化要素に分離したと解釈している。そして，これら2因子の関係について検討することの必要性を訴えている。Allen & Meyer (1990) においては愛着要素に含まれていた内在化要素を，情緒的要素の一部として捉えて良いのかという問題提起である。

　高木はその後，ホテルや化学繊維企業など7社に勤務する従業員を対象に同様の調査を実施している（高木，2003）。組織コミットメントを測定する質問項目については，前述の調査によって絞られた24項目によって構成された尺度が用いられている。調査，分析の結果，有効な因子が四つ抽出され，その内容からそれぞれ内在化要素（7項目），愛着要素（7項目），規範的要素（4項目），存続的要素（3項目）と命名された。残りの項目は除外されている。この研究においても，4次元モデルが確認されたことになる。そして同様に，内在化要素が分離される結果となっている。因子が四つ抽出されなかったにもかかわらず，内在化要素が抽出された研究もある。先に取り上げた松山（2002）がそれである。

　以上のように，日本版組織コミットメント尺度とも言える尺度が考案され，調査された結果，Allen & Meyer (1990) とは異なる結果が生じることとなった。特に異なっている点は，内在化要素が分離され抽出されたことであろう。高木らも言うように，Allen & Meyer (1990) の尺度をそのまま日本語に訳しただけでは，日本企業に従事する労働者の実情に沿わない点もあるため，多少の修正と新たな項目が追加されたことも要因であろうと思われる。しかし，こうした要因を考慮したとしても，三つの研究において内在化要素が抽出されたことを看過するわけにはいかない。そこで，本研究においては，この内在化要素に注目することにしたのである。

　これまでの組織コミットメント研究において，内在化要素に最初に注目したのは，O'Reilly & Chatman (1986) であろう。二人は，社会的影響による態度変化について考察された Kelman (1958) を参考に，独自の研究を行っている。Kelman (1958) は他者からの影響を受けた個人の態度は，服従（compliance），同一視（identification），内在化（internalization）の順に変化すると考えた。O'Reilly

& Chatman (1986) は，これらの態度を組織コミットメント概念に応用したのである。すなわち服従とは，共有された信念があるから組織に帰属するというわけではなく，たんに固有の報酬が得られるから帰属しているという態度を示している。功利的，道具的なコミットメントであると言える。同一視は，満足のいく関係を構築し維持しようとするときに生じるとされる。その際，個人は組織の一員であることに誇りを感じており，組織の価値や目標を尊重している。ただし，価値や目標はあくまでも組織のものであり，自らのものとして受け入れるまでには至っていない。最後に内在化は，帰属していること自体が，その個人にとって内発的な報酬である場合に生じるとされる。個人の価値が組織の価値と一致しているからである。

このように概念化を施したうえで，彼らは実証研究を行っている。まず組織コミットメントに関しては，先行研究を参考に21の質問項目を設定したうえで，大学職員と大学生それぞれに対して調査を行い，得られた回答を因子分析した結果，内在化因子（5項目），同一視因子（3項目），服従因子（4項目）を抽出している。さらに，役割外行動や役割行動についても尋ねており，それらを目的変数，組織コミットメント因子を説明変数とする重回帰分析を行った結果，同一視因子が安定的に役割外行動に対して正の影響を及ぼしている一方で，内在化因子は大学生を対象とした場合のみ，役割外行動に対して少し弱い正の影響を有していることが明らかとなっている。

同様に高木・石田・益田（1997）では内在化コミットメントとモチベーションの関係が分析されている。相関分析の結果，両者の間に強い正の相関があることが確認されている。また高木（2003）では，積極的発言，勤勉さ，行事参加，同僚配慮と呼ばれる組織行動を目的変数とし，前述した四つのコミットメントを説明変数とする重回帰分析が行われた結果，これらの行動全てに対して，内在化コミットメントのみが正の効果を有していることが明らかになっている。最後に，松山（2002）では，モチベーションを目的変数とし，前述した三つのコミットメントを説明変数とする重回帰分析が行われた結果，愛着要素と内在化要素が正の影響力を有していることが確認されている。このように組織コミットメントの内在化要素はモチベーションに対して正の影響力を有している

ことが推測される。では、精神的健康に対してはどうであろうか。

　先行研究を概観したところ、内在化コミットメントは組織にとって好ましい態度であると考えられる。しかし、気になる研究結果もある。松山 (2002) では、内在化コミットメントが MH に対して、比較的小さな負の効果を有していたことは先に述べた通りである。その負の効果は、存続的コミットメントが MH に対して有していた効果とほぼ同じ大きさであった。モチベーションに対しては正の効果を有する一方で、従業員の精神的健康に対しては負の効果を有しているということなのである。

　そこで本研究でも、人格心理学、なかでも上田 (1969) に依拠して、内在化コミットメントのメカニズムについて考えてみたい。Kelman (1958) や O'Reilly & Chatman (1986) の定義にあるように、内在化コミットメントとは、組織の価値と個人の価値が一致している状態から生じる態度である。この場合、上田 (1969) の言う自我は、どのような状態にあると言えるであろうか。先ほど、筆者は Heider (1958) や deCharms (1976) を参考にして、組織コミットメントを内因的なコミットメントと外因的なコミットメントに分類した（松山 [2010]）。すなわち、ある個人が組織に留まっている原因が、その個人の内部にある場合には、内因的コミットメントが機能していると考え、反対に、その個人の外部にある場合には、外因的コミットメントが機能していると考えたのである。実証研究の結果、内因的コミットメントは精神的健康に正の影響を、一方の外因的コミットメントは負の影響を及ぼしていることが確認された。

　高木 (2003) によれば、内在化コミットメントは愛着的コミットメントから分離独立したコミットメントである。だとすれば、内在化コミットメントは内因的コミットメントとして捉えるのが自然であるように思われる。しかしここで問題は、上田 (1969) の言う自我が疎外的な状況に置かれていないかどうかである。これは deCharms (1976) の言う、指し手と駒の関係において、自我が指し手として機能しているか否かというようにも言い換えることができる。内在化的な態度とは、組織の価値と個人の価値が一致している状態から生じるとされる。しかし、組織の価値が個人の価値と一致するとはどういう状態だろうか。組織の価値や目標が個人の価値や目標の一部であるに過ぎないのであれ

ば，自我は指し手としての機能を失わないですむであろう。しかし，逆の場合はどうだろうか。組織の価値や目標がその個人の価値や目標を包含してしまっているような状況では，もはや自我は指し手とは呼べないのではないだろうか。まさに駒と化していると言ってよいであろう。その点，Kelman (1958) の言う同一視と比較してみるとよい。同一視的なコミットメントを強く抱いている個人は組織の一員であることに誇りを感じており，組織の価値や目標を尊重している。しかし，組織の価値や目標を完全には受け入れていないのである。それは，自我が認知の主体者として客観的に組織の価値や目標を吟味していることを意味している。上田によれば，健康な人格を有した個人は外界に対峙したときに，あたかもその外界を呑み込んでいるかのような態度をとるという。自我が疎外されずにその本来の機能を発揮するためには，組織の価値に飲み込まれてしまってはいけないのである。だとすれば，内在化的なコミットメントにおいては自我が疎外されている可能性がある。つまり，内在化的なコミットメントは，その名前とは裏腹に内因的なコミットメントというよりは，外因的なコミットメントに近いと考えた方がいいのかもしれない。従って，このコミットメントは精神的健康に負の影響を及ぼす可能性が高いということになる。

　では，なぜ自我が疎外されている状況は精神的に不健康なのであろうか。乗用車を運転している運転手と同乗者の関係で考えてみるとわかりやすい。ここで，乗用車はその個人の人格（自己）であり，運転手が自我である。上田 (1969) によれば，自我の機能は二点に集約される。一つは，認知機能であり，今一つは統合機能である。従って健全な自我は，認知の主体者であり，様々な認知や行動を共通の体験のうちに統合しているのだと言える。これはまさに自我という運転手が人格という乗用車を主体的に運転している状態を指している。もし，運転手が平均以上の運転技術を有しているのであれば，この場合，運転手は乗用車をほぼ完全にコントロールできるであろう。つまり，運転手は右に曲がりたければ右にハンドルを切る。そうすることによって，乗用車はその意図通りに動くであろう。その際，運転手の手はハンドルを切り，足は少しだけブレーキを踏み，目は進行方向を中心に向けられ，体全体が右に曲がることを想定して体制化される。眼前には右折する際に繰り広げられるであろう想定通りの風

景が流れ，そこには何一つ違和感がない。一つひとつの体の動きや目の前の風景が乗用車を運転するという体験のなかに統合されているからである。当然，運転手は自らの運転で酔うということはない。人格と自我の関係にもこのことがあてはまる。自我が運転手として主体的に人格をコントロールしていれば，そこで酔うというような不健康な状況を経験することはない。反対に，何者かに運転席を奪われ，自我が助手席に追いやられてしまったとしたらどうだろう。助手席に座る同乗者が必ずしも酔うというわけではないが，乗用車の走行と自らの感覚が一致しないで中枢神経系が混乱をきたした場合，その個人は酔ってしまうかもしれない（細田・有馬，2003）。同乗者は運転していないため，乗用車をコントロールすることが不可能だからである。組織の価値が個人の価値と一体化している状態とは，まさにこういった状態なのではなかろうか。つまり，組織が運転手となって，その個人を運転しているのである。助手席に追いやられた自我は，乗用車の動きに翻弄され酔ってしまう。それがメンタルヘルス不全の状況なのである。組織は人格内部に入り込んではいるものの，自我の外部に位置しているということである。そこで，本研究においては次のような仮説を設けた。

仮説：内在化コミットメントはMHに対して負の影響を有する

　調査は近畿大学経営学部スポーツマネジメントコースに在籍し，「リーダーシップ論」を受講している学生を対象に実施された。講義時間中に質問紙を配布し，無記名で回答されたものを，同じく時間中に回収した。対象者数は122名，有効回答数は91（有効回答率74.6％）であった。有効回答者の属性は次の通りである。女性は12名（13.2％）であった。所属しているクラブは17に及んだ。最少人数はソフトテニス部の1名，最多人数はラグビー部の17名であった。個人競技のクラブに属している者は48名（52.7％）であった。学年は全員2年生であった。
　クラブ組織に対するコミットメントについて質問し，回答結果を因子分析したところ，三つの因子が抽出された。それぞれの因子は，その内容から判断し

て，第一因子を愛着的コミットメント，第二因子を内在化コミットメント，第三因子を外因的コミットメントとした。本研究においても，存続的コミットメントと規範的コミットメントは分離されなかったため，このように命名した。それぞれの信頼性係数αは順に，.89，.83，.81であった。全て.80を超えており，それぞれの因子の信頼性は高いと言える。また，本研究では，内在化コミットメントの純粋な影響力を分析するために，性別と競技種別を統制変数とした。競技種別とは，学生の所属しているクラブ競技が個人競技に分類されるか，団体競技に分類されるかを表している。

　内在化コミットメントのモチベーションおよびMHに対する影響力を明らかにするために，階層的重回帰分析を行った。具体的に，まずモチベーションを目的変数としたうえで，統制変数として性別ダミー（女性＝0・男性＝1），競技ダミー（個人競技＝0・団体競技＝1）を投入し，愛着的コミットメント，外因的コミットメント，MHを投入した（表7-8：モデル1）。続いて，説明変数として内在化コミットメントを投入した（表7-8：モデル2）。次に，MHを目的変数としたうえで，統制変数として性別ダミーと競技ダミーを投入し，同様に愛着的コミットメント，外因的コミットメント，モチベーションを投入した（表7-8：モデル3）。続いて，説明変数として内在化コミットメントを投入した（表7-8：モデル4）。表7-8はこれらの階層的重回帰分析の結果をまとめたものである。

　階層的重回帰分析の結果からそれぞれの説明力について見てみると，モチベーションを目的変数とした重回帰分析の結果はどちらも.60を上回っており，比較的高い説明力を有していることがわかる。一方，MHを目的変数とする分析結果の方は，.30前後と少し低い説明力となっている。内在化コミットメント以外の変数とモチベーションの関係について見てみると，愛着的コミットメントとMHがモチベーションに対して正の影響力を有していることがわかる。また，内在化コミットメント以外の変数とMHとの関係については，愛着的コミットメントとモチベーションが正の影響を，外因的コミットメントは負の影響力を有していることがわかる。

　次に，内在化コミットメントがMHに対して負の影響力を有しているとい

表7-8 階層的重回帰分析の結果（最終ステップのβ値）

目的変数	モチベーション				メンタルヘルス			
	モデル1		モデル2		モデル3		モデル4	
説明変数	β		β		β		β	
性別（女性=0）	.06		.13	+	.04		-.02	
競技（個人競技=0）	.05		.01		-.10		-.07	
愛着的コミットメント	.67	*	.51	**	.28	+	.29	*
外因的コミットメント	.11		.07		-.24	*	-.21	*
メンタルヘルス	.15	+	.19	*				
モチベーション					.28	+	.40	*
内在化コミットメント			.33	**			-.24	*
R^2	0.600	**	0.676	**	0.268	**	0.302	**
ΔR^2			0.076				0.034	
F変化量	25.503	**	19.619	**	6.210	**	4.094	*
N	91		91		91		91	

**；p<.01，*；p<.05，+；p<.06。

う仮説を検討する。仮説が支持されるためには，表7-8のモデル4において内在化コミットメントの回帰係数が統計的に有意にマイナスにならなければならない。表7-8からわかるように，仮説の通り両者の間には統計的に有意な負の影響が現れており，仮説は支持されている。つまり，内在化コミットメントが強いほど，メンバーのMHは悪くなるのである。ちなみに，モチベーションに対しては正の影響力を有していることが見てとれる。

本研究ではこれまで，Allen & Meyer (1990) では抽出されることのなかった内在化コミットメントに注目して議論を進めてきた。そこで今回はAllen & Meyer (1990) を基本に，高木・石田・益田（1997）が独自に開発した日本版組織コミットメント尺度を用いて調査分析を試みたところ，三つの因子が抽出される結果となった。ただ，これらの因子はAllen & Meyer (1990) とは異なり，愛着的コミットメントと内在化コミットメントが分離する一方で，規範的コミットメントと存続的コミットメントが分離しないという松山（2002）と同

じ結果が現出した。民間企業に勤務する正社員を対象とした松山（2002）と，学生を対象とした今回の結果が同じであったということは，賃労働に従事しているか否かにかかわらず内在化コミットメントは存在するということを意味している。しかし，なぜ我々の尺度ではこの因子が抽出されるのか，また，内在化コミットメントは日本人特有の因子なのかという点については，継続的な研究が必要であろう。

　さて，本研究では内在化コミットメントがMHに対して負の影響を有するという仮説を設定して研究を進めてきた。この仮説が支持されたということは，所属クラブに対する内在化コミットメントが強いほど，MHが損なわれるということを意味している。一方，本研究では内在化コミットメントがモチベーションに対しては正の影響力を有していることも明らかになった。これらの点が，愛着的コミットメントとは異なっている。なぜなら，愛着的コミットメントはモチベーションとMHどちらに対しても正の影響を有しているからである。内在化コミットメントがMHに対して負の影響を及ぼすのは，個人の価値や目標が組織の価値や目標の一部であるという状況が，いわゆる自己疎外的な状況と同義であるからである。つまり，前述したように内在化コミットメントは外因的コミットメントに近い可能性があると考えられる。しかしだとすれば，外因的コミットメントがモチベーションに対して何の効果も有していないか，もしくは負の効果を有している（松山，2002）という結果と異なるのはなぜなのであろうか。

　その理由は，内在化コミットメントの源泉が組織の価値や目標であるという点に求められる。少々言葉は不適切かもしれないが，内在化コミットメントの強い個人は，ある意味，組織によって憑依されている状況にあると言えるのかもしれない。まさに，組織によって操られている状態である。それでもこの場合，その個人は組織目標を体現しているわけであるから，知らず知らずのうちに組織目標実現のための行動をとっているのであろう。個人はそうした自分自身を客観的に振り返ったときに，自分はモチベーションが高いと錯覚するのかもしれない（あながち錯覚とも言えないかもしれないが）。さて，憑依されている個人は自我による調整ができない。組織によって本来の自我機能が歪められて

いるため，例えば心身を休めなければならないにもかかわらず，それができないというような事態が起こってしまう。従って，MHが損なわれるのであろう。

今回の調査では，クラブ活動に対するモチベーションを測定しているが，質問内容を見てもわかるように，外発的というよりは内発的なモチベーションが測定されていると言える。外因的コミットメントは組織との関係が間接的な，例えば金銭的報酬や人間関係などが源泉となっているため，そこから導出されるモチベーションは二次的，外発的と言えるだろう。一方，組織の価値や目標は組織との関係が直接的であり，人格内部にまで浸透し，自我にとって代わっているため，一次的，内発的なモチベーション，つまり心からの意欲というような錯覚が生まれるのではないか。この場合，注意しなければならないのは，あまりにも意欲的に働いているため，周りも本人も特に健康上の心配はないと間違った判断をしてしまうことであろう。周りからは至極真面目で，努力家として認められているにもかかわらず，うつなどを発症して，過労自殺する企業人はこういったタイプなのではないだろうか。前章で取り上げた大嶋氏の事例を思い起こしてほしい。

さて，このように見てくると，唯一，モチベーションとMHに対して好ましい影響を有する愛着的コミットメントについて，さらなる考察が必要であるように思えてくる。この組織にいることが楽しい，この組織を気に入っているといった愛着を源泉としたコミットメントであるが，こうした感情を抱けるというのは，ある程度組織を客観的に見ることができているからではないだろうか。上田（1969）が言うように，「のんでいる」状態とでも言おうか。ここには組織を楽しむ余裕があるとは考えられないだろうか。この場合，内在化コミットメントと比較して考えるなら，愛着的コミットメントが強い個人においては，組織目標が個人目標の一部になっている可能性がある。つまり内在化コミットメントの場合と反対である。だからこそ，余裕も生まれるし，組織を客観視することも可能となるのである。対象を客観視するということは，そこに，対象を客観視している主体者がいることを意味している。その主体者こそが自我なのである。このように愛着的コミットメントにおいては自我が主体者としての機能を発揮している。だからこそ健全なのである。

この点については，山崎（1984；1990）による一連の議論が参考になる。山崎（1984）によれば，人間の自我が成立する条件は，意識が外界の対象だけでなく，自分自身を振り返って意識していることである。もし，自分自身を意識していないようであれば，この自我は，ただ目前の対象に心を奪われているだけで，それだけのゆとりをもてていないことになる。自我の最大の特色はそれが自由であること，すなわち，自分が自分自身に対して支配者となることであるから，自分自身を意識していない自我は，自分自身を支配していないということになる。当然，そこに健全な自我が確立されているとは言えないだろう。また山崎（1990）によれば，人間的な楽しみのためには「われを忘れること」からの解放が必要である。われを忘れるとは，なりふり構わず行動に没頭することであるが，これは，目的実現のために自己を完全に手段化することであると，山崎（1990）は言う。本研究に照らせば，内在化コミットメントの強い個人は，組織目標に没頭し，その実現のために自己を手段化しているということになる。そしてこの状態にある個人は，仕事を楽しんでいないということが示唆される。仕事を楽しむことができない状態の自我を不健全と考えるのかについては，議論の余地がありそうだが，いずれにしても，愛着的コミットメントが優勢である個人の方が，仕事を楽しむことができそうに思われる。なぜなら，そうした個人の方が，組織との間で均衡ある相互作用を営んでいるように思われるからである。この点について山崎（1990）はジンメルの社交論を参考に，個人は集団への忠誠心の点でも一定の慎みが必要であると述べている。

　しかし，注意しなければならないことがある。高木（2003）では，愛着要素が組織にとってポジティブな影響を有していないという結果が報告されているのである。この結果は，たんに組織に対して愛着を有しているだけでは，モチベーションにはつながらないことを意味している。ハーズバーグが唱えたように，衛生要因に対して満足し，愛着を抱いているだけでは，仕事へのモチベーションが高まるわけではないのである。従って，組織は従業員の愛着的コミットメントが高いからといって，手放しで喜んでいてはいけない。例えば，組織目標がその個人の目標の一部となっていることと併せて愛着が生じているのでなければならないのである。

第7章　帰属意識と精神的健康に関する実証的研究

　これまで，組織コミットメントと精神的健康との関係を扱った四つの実証研究について見てきた。主な発見事実としては，次の三点を挙げることができる。まず，欧米で主流となっているアレンとメイヤーの3次元モデルは，日本に適合的ではない可能性が示された。特に注目されるのは，3次元モデルでは抽出されない内在化コミットメントが，我々の研究では現出することである。これまで組織コミットメント研究においては，規範的コミットメントが日本的なコミットメントであるとされてきたが，もしかすると，この内在化コミットメントの方が優れて日本的であると言えるのかもしれない。また，いくつかの研究で，存続的コミットメントと規範的コミットメントが分離されなかったことも，そのことを裏付けていると言える。

　二点目は，この内在化コミットメントがモチベーションを高める一方で，MHを損なうことが明らかにされた点である。一見すると，内在化コミットメントはモチベーションを高める好ましい態度であるように見受けられるが，一方で自己疎外をもたらしている可能性が高く，そうした意味においては，注意を要するコミットメントであると言える。まさに，現代日本の産業社会に特徴的とも言える会社人間や過労死・過労自殺の問題を解き明かすうえで，鍵となる態度であると考えられる。確かにその働きぶりを見れば，誰もがその個人のモチベーションは高いと推測するであろう。しかし，本来の自我が自己を主導しているわけではないため，いつしかその一方でMHは損なわれていってしまうのである。こうした場合，周りも本人も，MHが損なわれつつあることになかなか気づくことのできない点が問題である。さて，内在化コミットメントが抱える問題は，愛着的コミットメントの重要性を逆照射することになる。いくつかのコミットメントのなかで，唯一モチベーションを高め，MHを損なうことのない健全なコミットメントであると考えられるからである。もちろん，高木らの研究結果もあるので，その点も踏まえてさらなる研究が望まれる。

　三点目は，このようにMHとの関係性をもとに組織コミットメントを分析したことによって，個人と組織との関係を読み解くためには，労働者個人の人格構造や自我の問題を避けて通ることはできないということが明らかになった点である。このことは，内在化コミットメントの分析によって示唆されたよう

に，日本人労働者固有の自我を想定する必要があるのか否かといった問題を我々に提起する。もし，内在化コミットメントが日本人に特有な態度であるなら，それは，日本的自我や日本的な人格構造の存在を示唆しているのかもしれないからである。

　例えば，それぞれのコミットメントと人格内部の力動関係をフロイトにならって関連付けてみるとしたらどうなるだろう。まず愛着的コミットメントは，真正の自我が主導して組織にコミットしている場合に強くなることが考えられる。次に存続的コミットメントは，組織内部に蓄積されたサイドベットに対する認知が自我内部で大きくなり，こうした認知が本来の自我を抑圧した状態でコミットしている場合の態度であると考えられる。また，規範的コミットメントは，労働者個人の人格内部にある超自我が自我に影響力を行使した結果，組織にコミットしている状態を指していると考えられる。この場合，超自我は個人が過去に内面化した規範意識を一手に引き受けている領域と考えられる。超自我は，両親によるしつけや，学校教育等をはじめとする社会的訓練などによって形成される。この場合，超自我を起源とする規範的態度が自我に統合されていれば問題ないのであるが，超自我に留まり，第三者的に自我を抑圧しているとすれば，その個人は当然自己疎外の状態に陥ることになる。最後に内在化コミットメントである。組織の価値や目標が自我内部に浸透し，それらに対する認知が自我を侵食かつ抑圧している状態，つまりはこうした組織の価値や目標がその個人の価値や目標になりすましている状態のコミットメントであると考えられる。以上のように，愛着的コミットメント以外のコミットメントは，本来の自我を抑圧する外的要因が作用した結果生じていると考えられる。自我を起点として考えた場合，愛着的コミットメント以外のコミットメントは外因的コミットメントと捉えて差し支えないのではなかろうか。さて，これらはあくまでも仮説の域を出ない。今後は，組織コミットメントを自我論の観点で読み解くことが可能であるか否かを含め，継続的に検討していきたいと思う。

　本書では，これまで日本人労働者の複雑かつ曖昧な帰属意識を読み解くことを主要な目的として議論を進めてきた。「辞めたいと思うことはあるが，続けることになると思う」という他人事のような態度は，これら外的な要因が作用

した結果生じていた態度であると考えられる。そしてさらには，先ほど述べた日本人特有の人格構造もしくは自我のあり方も，複雑に絡まり合っているように思われる。そこで次章，最終章では，いわゆる日本人論について簡単に触れた後で，個人と組織の望ましい関係についてのささやかな提言を示して本書を閉じることにしたい。

参考文献

- Allen, N. J. & Meyer, J. P., "The measurement and antecedents of affective, continuance and normative commitment to the organization," *Journal of Occupational Psychology*, 63, 1990, 1-18.
- Becker, H. S., "Notes on the concept of commitment," *American Journal of Sociology*, 66, 1960, 32-40.
- Bolino, M. C. & Feldman, D. C., "The Antecedents and Consequences of Underemployment Among Expatriates," *Journal of Organizational Behavior*, Vol. 21, 2000, 889-911.
- Borg, V. & Kristensen, T. S., "Psychosocial work environment and mental health among travelling salespeople," *Work & Stress*, 13(2), 1999, 132-143.
- deCharms, R., *Enhancing Motivation*, Irvington Publishers, Inc., 1976.（佐伯 胖訳『やる気を育てる教室』金子書房, 1980年）
- Feldman, D. C., "The Nature, Antecedents and Consequences of Underemployment," *Journal of Management*, 22(3), 1996, 385-407.
- Gardiner, M. & Tiggemann, M., "Gender differences in leadership style, job stress and mental health in male-and female-dominated industries," *Journal of Occupational and Organizational Psychology*, Vol. 72, 1999, 301-315.
- Gechman, A. S. & Wiener, Y., "Job Involvement and Satisfaction as Related to Mental Health and Personal Time Devoted to Work," *Journal of Applied Psychology*, 60(4), 1975, 521-523.
- 橋本公雄・徳永幹雄「メンタルヘルスパターン診断検査の作成に関する研究（1）——MHP尺度の信頼性と妥当性」『健康科学』第21巻, 1999年, 53-62。
- Heider, F., *The Psychology of Interpersonal Relations*, John Wiley & Sons, Inc., 1958.（大橋正夫訳『対人関係の心理学』誠信書房, 1978年）
- 細田龍介・有馬正和「乗り物酔い」『らん——纜』第60号, 2003年, 24-28。
- Jones-Johnson, G. & Johnson, W. R., "Subjective Underemployment and Psychosocial Stress: The Role of Perceived Social and Supervisor Support," *The Journal of Social Psychology*, Vol. 132, No. 1, 1991, 11-21.
- Kalliath, T. J. & Gillespie, D. F., " The relationship between burnout and organizational commitment in two samples of health professionals," *Work & Stress*, 12

(2), 1998, 179-185.

Kelman, H. C., "Compliance, identification, and internalization : three processes of attitude change," *Journal of Conflict Resolution*, 2, 1958, 51-60.

Ladewig, B. H., "Relationships among men's occupational commitment, self-esteem, and personal well-being according to their wives' occupational commitment," *Psychological Reports*, Vol. 59, 1986, 190.

Maslach, C. & Leiter, M. P., *The Truth About Burnout*, Jossey-Bass Inc., Publishers, 1998.（高城恭子訳『燃えつき症候群の真実』トッパン，1998年）

松山一紀「メンタルヘルスと従業員態度および業績評価との関係――大手電機メーカーA社を事例として」『日本労務学会誌』第4巻第2号，2002年，2-13。

―――「組織に対する帰属意識が従業員の心の健康に及ぼす影響」『商経学叢』第56巻第3号，2010年，639-654。

Moore, J. E., "An empirical test of the relationship of causal attribution to work exhaustion consequences," *Current Topics in Management*, 3, 1998, 49-67.

―――, "Why is this happening? A causal attribution approach to work exhaustion consequences," *Academy of Management Review*, 25(2), 2000, 335-349.

Mullarkey, S., Jackson, P. R., Wall, T. D., Wilson, J. R. & Grey-Taylor, S. M., "The Impact of Technology Characteristics and Job Control on Worker Mental Health," *Journal of Organizational Behavior*, Vol. 18, 1997, 471-489.

夏目 誠「精神健康とストレス」『現代のエスプリ別冊 現代的ストレスの課題と対応』至文堂，1999年。

小此木啓吾「精神医学からみた帰属意識の問題」『通産ジャーナル』第9巻第8号，1976年，78-84。

O'Reilly, C. & Chatman, J., "Organizational commitment and psychological attachment : The effects of compliance, identification, and internalization, on prosocial behavior," *Journal of Applied Psychology*, 71, 1986, 492-499.

Riipinen, M., "The Relationship Between Job Involvement and Well-Being," *The Journal of Psychology*, 131(1), 1997, 81-89.

高木浩人『組織の心理的側面』白桃書房，2003年。

高木浩人・石田正浩・益田 圭「実証的研究――会社人間をめぐる要因構造」田尾雅夫編『「会社人間」の研究――組織コミットメントの理論と実際』京都大学学術出版会，1997年，265-296。

田中佑子「単身赴任者の組織コミットメント・家族コミットメントとストレス」『社会心理学研究』第12巻第1号，1996年，43-53。

田尾雅夫編，『「会社人間」の研究――組織コミットメントの理論と実際』京都大学学術出版会，1997年。

上田吉一『精神的に健康な人間』川島書店，1969年。

Warr, P., "The measurement of well-being and other aspects of mental health," *Journal of Occupational Psychology*, Vol. 63, 1990, 193-210.

渡辺直登・水井正明・野崎嗣政「人材派遣会社従業員のストレス，組織コミットメン

ト，キャリアプラン」『経営行動科学』第5巻第2号，1990年，75-83。
Weiner, B., "An attributional theory of achievement motivation and emotion," *Psychological Review*, 92, 1985, 548-573.
Wiener, Y. & Muczyk, J. P., "Relationships between work commitments and experience of personal well-being," *Psychological Reports*, Vol. 60, 1987, 459-466.
山崎正和『やわらかい個人主義の誕生――消費社会の美学』中央公論社，1984年。
―――『日本文化と個人主義』中央公論社，1990年。

第8章
日本人労働者と組織の望ましい関係

　本章では個人と組織の望ましい関係について考える。これまで見てきたように，日本人労働者は複雑で曖昧な帰属意識を組織に対して抱いている。しかしそれは，日本人特有の人格もしくは心理構造が影響しているのかもしれない。日本人で初めてユング派の分析家となり，多くのクライエントと対峙してきた河合（1999）によれば，欧米で考え出された心理療法はそのまま日本人に適用できない。それは日本人の心のあり方が西洋人のそれと異なっていると思われるからである。また，精神科医として人間の心について考察を続けている木村（1972）も，日本の心理学や精神医学が西洋の学問を直輸入しているだけでは日本人の心を十分に理解することができないことを示唆している。これは日本人労働者の組織に対する帰属意識や，それと関連する様々な態度を理解する際にもあてはまることではなかろうか。そこで本章ではまず，これまで議論されてきた日本人論および日本文化論を紐解き，そのなかから日本人の心のあり様をあぶりだしてみたい。その後，個人と組織の望ましい関係について筆者なりの提言を示して本章を閉じることにする。

1　日本人論から見た日本人の心

（1）　希薄な自己

　長山（1997）によれば，いくつかの主な日本人論では，日本人や日本社会の特質が西欧的な「個」や「集団」の概念では捉えきれていない。「間人主義」というユニークな概念を提唱した浜口（1982）に至っては，日本に真の意味での個人がいるのかどうか疑わしいとさえ述べている。個人がいなければ，「個」なる概念で日本人を捉えることは不可能であろう。確かに，第5章で見たよう

に，松下電器の旧人事方針には個人の二文字を見つけることができなかった。このことは，日本を代表する大企業においてさえかつては，個人が存在していなかったこと，つまりは個人という概念が希薄であったこと，または個人が尊重されていなかったことを如実に物語っていると言える。その後，1988年には新しい人事方針が制定され，自己申告型の制度など，個人を見据えた施策が多く導入されているところを見ると，個人尊重の風土は少しずつ強くなっているのかもしれない。しかし，欧米のような個人主義が根付いているとは考えにくいし，ましてや欧米型の個人に内在していると考えられるような強い自我が，日本企業の労働者にも具わってきているとは思われない。

　浜口（1982）も言うように，欧米の心理学者が作り出したパーソナリティ・モデルは自我をめぐって構築されている。しかも，そのパーソナリティは強い自我によって支えられていることを必要とする。浜口（1982）によれば，パーソナリティの主な機能は，「自我を調整維持したり，十分に実現すること」（9頁）なのである。また，このような西洋的な強い個人や自己といったイメージは，言語表現などからも読み取ることができる。例えば，木村（1972）は，英語の一人称代名詞がアイの一語だけであるということに注目し，このことは「自分というものが，いついかなる事情においても，不変の一者としての自我でありつづけるということを意味している」（137頁）と言う。

　それに対して日本語の場合はどうであろうか。木村（1972）は，日本語の人称代名詞が多くの場合に容易に省略されることを挙げ，そのことと，日本人の自己の根源が，自己の内部にではなくて自己の外部にあることとを関連付ける。さらに，二人称代名詞についても言及し，日本語においては，話の相手が「自己ならざるもの」として立てられることはないと言う。なぜなら，話す側の自己が自己として立てられる必要がない以上，話される側も自己ならざるものとして立てられる必要がないからである。木村（1972）によれば，「なんらかの特別な事情から特定の二人称代名詞がえらばれる場合にも，そこにはけっして『自己ならざるもの』という意味は含まれていない」（143頁）と言う。そして，「てまえ」とか「われ」といった同一の単語が，一人称と二人称の代名詞を同時に表現し得るという事実を根拠として挙げている。

こうして見てくると，日本において個人が西洋における個人のように強固に確立されているようには感じられない。西洋においては，個人自らが固い防護壁で守られており，自ら以外の他者としての個人との間がはっきりと分け隔てられているようである。それに比べて，日本における個人はとても淡く幽かな存在のように感じられる。省略される一人称代名詞のように，そこには確固とした自己が存在しない。ともすると主客は容易に逆転してしまう。

日本語における人称代名詞の用法に，日本人の自分がない状態を見たのは，木村だけではない。「甘え」概念によって日本人の精神構造を読み解こうとした精神科医，土居健郎もそのなかの一人である。土居（1960）は，欧米では一人称代名詞が一種類しかないのに比して，日本語では「わたし」「僕」「俺」「小生」など数多くの一人称代名詞が存在し，それらが状況に応じて使い分けられるという事実に着目した。日本人男性であれば誰もが経験することであろうが，例えば，親しい友人に対しては「俺」と言う男性が，会社の上司に対しては「私」と言い，両親に対しては「僕」と言うようなことである。こうした現象を捉えて土居（1960）は，「代名詞が代表する自我が常にそのおかれた状況に従属している」と述べ，それは「状況から独立した自我の意識の乏しいことを物語っているごとくである」と続けている（160頁）。

状況に従属しているとは，その時々の対人関係に従属しているということでもある。このように日本人が「人間関係の中で初めて自分というものを意識し，間柄を自己の一部と考えるような存在」（5頁）であると考えたのは浜口（1982）であった。浜口は，日本人を唯我的な主体性の保持者，つまり個人として捉えるよりも，「既知の人との有機的な連関をつねに保とうとする関与的主体性の持ち主，すなわち"間人"」（5頁）として捉えた方がより適切であると考えたのである。浜口（1982）によれば，我々日本人は「個としての自立性を必要以上に求めようとはしない。むしろ相互間での依存が，社会文化的存在としての"人間"の自然的本態だ，と信じている」（52頁）のである。この点は，第1章で取り上げた『ジャパニーズ・マネジメント』のなかで述べられていることとも符合する。日本人は，他者への依存心を肯定的に捉え，依存関係を形成することに秀でているというのが，彼らの見方であった。さらに続けて浜口（1982）

は，こうした相互依存を確保する技法として，「甘え」が活用され，「また『恩』『義理』は，そうした関係を支えるモラルとなっている」(52頁)と述べている。

　日本と米国におけるしつけや教育の比較研究を行った東 (1994) によれば，日本の母親が子どもに期待するのは，共生を容易にするような諸性質の発達である。子どもの社会的独立の達成が期待される米国とは，この点において大きく異なっている。日本では甘えを介した母子相互依存のなかで，子どもが育てられる。それは，日本の伝統的なしつけや教育が，滲み込み型で行われる傾向が強かったからである。ここで「滲み込み型」とは，しつけや教育を行ううえでの一つのモデルであり，比較対象のモデルとして「教え込み型」が取り上げられている。

　東 (1994) によれば，教え込み型とは，基本的に子どもは教えられることによって学ぶということを前提にしており，そのなかでは教える者と教えられる者の役割が明確に分かれている。そして，言語による伝達と直接的なコントロールによって教育が施される。これに対して滲み込み型は，模倣および環境のもつ教育作用に依存する。環境が整っていれば，子どもは自然に学ぶという前提に立つ。教える者と教えられる者の役割分化が曖昧で，両者を隔てる距離が小さい。「いわば薄い膜ひとつで隔てられているという意味での同一化が前提となる」(116頁)のである。学習は，生活的な活動のなかで生じ，偶然学習や試行錯誤，そして，教師や先輩のやり方を模倣することによって深まっていく。

　このように見てくると，滲み込み型の傾向が強い日本において，甘えを中心とした依存感情が肯定的に捉えられてきたことは，むしろ当然であったとも言えよう。こうした伝統的なしつけや教育を通じて，日本人は察し合う社会を築いてきたとも言える。この点について，東 (1994) が自著のなかで紹介しているエピソードはとても興味深い。行きつけの寿司屋で注文をしたら，店の主から，「先生が何を食べたいかは私の方がよくわかるのだから，出す物を食べてください」(103頁)と言われたというのである。この場合，寿司を食べに来た客に自己があると言えるのだろうか。欧米人は自律性を重視する。自律性の発揮は，自らで選択したり，意思決定をすることに見出される。このケースでは，客は選択する余地を与えられていない。つまり，自律的ではないということで

ある。しかし，店主は自分が出すものを食べた方が客は満足であると考えている。その店には，客が自らを店主に委ね，そこに何か大きな一つの自己が存在しているかのようである。

似たようなエピソードを，まさに『選択の科学』という書を著した米国人女性研究者，シーナ・アイエンガーも紹介している。彼女が京都を観光で訪れたときのことである。彼女はある店に入り抹茶を注文した。彼女は抹茶を甘くして飲むのが好みだった。そこで彼女は，抹茶を注文する際に，砂糖ももってくるように店員に頼んだのである。しかし，店員は，抹茶はそのようにして飲むものではないと頑なに拒んだという。ここでも，客の選択権は奪われている。店員は客よりも，客の欲求を理解し，客を満足させることができると思っているかのようである。

浜口（1982）によれば，間人は相手を基準点に設定する。そして，相手によって自らの行動が規定されるのだという。先ほどの寿司屋の店主も，喫茶店の店員も，自らを基準にして行動しているわけではなかった。あくまでも客を基準にしていたのである。とはいえ，本当に相手を全面的に基準にしていると言ってしまってよいのだろうか。店主や店員の自我は全く関与していないのであろうか。恐らくそうではなかろう。そこで筆者は木村（1972）の唱えた「間」に注目したい。

（2） 日本人の「間」

木村（1972）によれば，「日本語においては，そして日本的なものの見方，考え方においては，自分が誰であるのか，相手が誰であるのかは，自分と相手との間の人間的関係の側から決定されてくる。個人が個人としてアイデンティファイされる前に，まず人間関係がある。人と人との間ということがある。自分が現在の自分であるということは，けっして自分自身の『内部』において決定されることではなく，つねに自分自身の『外部』において，つまり人と人，自分と相手の『間』において決定される。自分を自分たらしめている自己の根源は，自己の内部にではなくて自己の外部にある」（143頁）ということなのである。ただし，「ここで仮に『自己の外部』と言われている場所は，けっして

そのまま『他人』そのものを意味してはいない。『自己の外部』はそのまま『他人の外部』でもあり，いかなる人にとっても『内部』ではないような場所，すなわち『人と人との間』なのである。しかもそれは，『外部』でありながら，それと同時に，自己自身のありかであるという意味では自己の『内部』でもある」(76頁)と木村は言う。

　これを筆者なりに解釈してみると，人と人との間とは，自己と他者が共有している領域である。そこでは自己と他者がせめぎあっている。他者が何を望み，何をしようとしているのか，自己は先回りをしようとする。もちろん他者にも同様のプロセスが働いている。このプロセスは両者を一つにしようとする働きに通じている。片方が他方を圧倒するということもあるかもしれない。先ほどの寿司屋の例は，店主の「間合い」に客がすっぽりと包まれているがために，店主に飲み込まれている状態だったと言えるのではないだろうか。いずれにしても，相手が行動の基準ではない。自己と相手との間が行動を規定するのである。ここで「間合い」とは剣術の世界を想定して使用している。向かい合った二人の距離を指す言葉であり，強い剣術家は自らの間合いを有し，その間合いが大きいほど有利に戦うことができる。相手の間合いに入ってしまうことは，切られることを意味していた。日常生活においても我々は，心理的な間合いを有していると言えないだろうか。そして，この自らの間合いが自己の範囲を表しているのではないだろうか。先ほどの寿司屋の店主にとっては，寿司屋全体が自己の範囲となっている。この場合，店主の自己の範囲は客のそれよりも広い。もし，客が店主と同等程度の魚や寿司の知識をもち合わせており，例えば話術などを用いて，自らの自己の範囲を広げていけば，それほど侵入を受けることもなく，自らが食したい寿司を店主に対して主張することができたかもしれない。まさに我田引水とは，自己の範囲を拡大し，自らの間合いに相手を引き込んでしまうことなのである。

　しかし，こうした自己の範囲は意識的であるか否かは別にして，適切に認知されていることが，その個人の精神的健康にとっては重要なようである。例えば，我々は自らの身体のサイズをそれなりに把握している。もし，この把握に問題があれば，ドアや机の角で体をぶつけたり，他人とすれ違う際に当たって

しまったりして，自らの身体を傷つけてしまうことになる。自らの心理的範囲を適切に認知していなければ，同じような問題が生じるのではないだろうか。

　そのことを示唆している調査結果がある。第7章で紹介した大阪府による調査である。中小企業の従業員を対象にしたその調査では，労働者の精神的健康がどの程度，個人，職場，行政それぞれの問題として認識されているのかが問われている。回答者個人の精神的健康を従属変数とした重回帰分析の結果を見ると，個人の問題であるという認識と精神的健康との間には何の関係も存在していなかった。それは，職場の問題であるという認識についても同様であった。しかし唯一，行政の問題であるという認識については，その程度が増すほど，回答者の精神的健康が低下していたのである。個人の精神的健康は自己の範囲が適切に認知されていれば，何ら問題を生じさせない。この解釈は，自らが所属している職場を自己の範囲として捉えることには問題がないということ，すなわち，職場は労働者個人にとって自己の範囲であることを暗示している。そして，行政の問題であるとする態度は，自己の範囲を適切に認知できていないことを表しており，ひいては，こうした認知の逸脱もしくは歪みは精神的健康に悪影響を及ぼすことが示されている，と考えられるのである。この点に関しては，第4章で示した，マズローによる自己実現的人間の特徴とも符合する。

　さて，どうやら日本人にとって「間」とは重要であるばかりではなく，必要不可欠のもののようである。しかし，間には何もない。そのようなものに何か意味があるのだろうか。何がしかの機能があるのだろうか。藤原（2005）によれば，「『間』とは目立たず，自己主張しないことにこそ持ち味があり，その存在感のなさ，影の薄さにこそ，存在の意味がある」（82頁）。「間」はそれ固有の目的も用途も機能ももたないがゆえに，その何もない中空のなかで関係が生じ，意味が生じてくる。そして，日本家屋における中庭や坪庭に注目する藤原は，こうした「間」が見えない力となって家屋全体を息づかせ，人々の営みや心持をもかえるのだと言う。

　日本人は西洋人と異なり，強固な防護壁によって自己が守られてはいない。だからこそ，間が必要なのではなかろうか。もし，間がなければ私たちはすぐさま一つになってしまうのであろう。もしくは，相手を飲み込んだり，相手に

表 8-1　日本神話の中空構造

第一の三神（天地のはじめ）	タカミムスヒ	アメノミナカヌシ	カミムスヒ	ひとり神として生成
第二の三神（天界と黄泉の国の接触）	アマテラス（天）	ツクヨミ	スサノヲ（地）	父親からの水中出産
第三の三神（天つ神と国つ神の接触）	ホデリ（海）	ホスセリ	ホヲリ（山）	母親からの火中出産

（出典）河合（1999）41頁。

飲み込まれたりしてしまうのかもしれない。多少なりとも，自分を生かすために間が必要なのではないか。それが，日本人が混沌を避けるために身につけてきたことだったのかもしれない。日本人は，この世に生を受けてから長きにわたって，母親との相互依存関係のもとに置かれる。そこで甘えが育まれ，滲み込み型のしつけや教育が施される。このように日本人は他者との一体化を受容するように仕向けられてきた。しかし，他者との完全な一体化によって，社会が形成され維持されることはない。それゆえ，間を必要としたのではないのか。考えてみれば，「人間」とはそもそも世間や社会を指す言葉であった。人と人を間が結びつけ，それが社会となる。間は人が共同で生活を営むうえで欠くことのできないものなのである。西洋人のように，強固な防護壁で自己と他者を明確に分断してしまうのではなくて，日本人は間を育むことによって，自己と他者とを曖昧に分けようとしてきたのではないだろうか。

　こうやって考えてくると，河合（1999）によって見出された日本神話における中空構造が俄然意味を帯びてくる。河合によれば，日本の神話体系のなかで画期的な時点に出現している神々には，ある一貫した特徴がある。その特徴とはまず，それぞれの時点に出現するのが必ず三神であるということ，そしてそれぞれの中心に無為の神をもつことである。表8-1に，河合によって整理された神々の出現時点と，その神々の名前が示されている。河合によれば，三神の中央に位置している，アメノミナカヌシ，ツクヨミ，そしてホスセリといった神々は，生まれ出たとされているにもかかわらず，その後神話のなかで登場することが皆無に近い。これらのことから河合は，日本神話の中心は空であり無であると述べている。そしてこのことが，日本人の思想や社会構造のプロト

タイプになってきたとも言うのである。

　これはかなり穿った見方かもしれないが，筆者にはこれら無為の神々が，まさにこれまで述べてきた「間」の神として映る。もし，神話がそれを有する民族の心理構造を反映しているのであれば，「間」の神の存在は日本人の心理構造と無関係ではないはずである。河合によれば，天地のはじめに生まれる三神のなかで，アメノミナカヌシ（天之御中主神）が最初に現れる。しかも，その名前から明らかに中心的存在であることが窺われるにもかかわらず，この神は無為の神なのだと河合は言う。これは日本人の心理構造において，いかに「間」が重要であるかを物語っているとは言えないだろうか。日本においては，先ず初めに「間」があった。「間」の神は他の二神が，それぞれ機能するために必要だったのではないだろうか。二神の関係性をコントロールしたのが「間」の神であり，また，天地が混沌へと戻らないように，両者が一つになることを防いだのも，この間の神だったのではないだろうか。

　このように日本人の心理構造を読み解くうえで，「間」は必要かつ重要な概念と言える。西洋人の自己が，固い防護壁で覆われた自己をイメージさせることについては前述した通りであるが，この防護壁があるおかげで，西洋人は間をあまり必要としないのかもしれない。しかしその反面，西洋人が他者と関係をもとうとするとき，どうしても言語に頼らざるを得なくなる。それは，これも先に述べた，しつけや教育の違いからも明らかであろう。ある意味，言語は交渉や了解の道具でもあるが，それぞれの防護壁を強固にする道具にもなる。言語は意識を生じさせ，意識は自己と他者を差異化する。西洋人においては，意識が他者とを隔てる。一方，日本人においては，「間」が自己と他者を隔てる。それと同時に，結びつける。すなわち「間」とは無意識の領域とも言える。「間」は言語の世界ではない。「間」とは自己と他者との間に横たわっている共有化された無意識なのである。日本人同士の協働において，「阿吽の呼吸」や「以心伝心」ということがよく言われるのも，人と人との間にこうした共有化された無意識があるからではないだろうか。

（3） 無我もしくは無心

　このように日本人の心を読み解こうとするとき，意識と無意識の問題も重要な論点となる。日本人はあたかも意識を介在させることを忌避しているようにも見える。言葉によって隔てられることのない世界を我々は好んでいるようでもある。日本人の，こうした「意識」に対する否定的な捉え方は，かつて日本人論の先駆けとなった名著『菊と刀』のなかでも触れられている。

　Benedict (1967) は日本人の能力開発における自己訓練について触れるなかで，芸道や武道だけでなく，世俗的な生活においても，日本人は「無我」を追求すると述べる。ここで無我の境地とは，「意志と行動との間に『髪の毛一筋ほどの隙間も無い』ときの体験」（邦訳, 1967, 272頁）を指す。練達の域に達した者には，この無我の境地が訪れる。しかし，練達の域に達しない人々の場合には，意志と行動との間にいわば一種の絶縁壁が立ちはだかると彼女は言う。そして，日本人はこの障壁を「観る我」「妨げる我」と呼ぶと紹介している。ベネディクトによれば，「特別な訓練によってこの障壁が取り除かれたときに達人は『いま私がしている』という意識を全然もたないようになる」（同上, 272頁）のである。「観る我」が排除されると，人は我を失う，すなわち，もはや自己の行為の傍観者ではなくなるのである。では，なぜ練達の域に達しない人々には，観る我が生じてしまうのであろうか。それは意識が目覚めるからであるとベネディクトは禅仏教研究の泰斗，鈴木大拙の言葉を借りて言う。「意識が目覚めるや否や，意志は行為者と傍観者との二つに分裂する。そして必ず矛盾相克が起こる」（同上, 286頁）と言うのである。

　この点については，京都学派の始祖と言われる西田幾多郎も同様のことを論じている。西田 (1950) は，芸において熟達すれば，初めは意識的であったものが無意識になると言う。西田によれば無意識とは，動機の衝突のない状態を指している。芸には一つの体系がある。体系的な統一を必要とする。しかし，訓練を始めたばかりの初心者には，体系的統一を実現することは難しく，様々な矛盾や衝突を生じさせてしまう。そこに，意識が表れると西田は言うのである。このことは，鈴木の言う意識が目覚めるや否や，矛盾相克が起こるという言説と符合する。

どうやら意識は自己を二つの我に分断してしまうようである。すなわち，行為する我と観る我である。日本人は，この観る我を失うことを本望とする。そしてそのとき，行為する我も消えている。無我の境地とは，本来の自己が実現された状態を指すのであろう。しかし，米国人にはそのような傾向は見られない。なぜなら，Benedict（1967）によれば「アメリカ人は観る我を自己の内にある理性的原理とみなし，危機に臨んでぬかりなくそれに注意を払いつつ行動することを誇りとする」（邦訳，1967，287頁）からである。アメリカ人にとって，観る我が理性であり，その理性こそが個人の行動を統制する際に必要不可欠なものなのであろう。

ちなみに，無我の状態を複数の人間による協働行為においても実現させることは可能なのであろうか。つまり，それぞれが我を失っている状態での協働行為である。筆者は，それが可能であるし，実際に経験する人は多いのではないかと思っている。恐らくその際には，人と人との間である，共有化された無意識がその場を支配しているのであろう。そこでは，言葉は必要ないし，特に意識することもなく，物事が円滑に流れていくのである。この点については河合（1976）も，邦楽の演奏とオーケストラの違いについて触れ，オーケストラでは一人の指揮者が楽団を統制することによって演奏が成立するのに対して，邦楽の場合には，そのように統制するものがなく，一人ひとりの演奏家が他の演奏家と一つになって演奏を成立させるところが大きく異なると述べる。そして邦楽の演奏では，無我の境地が必要であることを河合は示唆する。まさに，オーケストラにおける指揮者は人格における意識であり，同様のものは邦楽の演奏にはない。あるのは，演奏家と演奏家との間であり，共有化された無意識だけなのである。

さて，これまで先達による日本人論から，日本人の心のあり様，つまりは日本人の心理構造について考えてきた。日本人論や日本文化論に内在化された宿命でもあろうが，欧米や西洋との比較において，必要以上に極端な議論がなされてしまっているようにも思われる。極端なステレオタイプとでも言おうか。恐らく，これまで述べてきたことは，多かれ少なかれ西洋人にもあてはまるようにも思われる。逆に，同じ日本人のなかでも，今まで述べてきたことと異な

る見解を有する人もいるであろう。例えば，先ほどの無我の境地については，第7章で取り上げた山崎による議論が想起される。

　山崎（1984）によれば，人間の自我が成立する条件は，意識が外界の対象だけでなく，自分自身を振り返って意識していることである。すなわち，観る我が必要なのである。観る我が生じていないということは，目前の対象に心を奪われているだけで，ゆとりがないことを意味している。自我の最大の特色はそれが自由であること，すなわち，自分が自分自身に対して支配者となることであるから，自分自身を意識していない自我は，自分自身を支配していないということになると山崎は言う。また山崎（1990）によれば，人間的な楽しみのためには「われを忘れること」からの解放が必要である。われを忘れるとは，なりふり構わず行動に没頭することであるが，これは，目的実現のために自己を完全に手段化することであると，山崎（1990）は言う。このように山崎の議論では，無我や無心といった状態は，自己や自我にとって好ましいとは考えられていない。

　同様の議論は土居（1960：1971）にも見られる。土居は「甘え」という現象および言葉によって日本人の精神構造を説明しようとしたわけだが，必ずしも甘えを肯定的に捉えていたわけではない。例えば土居（1960）は，自分という意識を生起させるためには，甘える関係のなかに埋没していた自分を，甘えていた対象から分離して見つめなければならないという。確かに，甘える関係のなかに埋没している状態とは，甘えている者と甘えられている者とが一体化してしまっており，そこには「間」がない。従って，「間」を重視する考え方からすれば，自分を意識するよりも，好ましい「間」を形成することこそが必要となろう。しかし，土居は「自分」を確立することが好ましいと考えているようである。それは，「自分がある」状態を成熟した自我意識であると述べていることからも明らかであろう。ここでも観る我の重要性が示唆されている。

　土居は山崎と同じく，個人の自由を重視する。しかし，土居（1971）によれば，日本には集団から独立した個人の自由が確立されていない。集団所属によって否定されることのない自己の独立が保持できて，初めて「自分がある」状態が確立されるというのである。すなわち，集団に対して甘えているようでは，

自分が確立されないということなのであろう。自分とはあくまでも，他者や集団から独立した存在として規定されている。従って，土居はこれからの日本人は甘えを超克することを目標とすべきであると言う。それも「禅的に主客未分の世界に回復することによってではなく，むしろ主客の発見，いいかえれば他者の発見によって甘えを超克せねばならない」(93頁)と言うのである。

　この点は，先の木村 (1972) の議論と真っ向から対立している。木村は日本人において，自己が確立していないところで，自己ならざるものも確立する必要はないと言う。つまり，自己と他者が，確立され，切断された存在として措定されることはないのである。一方，土居の議論では，自己と他者は切断されている。自己を知るために，他者を発見しなくてはならないことを示唆している。ただ，土居は甘えをあまりに否定的に捉えすぎてはいまいか。小此木(1968)も言うように，甘えには健康的な側面もある。甘えが自己と他者の関係性を維持，発展させるうえで重要であることは，第1章で取り上げたパスカルたちも示唆している。人と人との間には，甘えなどの依存欲求がうまく作用しているとは考えられないだろうか。それにやはり，完全に切断された状況で，自己を発見することなどできないように思われる。他者との間があって，初めて自己が発見される。それは間を包含した自己とも言える。

(4) 自発的役割人間の心理的二重性

　さて，日本人の場合，己を発見するためには，他者との間が必要であると同時に，己を超えたなにものかが必要となる。木村 (1972) によれば，日本語の「自分」とは，自己を超えた何ものかについてのそのつどの「自己の分け前」であり，この点が，恒常的同一性をもった西洋のセルフと異なっている。つまり，日本の場合，個人を超えた何かがまずあって，個人はそこから演繹されるということなのである。個が先にあるのではない。

　こうした点は，東 (1994) の言う，日本における役割体系と個人の関係にもあてはまる。役割とは，割り当てられた役目を指す。すなわち，個人一人ではできない大きな仕事がまずあって，そのうちの一部を担うことによって役割は成立する。役割の意味するところは，個人が何かの一部であるということであ

り，それは，「役割」という二文字に明確に示されている。一方，役割と訳される英語の role は，役者の台詞を書いた巻物が語源とされており，この文字からは日本の役割といったイメージがそのまま伝わっては来ない。日本では，この二文字が日常的に流通することによって，我々の意識のなかにその意味が自然に滲み込んできたのではないだろうか。東（1994）によれば，日本人にとって役割は個人のアイデンティティの一部である。それほどに日本人は役割を重視してきたのである。

尾藤（1992）によれば，こうした役割重視の伝統は，江戸時代に確立された。士農工商以前にも，労働の義務として役が課せられることはあったのだが，士農工商が定められたことによって，役割を担うことが，それぞれの身分に所属していることの象徴的表現とも言うべき性格として強くなっていったのだと言う。従って江戸時代の子どもたちは，割りあてられた役割を受け入れ，課題を忠実に遂行するようにしつけられた。そして，こうした期待に応えることのできる人間であることが，子どもたちの自尊心の源泉になったというのである（小嶋，1989）。

しかし，役割には社会や集団もしくは他者からの強制といった，受動的な側面がどうしてもつきまとう。与えられた役割をただ遂行するだけの個人は，他者からの要請に応えるだけの受動的な人間と見なされがちである。にもかかわらず，子どもたちの自尊心の源泉となり得たのはなぜなのであろうか。尾藤（1992）によれば，近世における役割概念の変化は，それが強制的な義務でありながらも，個人の自発性に支えられたものとなった点にある。つまり個人は，選択肢の限られた状況下ではあるものの，与えられるであろう役割を自らで積極的に選択するようになったというのである。ここに，個人の自発性や自主性が表現されている。だからこそ，子どもたちの自尊心の源泉になり得たのであろう。

東（1994）はこうした個人を，森岡（1993）の「主体的役割人間」にならって，「自発的役割人間」と呼ぶ。そして，役割を与えられる個人において，「何を課題として受容するかに自発的な選択がはたらき，かつその課題が社会的関連で自分の役割ないし責任になっていると自覚されれば，自発的役割人間にな

る(57頁)」というのである。この点について，森岡 (1993) は主体的役割人間を習俗的役割人間と対比させることで明確化している。森岡によれば，習俗的役割人間とは，習俗化した社会規範に従って役割を取得する人間を指す。一方，主体的役割人間は，自らの状況既定により役割を取得する。すなわち，主体的役割人間に課せられた役割は，現在の状況のなかでは担う他なしと自らで規定した役割となる。他者からの要請と自発性といった，まさに受動性と能動性の二重性は日本人の心理構造を巧みに描いているように思われる。こうした二重性を東は，日本人のモチベーションの構造にも応用し，「受容的勤勉性」と表現している。

　このような二重性は，ベネディクトもつとに指摘していたところであり，日本人の心性をうまく表現しているのかもしれない。東によれば，自発的役割人間としての日本人のあり方は，明治期にも引き継がれた。そして，森岡の研究から推測するに，それはさらに第二次世界大戦時期まで受け継がれたのではないかと思われる。このように考えてくると，本書のテーマでもある，1970年代の日本人労働者が示した「変わりたいと思うこともあるが，続けることになろう」という態度の真相が少し見えてくるようである。

　今のところ，二つの仮説が考えられる。まず1970年代と言えば，戦後約30年，つまり一世代経過した時点である。終戦を迎えて，それまで受け継がれてきた自発的役割人間としての態度が，過渡期を迎えていたというのが一つ目の仮説である。日本人労働者の心理内部に，先の二重性が残ってはいるものの，戦後教育などによって個人主義化の影響を受け始めていたために，本来であれば，露見しないはずの二重性が分裂した状態で現れてしまっているという見方である。内面化されているはずの二重性が動揺をきたしているということである。この仮説に従えば，21世紀を迎えた現代において，同じ質問項目を用いた調査をすれば，この回答の割合は激減するかもしれない。なぜなら，もし個人主義化が日本企業社会にも浸透しているとするなら，このような二重性は解消されているからである。

　今一つの仮説では，こうした日本人独特の内面化された二重性が，日本人の心理構造における基礎的な特性であり，多少の変化はあっても存在し続けると

いう前提を置く。だとすれば，1970年代において，日本人労働者はこうした内面化された二重性を依然として有していたと考えられる。では，なぜこのような中途半端な回答が多かったのだろうか。それは，回答者が若手の労働者だったからではないだろうか。若手の労働者というのは，まだ十分に組織化されていない状態にある。それゆえに，役割，ひいてはその役割を生み出している状況に十分にコミットできていない可能性が高い。自発的役割人間が依然として息づいているとすれば，そうした状況や役割にコミットしている人間は，その二重性を内在化させることになるため，このような回答にはならない。まだ十分組織化されていないために，先の仮説と同様，二重性が内在化されずに，分裂した状態で露見してしまったのではないだろうか。

　以上，二つの仮説を導き出してみてわかったことは，自発的役割人間が有する心理的二重性は，自己性と他者性が真に調和している場合においては，内在化され，外には現れないということである。本人は，その二重性を自覚することさえなくなるのである。しかし，ひとたびその調和が失われてしまうと，その二重性がたちまちのうちに露見する。鈴木や西田の言う，動機の衝突や矛盾相克が生じるのである。自己性と他者性は分裂し，外に現れ意識化されるために，問題を生じさせる。例えば，このことは心の健康に好ましくない影響を及ぼすであろう。自発的役割人間にとっての心理的安寧は，こうした二重性が意識化されない状態によってもたらされる。ただしかし，この状況がいつまでも継続するとは限らないし，また，それが将来的に好ましいとも言えないであろう。なぜなら，他者からの要請と自発性とが折り合わなくなったとき，それが新しい何かを生みだすきっかけとなるかもしれないし，自発的役割人間の成長にとってもそれは必要なプロセスかもしれないからである。

　ただ日本人の場合，自発性が発揮されているとはいうものの，どうしても受動的側面の方が勝っているように思われて仕方がない。当然，欧米人にとっても役割が社会行動にとって必要不可欠なものであり，重要であることは言を待たない。そういう意味では，欧米人も自発的役割人間として捉えることは可能であろう。しかし，自発性と受動性の重み付けは，やはり両者において異なるように思われるのである。

第Ⅲ部　個人と組織の健全な関係に向けて

　この点に関して，先ほど紹介したアイエンガーの研究をいくつか取り上げてみることにしよう（Iyengar, 2010）。彼女は京都滞在中にある調査を行った。アメリカ人と日本人の計100人の大学生を対象に，人生のなかで自分で決めたいことと，自分で決めたくないこと，つまり他人に決めてほしいことをできる限りリストアップしてもらったのである。１枚の用紙を受け取った大学生たちは，表面に前者を，裏面に後者を書くように指示された。結果は極端なものだった。アメリカ人学生たちは，表面のほとんどを自分で決めたい項目で埋めたにもかかわらず，裏面はほとんど白紙だった。それに対して，日本人学生が自分で決めたくないとする項目の数は，自分で決めたいとする項目の数の２倍にもなったという。日本人はほとんどの事柄を自分で決めたいとは思っていなかったのである。両者の回答結果を比較すると，アメリカ人が自分で決めたいとして挙げた項目数は，日本人の４倍にものぼったという。

　彼女はまた，こんな研究結果も紹介している。指導教官であるマーク・レッパーと共同で行ったとされるこの研究は，７歳から９歳までの，アジア系アメリカ人（日系および中国系移民の子どもたちで，家庭では親の母国語で生活していた）とアングロ系アメリカ人を対象に行われた。子どもたちは事前に三つのグループに分けられ，言葉のパズルをして，できた単語をマーカーで書くように指示された。ここで三つのグループとは，第一グループが，自己選択グループ，つまりパズルもマーカーも子ども自らで選択するグループである。第二グループは，非選択グループ，つまり実験者の方でパズルもマーカーの色も決めてしまうグループである。そして第三グループは，母親選択グループ，つまり母親に事前に確認したということにして，母親がパズルとマーカーの色をすでに決めているというグループである。結果はとても興味深いものであった。アングロ系アメリカ人において最も成績がよかったのは自己選択グループで，非選択グループの４倍，母親選択グループの2.5倍もの問題を正しく解いたというのである。また他の二つのグループに比べて，自由時間にこの課題に取り組み続けた時間が３倍も長かった。これは，子どもたちの課題に対する内発的動機付けの強さを表している。アングロ系アメリカ人の子どもたちは，自己選択が可能なとき，成績もよく，内発的動機付けも高かったということになる。一方，ア

ジア系アメリカ人において，最も成績がよく，意欲も高かったのは，母親選択グループであった。正解したパズルの数は，自由選択グループの1.3倍，非選択グループの2倍であった。また，課題終了後に，パズルを解き続けた時間は，自己選択グループの1.5倍，非選択グループの3倍だったというのである。

　最後に，彼女が1989年にシティコープというアメリカ資本の銀行で行った調査を紹介しておこう。彼女は，8カ国の営業所で働く2000人を超える窓口係と営業担当者を対象に調査を行った。従業員のなかには，アングロ系，ヒスパニック系，アフリカ系，アジア系など，多様な人口学的，民族的背景をもつ従業員がいた。彼女はまず被験者に，仕事における選択の自由度に関する質問に回答してもらった。その結果，アングロ系，ヒスパニック系，およびアフリカ系アメリカ人が，日常業務を，自分の意思で選択可能なものと見なす傾向が強かったのに対して，アジアの営業所の行員とアジア系アメリカ人は，それほど選択の自由があるとは考えていないことがわかったのである。次に彼女は従業員たちに，仕事に対する意欲などについて回答してもらった。その結果，アジア系を除く全てのアメリカ人について，選択の自由度が大きいと感じている人ほど，意欲，満足度，実績のいずれもスコアの高い傾向が見られた。逆に，仕事が上司によって決められているという意識が強い人ほど，三つのスコアは低かったというのである。一方，これに対して，アジア系の行員全般について，日常業務が主に上司によって決められているという意識が強い人ほど，スコアの高い傾向が見られた。

　これら三つの研究結果は何を物語っているのであろうか。三つの研究は，対象者が大学生，子ども，社会人と一様ではない。しかし，日本を含むアジア系の人々が自己選択よりも他者による選択を望み，他者によって選択されている状況において好成績を挙げ，意欲を高めているという点では共通性を有していた。アイエンガーは，シティコープでの調査から明らかになったこととして，人々が自分に与えられていると感じていた選択の自由度が，彼らが望ましいと考えていた自由度の大きさに一致していたということを取り上げている。つまり，日本を含むアジア系の人々は，社会人でさえも，どちらかと言えば他者による選択を望んでいるということなのである。

アイエンガーの研究から示唆されることは，自発的役割人間と表現される心的状況において，特にアメリカ人と比較した場合には，日本人の自発的側面の優勢さは他者性に比べて弱いということである。そしてまた，日本人はそれを望ましいと考えているということである。もちろん，これは重み付けの問題であって，日本人に自律性や自己決定感が必要ではないということを意味しているわけではない。事実，第7章で紹介した大阪府の調査では，「上司は，できるだけ部下が自己裁量を発揮できるように配慮してくれる」ほど，従業員のメンタルヘルスの高まることが明らかにされている。この結果は，労働者が自律的に働くことを望んでいることを示唆している。ただ，この結果が興味深いのは，ここにも上司の存在があることである。たんなる自律性ではなく，上司による配慮の結果としての自律性という点が，アイエンガーの研究結果と符合しているように思われる。

このように，日本人は他の文化圏を背景にもつ人々よりも，役割を重視していることがわかる。それは，Benedict（1967）の言葉を借りるならば，相互債務の巨大な網状組織のなかに自分が位置していることを，日本人の方がより重要視し，望ましいと考えていることを意味している。そしてここで興味深いのは，その網状組織が同時代者だけによって形成されているのではないという点である。ベネディクトによれば，その網状組織は同時代に生きる者と同時に，祖先をも包含している。当時の日本人は過去に負目を負う者であると，彼女は言う。日本人の義はここに示される。同時代人によって規定される横断的な位置づけと，祖先によって規定される縦断的な位置づけとが役割となり，義となるのである。そして，負目は「恩」となる。日本人は目上の者，そして過去の者から恩を受ける。それは，自分の利益になるように慮ってなされた事柄や犠牲を指しており，それゆえに，今この世界にいる目下の者は目上と過去の者に対して債務を背負うことになる。従って恩に報いるとは，債務の返済を意味する。

（5） 恩という心理

さて，第6章で述べたように，欧米と比較して，日本の企業組織には共同体

的機能が強く働いているとされてきた。間 (1984) はかつての日本企業 (もちろん今も失われているわけではないのだが) に貫徹されていたこうした思想やイデオロギーを「経営家族主義」と表現する。間 (1984) によれば, 「経営家族主義とは封建時代における家業経営 (その典型は商家に見られる) が, 明治以後の近代資本主義企業のなかに再編されたもの」(39頁) を指しており, 第二次世界大戦頃まで崩壊せずに継承されてきた。

経営家族主義の根底に流れているのは, 間 (1984) がパターナリズムの訳語として用いる温情主義であり, それは「資本家・経営者が, 自己の雇用者にたいし, 下からの権利としての要求や外部からの義務としての強制によらず自ら進んで, 被用者の生活に好意的な配慮を加えようとする態度」(44頁) であると説明される。

例えば明治期に始まった公傷病死者の救済制度は, 国家の強制によるものでも, 従業員の要求によるものでもなく, 偏に経営者の恩情によるものだと説かれていたのである。当時は大企業においてさえ, 賃金はかろうじて日常の家族生活を支え得る程度におさえられていたため, 福利厚生制度は経営者による恩情として十分に機能したと考えられる。そこで当時の経営者は恩情を表現するために, 結婚, 出産, 住宅貸与, 退職金制度, 融資制度などといった福利厚生制度の拡充を次々と図っていったのである。

間 (1984) によれば, こうした使用者側の被用者に対する配慮の底には, 施恩と報恩という「恩」意識が強く働いている。従って, 戦前の温情主義の特徴は「恩情主義」と呼ぶにふさわしいとする。また, 恩情主義は欧米に見られない, 我が国古来からの美風として称揚されてもいた。まさに両者の関係は恩を介した主従関係だったのであり, それは社会規範として行動統制の機能を有していたと言える。労働者は経営者の恩情に応えるべく忠誠心を示し, 忠勤に励んでいたのである。ベネディクトの描写した日本人が戦前の日本人であるとすれば, こうした間の言説はベネディクトによる描写と符合する。

しかしこうした関係と恩情主義は, 第二次世界大戦を境にして様相を変える。従来の経営方式がそのまま継承されたとはいえ, 大戦とその後の民主化政策によって, その拠り所となる基礎は崩壊してしまうのである。福利厚生制度など

第Ⅲ部　個人と組織の健全な関係に向けて

の運営は戦前のように経営者の一方的な意思によるものではなくなってしまう。労働者との協議によるところが多くなり，経営者の恩情の表現と考えることができなくなってくるのである。

またこうした事態は大戦によって突然もたらされたわけではない。すでに大正時代の半ばには，温情主義に対する批判が登場していた。その中心となる指摘は，温情主義が劣者に対する優者の懐柔策であるというものである。例えば友愛会の中心的指導者であった鈴木文治は次のように述べている。

「日本においては，温情主義なるものが所謂資本家の武器として労働者懐柔のために使われているが，温情主義の出発点は一種の慈善的精神にある。併し今日労働者の要望するところは慈善を受けるにあらずして権利の承認を求めるにある。せっかく大規模の設備を整えて温情主義を実行している会社等において，却ってこれに反対の結果を見るのは労働者の要求に添わざる当然の結果である。況や温情主義なるものは，単純の慈善精神ではなくして，労働者の足止策，労働者の懐柔策であって社会（筆者注：会社の誤りか）本位の一種の功利主義の思想を加味することも往々あるにおいてをやである」（協調會大阪支所，1927，231頁）。

つまり労働者のなかには，福利厚生制度などの家族主義管理施策を企業からの恩情として受け止めるのではなく，労働者をうまく手なづけ，思い通りに働かせようとする，経営本位の打算的，功利的な施策と受け止める者がいたということである。こうした対立図式は退職金をめぐるこれまでの議論にも反映されてきた。いわゆる功労報奨説と賃金後払い説の対立である（例えば永野［1997］，労務行政研究所［2000］，山崎［1988］など）。

功労報奨説とは，退職金が勤続や功労に対する恩恵的な贈与という考え方であり，戦前から一貫して経営側が主張していた立場である。一方賃金後払い説は，勤続中の未払い賃金を事後的に退職時に支給するという考え方であり，労働組合が強く主張してきた。しかし，時代を経るに従いこうした議論も意味を失い始め，1998年に松下電器が退職金前払い制度を導入したことによって，賃

金後払い説を経営側も認めた形になっている。かつては恩情の表現として機能してきた退職金も，今やその効果を失ったということであり，恩情という概念そのものが希薄化してしまっていることが示唆されるのである。

このように考えてくると，1970年代に示された日本人労働者の帰属意識について，また，別の解釈を加えることができそうである。大正時代にその萌芽が見られるとはいえ，本格的な民主化は第二次世界大戦後に始まったと言える。それによって，企業に勤める従業員の権利意識や契約概念もまた，芽生え始めたと考えられる。そしてそれゆえ，経営者と従業員との間にあった，施恩と報恩の関係も希薄化の一途をたどることになった。つまり，戦後20年余りが経過した1970年代とは，こうした恩を介した関係から，契約の関係へと移行する過渡期であったということである。変わりたいと思うことはあるが，このまま続けることになるであろうという心情には，報恩と権利の間の葛藤が見てとれる。

また，そもそもこのような労働者の忠誠心を調達する構造は，天皇を中心とする国体によって用意されていたとも言える。日本を代表する政治学者である丸山真男によれば，戦前の日本においては，私的なものが端的に私的なものとして承認されることはなかった。国民は臣民であり，私生活においてさえ，天皇および国家に奉仕することが求められたのである。従って，私的なものは国家的意義と結び付けられなければ認められることがなかった。それは私的資本によって成立する民間企業においても同様であったのであろう（丸山，1964）。

例えば，日本を代表する非財閥系企業である松下電器（現パナソニック）の経営理念にはそれが明確に示されている。松下電器は1933年（昭和8年）に，日々の業務や行動の指針を示した「松下電器の遵奉すべき精神」を制定している。その七つある精神の筆頭に挙げられるのが「産業報国の精神」なのである。松下電器の資料にはこうある。「産業報国は当社綱領に示すところにして，我ら産業人たるものは本精神を第一義とせざるべからず」と。企業経営者は天皇および国家に忠誠を尽くし，従業員は経営者に対して忠誠を尽くす。このような入れ子構造こそが国体を磐石にしていたのではなかろうか。そして，その良し悪しはともかくとして，従業員の経営者に対する忠誠心の先に国家があるという連続性は，それぞれの忠誠心を強固なものとしていたに違いない。しかし，

第二次世界大戦に敗れたことでこうした図式が崩れ，忠誠心の向かう最終地点とも言える国体が瓦解したために，労働者の忠誠心も行き場を失ってしまったとは言えないだろうか。1970年代はそうした過渡期でもあるのである。企業が忠誠心を調達する装置としての機能を失いかけていたとも言えるであろう。続けることになろうという曖昧な態度は，労働者のそのような戸惑いを表しているとは言えないだろうか。

（6） 日本人に見る心理的二重性

さて，これまで先達による様々な日本人論を読み解くことによって，私たち自身の心について考えてきた。どの議論にも通底していたのは，日本人が心理的二重性を根深く抱えているということであるように思われる。まず，木村によって提唱された「間」である。木村によれば，日本人の行動は間によって規定される。間は，自己の外部でもあり，内部でもあると木村は言う。これを受けて筆者は，間とは自己と他者がせめぎ合う場であり，ここで両者の無意識が共有化されると考えた。従って，ここに自己性と他者性の二重性が内在化しているのである。日本人において生じる行動は，そうした二重性を内在化させており，自己によって始発されたのか，他者によって始発されたのかは不明瞭である。間とは，自己性も他者性も帯びていない場とも言えるし，自己性をも他者性をも帯びている場とも言える。このような議論は荒唐無稽であろうか。筆者はそうとも言い切れないと考える。それは，近年目覚ましい脳科学の進歩が，これらの議論を裏付けているように思えるからである。

近年，脳内部にミラーニューロンと呼ばれる神経細胞が発見された。生物学におけるDNAの発見に匹敵するとまで言われるミラーニューロンとは，どのような神経細胞なのであろうか。ミラーニューロン研究の第一人者とも言えるIacoboni（2008）によれば，他人を極めて微妙なところまで鋭敏に理解することを可能にする細胞群を，ミラーニューロンと言う。彼らの発見によるとミラーニューロンは，自らが行動する場合だけでなく，他人の行動を見たときにも発火する。つまり，他人の行動を見たときにも必ず，脳内でその行動に必要な運動計画が常に開始されるというのである。しかもそれは，自らの意思には関わ

りなくである。またこのことは，行動に関連する音や行動に関する単語を聞いただけでも同様である。「自分でサッカーボールを蹴ったときにも，ボールを蹴られるのを見たときにも，ボールが蹴られる音を聞いたときにも，果ては『蹴る』という単語を発したり聞いたりしただけでも」(邦訳, 2009, 22頁)，ミラーニューロンは同じように発火するのである。

　ではこうしたミラーニューロンはどのようにして形成されるのであろうか。イアコボーニの仮説によれば，それは乳幼児期における母子間での相互作用によって形成される。赤ん坊に対面している母親は，赤ん坊の表情や行動を模倣する。模倣された赤ん坊は，母親の表情のなかに，自らの表情を見てとる。このような相互作用が繰り返されることによって，赤ん坊の脳内にミラーニューロンが形成されると彼は考えている。赤ん坊もまた，母親の表情を模倣することを覚えるようになる，というよりも，無意識のうちにミラーニューロンの発火によって，模倣が生じるようになるのである。しかし，だとすれば，自らの意識をどのように捉えればよいのであろうか。イアコボーニによれば，自らが行動するときのミラーニューロンの発火は，他人の行動を見た場合のそれよりも強い。ここに自己意識の差別化が生じているのだと言える。いずれにしても，これらのことからイアコボーニは，「『自己』と『他者』はミラーニューロンのなかで不可分に混じり合っていることになる」(同上, 167頁)と述べている。これは，まさに我々が取り上げてきた「間」を暗示していないだろうか。

　自己でもなく他者でもない場，もしくは自己でもあり他者でもある場が間であった。ミラーニューロンは，我々が漠然と感じていたこの「間」という存在に科学的根拠を与えてくれているのかもしれない。それにしてもこのような発見が西洋においてなされたというのは皮肉なことである。イアコボーニも言うように，個人主義の姿勢が支配的な西洋文化においては，人間の脳の本質が根本的に間主観的であることに気づかれないままであったし，またこうした枠組みのもとでは，自己と他者との完全な分離が当たり前のようにできると思われてきたからである。この発見は，西洋文化の伝統に大きな転換を迫るかもしれない。「我思う，ゆえに我あり」というデカルトの見方を前提とし，自由意志や意識の存在を重視してきた西洋の世界観はどうなるのであろうか。

イアコボーニはこう言っている。「自由意志の概念は私たちの世界観の根底をなしていると言っていいようなものだが、ミラーニューロンについて知れば知るほど、私たちは人間がまったく合理的でもなければ、自由に行動する主体でもないことに気づかされる。私たちの脳内のミラーニューロンは私たちにそうと気づかぬまま自動的に模倣を行わせており、その結果、私たちは強力な社会的影響によって自主性を制限されている」（同上，255頁）と。まさに私たちは人と人との間によって行動を規定されているのである。

さて、こうした心理的二重性は無我の境地にもあてはまる。我々日本人は、無我や無心の状態を追求するというように考えられてきた。意識が生じると、行為する我と観る我に分裂してしまい、無我の境地には至れない。ここにも自己性と他者性といった二重性が垣間見られる。ここで、行為する我が他者性を、観る我が自己性を帯びていると考えられる。一見反対のようにも思えるのだが、これも近年の脳科学実験の成果から説明が可能である。その脳科学実験とは、ベンジャミン・リベットによって1980年代になされた。ここでは、その詳細には触れず、実験結果と彼の仮説について述べるにとどめる。彼の実験結果によると、人間の行動は自らが開始を意識する前に、すでに脳内によって準備されているというものであった。人間は、脳内部で始発された行動に後で気づくだけだというのである。つまり、我々はすでに無意識のうちに始発されている行動を、あたかも自らの意識（意志）で開始しているかのように錯覚しているのである。ここで、先ほどのミラーニューロンのときと同じく、人間の自由意志の問題が出てくる。人間はただ、脳内プロセスによって生じる行動を受け入れるだけの受動的な存在なのか、という問題である。そのことについてリベットは、人間が行動開始を自覚して、行動が生じるわずかの間に、それを止めることができるという。そこに人間の自由意志が存在するというのである（深尾, 2004）。

リベットによる一連の実験と解釈および仮説は、今もなお論争の的となっている。しかし、もし彼の仮説が正しいとすれば、前述した行為する我と観る我の二重性がうまく説明できるように思われる。すなわち、行為する我とは、行動を始発する主体としての脳であり、意識されないという意味においては無意識と呼んでもいいのかもしれない。自己にとっては知らないうちに始発する行

第8章　日本人労働者と組織の望ましい関係

動であり，まさに他者による行動とも言える。しかし，この始発された行動は，意識によってとどめることが可能である。それが観る我であり，自由意志の源泉とも言える。このように，自己性と他者性の二重性はこの議論にも内在しているのである。

　ちなみに，この実験の被験者の脳に活動を準備させたのは何だったのだろう。深尾（2004）はそれを「場の強制力」と言っている。そもそも，被験者は実験者から教示を受けなければ，行動を起こさなかったであろう。実験者からの指示が行動を始発させているのである。たとえ行為のタイミングを自分で決めていたとしても，である。そういう意味で，やはり行為は他者によって始発されたと考えるのが妥当なのかもしれない。

　このように見てくると，いかにも人間は他律的な存在であるように感じられる。しかし，もしリベットの仮説が正しければ，人間はその他律的な行動を止めることができる。そういう意味において，人間の意識や自由意志には大きな意義があると言える。例えば，第6章で取り上げた過労自殺という現象について考えてみればいい。もし，人間の行動が他律的に始発するのであれば，我々の労働もその制約から免れまい。そして，特に日本人が役割指向性を強く有していることを考えれば，それだけ他律性も強いことを意味している。従って，過労自殺に追い込まれるような人は，他律的な労働に翻弄される人とは言えないだろうか。ただここで，意識もしくは自我が強く機能していれば，すなわち観る我が働いていれば，行為する我を止めることができるはずである。観る我の力が働いていれば，過労自殺にまで至ることはない。しかし，長時間労働などが重なり，自我が弱まっていると，こうした他律的な労働をとめることができなくなるのである。

　このような現象は，統合失調症の患者に見られる作為体験に似ているかもしれない。させられ体験とも呼び得る「意志における他律体験」である。患者は，自らのとった行動が自らの始動によるものと感じることができない。患者は唐突に，不意に他者によって動かされてしまう。それゆえ患者は，事が起きてしまったその後に，今さらながらに他者の干渉に気づくしかないのである（岡, 2008）。ただ少し異なるのは，過労自殺する労働者における他者とは，所属し

ている会社組織であったり，指示命令を与える上司という具合に，ある程度他者を特定化することができる点であろう。そういう意味においては，作為体験というよりも憑依体験と言った方が適切なのかもしれない。また，岡 (2008) によれば，作為体験をする患者には，「体験する自己」と「観察する自己」との乖離が見出せる。そして「作為体験において他者の干渉の手に陥るのは『体験する自己』だけであり，『観察する自己』の能動性は無傷のまま保たれている」(277頁) のだという。そういう意味では，中嶋 (1989) の言うように，統合失調症患者において自我性の障害は生じていないと言えるのであろう。しかし，過労自殺に追い込まれる人においては，自我性の弱化もしくは障害が生じているために，他律的行動をとめることができないのではなかろうか。いずれにしても，統合失調症に関する知見は，過労自殺を理解するうえにおいても重要であるように思われる。

　ここまで日本人における心理的二重性について，改めて考えてきた。最後に残された恩の心理については，もはや言うまでもないことであろう。恩の心理とは，目上の者や過去の者によって与えられた恩恵を心理的負債と捉え，その負債を負目と感じ，その負債を返済しなければならないという義務を意識する心理である。負債の返済が行動の源泉にあるということは，恩恵を与えてくれた他者が行動を始発させていると見ることもできる。しかし，ここでもし自らの行動をただ他律的であるとのみ捉えているのであれば，そこに主体性はないことになる。それは強制された，やむを得ない行動ということになってしまう。この点において，特にかつての日本人はそれを強制されているとは感じなかった。そういう意味では，自ら納得して報恩的行動をとっていたということであり，ここに主体性が見て取れるのである。すなわち，恩の心理のなかにも，心理的二重性が潜んでいたということになる。

　では次に，これらのことを踏まえて，これからの組織と個人の関係について考えてみることにしよう。これまでの議論からわかるように，当然日本人「労働者」にもこうした心理的二重性が内在化しているはずである。それは本書の問題提起でもある，1970年代の日本人労働者に見られた，あの複雑かつ曖昧な態度からもうかがい知れる。ただ，自己性と他者性の二重性とはいえ，日本人

の場合，少なからず他者性の方が強いようにも思われる。そこで，これらの点に焦点を合わせるとともに，第4章で論じた自己疎外の問題なども踏まえて，労働者の精神的健康を維持することのできる組織と個人の関係について，筆者なりの見解を述べたいと思う。

2　労働者の精神的健康を維持する組織と個人の関係

(1)　労働者個人の捉え方

　心理的二重性に注目した場合，日本人労働者をどのように分類することができるであろうか。まずは，自己性と他者性のそれぞれを軸として，四つのタイプに分類してみることにしよう（図8-1）。自己性と他者性がともに強い労働者とは，組織における役割を十分理解し，上司の意を体現することのできるタイプであり，同時に，こうした役割に自らコミットし，自らをはめ込み，自らでそのなかに意味を見出すことのできる労働者といえる。まさにこれまで述べてきた自発的役割人間である。

　次に，自己性は弱いものの，他者性が優勢となっているタイプは，組織から与えられた役割を理解し，それを受容することはできるが，状況を自らで選び取っているわけではなく，そこには自己がない。組織にとっては都合の良い存在でありバーナードの言う，組織人格の体現者と言えるかもしれない。自らで積極的にその状況にコミットするわけではなく，あくまでも受動的であるため，そのなかに積極的な意味を見出すことができない。他律的な行動に翻弄されるため，自己は健全とは言えない。いわゆる会社人間に多いタイプであり，メンタルヘルス不全を起こしやすい。

　次に，他者性が弱く，自己性が優勢なタイプである。このタイプは自発的に行動はできるが，組織の役割を十分には理解していない。自分の欲求のままに仕事をし，他者と歩調を合わせるのが苦手である。自らの考えに基づいて成果を出そうとするため，上司や組織とぶつかることの多いタイプと言える。日本人労働者にはあまりないタイプかもしれない。マイペースで，他律的な行動に翻弄されることがないため，精神的な健康は維持されやすいと思われる。最後

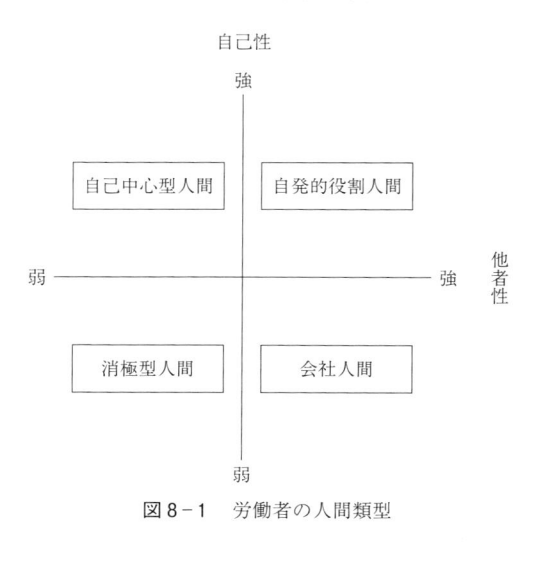

第Ⅲ部　個人と組織の健全な関係に向けて

```
                  自己性
                   強
                   │
    ┌─────────┐    │    ┌─────────┐
    │自己中心型人間│    │    │自発的役割人間│
    └─────────┘    │    └─────────┘
                   │                    他
  弱 ──────────────┼────────────── 強   者
                   │                    性
    ┌─────────┐    │    ┌─────────┐
    │ 消極型人間 │    │    │ 会社人間  │
    └─────────┘    │    └─────────┘
                   │
                   弱
```

図8-1　労働者の人間類型

に，消極型人間である。役割認識も乏しく，だからといって，自分なりに組織に対して貢献しようという意欲もない。メンタルヘルス不調者が陥るタイプであり，組織としては早急に対応する必要のある労働者ということになろう。

　言うまでもなく組織としては，全ての従業員が自発的役割人間であることが望ましい。真の自発的役割人間は，他者性と自己性という心理的二重性を強く有していながらも，それが心的内部で調和しているため表面に現れることがない。従って，精神的健康も維持されやすい。もちろんときには，他者性が優勢となることもあろう。それがいわゆる「やらされ感」をもたらすことになるかもしれない。しかし，そこで完全にバランスを崩しさえしなければ，またもとの調和状態に戻っていくであろう。こういう意味では，「やらされ感」はその人がまだ健全な状態にあることを示唆しているのかもしれない。なぜなら，もしそのやらされ感を感じていないようであれば，それはその人が役割人間化してしまった証左だからである。自己性が少しでもあるからこそ，やらされ感を感じるのではないだろうか。

　さて，それでは，自発的役割人間を創るためにはどうすればいいのであろうか。先ほども述べたように，日本においては，役割人間の占める割合が大きいと思われる。そして，この役割人間とは往々にして会社人間化していると考えられる。会社人間とは，その個人の関与する生活領域のなかで，会社関連の領域の占める割合が大きく，健全な自我を維持できなくなった人間を指す。つまり，健全な自我を維持するためには，その個人の関与するそれぞれの生活領域が均衡を保っている必要があるということである。そして，それらの生活領域

に対する関与をコントロールする機能として自我が存在するのである。ここで自我とは，これまで述べてきた自己性とは異なる概念である。自我とは，上田（1969）の言うように，人格を統合し，内的世界をコントロールする機能を有している。そういう意味において，自己性と他者性も，様々な生活領域に対する関与も，この自我によってコントロールされるのだと言える。従って，この自我機能が弱まると，これらのバランスが崩れ，精神に問題が生じることになるのである。では，我々はそもそも労働者である人間をどのような存在として位置づけるべきなのであろうか。

言うまでもなく，人間は様々な生活領域と関わりながら生きている。その個人を，外界に位置する生活領域との関わりから捉えようとするのが，ミード（Mead, 1934）を嚆矢とする社会的自我論の立場である。船津（1995）によれば，人間は自らが関与している様々な生活領域における，複数の他者からの期待を「一般化された他者」の期待としてまとめあげ，組織化したうえで，この一般化された他者の期待との関連において社会的自我を形成する。すなわち会社人間とは経営者，管理者，同僚，部下といった複数の他者からの期待を「会社」という一般化された他者の期待として組織化したうえで，この一般的他者である「会社」との関連において形成された社会的自我と言えるのである。

しかしここで強調しておきたいのは，社会的自我論において自我は生活領域の数だけ存在するということであり，前述した会社人間という自我も複数存在する自我のうちの一つに過ぎないという点である。最近，芥川賞作家である平野（2012）が提唱している「分人」なる概念も，この社会的自我に相当すると考えてよいであろう。ここで「分人」とは，対人関係ごとの様々な自分を指している。また，ミードの思想を労働者の行動分析に応用したデュービンら（Dubin, Champoux & Porter, 1975）が，現代都市社会という複雑な環境に生きる個人を，multiple-self citizen と呼んでいるのも同じ文脈に位置づけることができるであろう。我々は皆，多層的に位置づけられた自己（multiply-situated selves）として思考し，行動し得る市民なのであり，常に状況付けられているのである（Sandel, 1996）。

さて，このように述べると，健康な個人を多重人格者として捉えていると批

判を受けそうであるが，多重人格者はそれぞれの人格が独立しており，異なった人格同士は互いに他を意識できないとされるため，健康な個人とは大きく異なる。上田（1969）によれば，個人が自らを時間的かつ空間的に連続して同一存在として自覚できなければ，その個人の自我は健康とは言えない（上田，1969）。従って，我々はこうした同一存在としての一貫性のなかで，多くの異なる人格を状況に応じてモード・スイッチしていると言えるのである。

　従って，会社人間を脱し，真の自発的役割人間となるためには，会社という限定された領域のみに関与するのではなく，様々な生活領域にコミットし，「生活者」として生きることが前提となる。それで自我は健全性を取り戻すことになり，また，我々に自由をもたらすことにもなる。土居（1971）によれば，個人の自由とは所属集団と本来関係のない別の集団に参加するという事実によって獲得されるからである。

　ここで生活者とは，天野（1996）によって提唱された人間モデルを指している。天野によれば生活者とは，「生活の全体性を把握する主体」を指す。この定義には生活する一人ひとりが，自己を拡充し，社会のなかに意味を創造していく主体としての生活者像が投影されている。天野は杉並区長を務めたこともある市井の作家，新居格の議論に依拠しながら次のように述べている。「新居によると，生活者とは『官吏や大会社銀行に身を置』く『帰属人』ではない。つまり，サラリーマンではない。『自分で自分の生活を組織し運行』する人々である。組織に守られて生きる帰属人に比べて，その『生活たるや如何に侘しく且つはかなくとも』，生活者は自らの生活について決定をくだす力をもっている」（41頁）。

　新居の言う「帰属人」とは，本書においてこれまで述べてきた会社人間および消極型人間を指していると考えてよいであろう。新居はどうやら，組織に身を置く労働者全てが組織に従属する受動的な存在であると見ていたようだ。しかし，自発的役割人間は違う。彼らは生活について，そして自らの仕事について決定を下す力をもっている。とはいえ，自らが主体たらんとして能動的な立場に立つためには，そうした受動的かつ他律的な意識を捨て，帰属対象である企業を自らの生活領域の一部として編成しなおすことが必要であるという示唆

は，本書の文脈に合致する。企業のなかに閉じ込められた自己から，企業を自らのなかに取り込む自己へと変容させなくてはならないのである。そうすることによって初めて個人は，天野が指摘する「自覚的な協同関係」を企業組織との間に形成することができるのであり，さらには，これまで述べてきた，真の自発的役割人間がここに誕生するのだと言える。

世界のなかで多層的に位置づけられた自己はまずその全体性を把握していなくてはならない。ミードだけでなくマズローもまた，自己と対峙する環境概念として世界全体を想定していたはずである。そうでなければ人間の潜在能力にあれだけの価値を認めるはずがないであろう。ここでは「生活世界のなかで状況付けられた自己の全体性を把握し，それらを日常的実践として行動に結び付けられる人」を「生活人」と呼ぶことにしたい。

このように見てくると，先に取り上げた新居が「何であったかよりも，何でもであった」（天野，1996，43頁）人物として評されていることの意味が，鮮やかに浮かび上がってくる。マズローは自己実現的傾向を，なり得る全てのものになろうとする傾向と考えていたが，まさにそうした意味において，新居は自己実現性を体現した人間であったと言えるのではあるまいか。つまり，「生活人」であってこそ真の自己実現人であり得るということなのである。自発的役割人間は，生活人をめざすなかで育まれる。生活人は，労働領域を全体の生活領域の一部として位置づけることのできる健全な自我を有しているのである。すなわち生活人とは，様々な生活領域に対応した様々な人格を統合したメタ人格であるとも言える。

従って，労働領域に対応した人格を組織人格と呼んでもいいだろう。しかし，ここで言う組織人格は，かつてバーナードが唱えた組織人格とは大きく異なる。恐らく，バーナードは個人の組織人格に意志を認めなかった。というよりも，自我を認めなかった。しかし，それが人格である以上，そこには自我が存在しなければならないのではないか。すなわち，組織人格の内部で認知世界を統合している自我として「組織自我」の存在が仮定されるのである。組織人格にも自我があるということである。バーナードの考え方では，恐らく自我は想定されていない。というよりも，組織人格には統制機能としての自我がないからこ

そ，組織人格なのであり，だからこそ組織内部における協働のための調整が可能となるのである。そして，その健全な組織自我のもとで，労働領域における自己性と他者性は統合され，内面化される。自発的役割人間は，他者性を受容しながらも，それに呑みこまれることなく，むしろ，逆に自らのなかに取り込むことができるのである。それが自己性と他者性の理想的な融合の姿ではないだろうか。

　さて，組織人格における自我を組織自我として想定するならば，メタ人格における自我も仮定されなければならない。メタ自我とも呼び得るこの自我は，様々な生活領域に対応する人格を調整し統合する機能を有していると考えられる。言うなれば，ビリー・ミリガンという多重人格者における教師の役割である (Keyes, 1982)。私たちは組織自我とともに，このメタ自我の機能をも健全に維持する必要があると言える。

(2) 個人に対する組織の働きかけ

　日本人労働者における心理的二重性が，日本人労働者の心理構造の基礎をなしているとするなら，ここにメスを入れるのは至難の業であろう。むしろ，この特徴を活かすことの方が個人と組織双方にとってメリットが大きいように思われる。すなわち，日本人労働者の心的内部における他者性と自己性は，双方ともに大切にされるべきであるということである。従って，例えば近年よく見られる，組織構造のフラット化は慎重に行われるべきである。十分に教育を受け，一人前の仕事人として働くことのできる労働者ばかりを集めた，コンサルティング・ファームなどであれば問題はないであろうが，社会に出て間もない新人や若手社員もいるような組織において，フラット化はなじまない。なぜなら，そこには他者性を与える素地がないからである。日本人労働者は他者性を与えられることを待っている。というより，それは自然な心理現象であるという暗黙の認識がそもそもある。にもかかわらず，上司との接触が希薄であったり，指示命令が曖昧であったり，上司の意図が不明瞭であるような場合，つまり，上司による働きかけがほとんどなされないような場合，部下である労働者は受容すべき他者性を与えられることもなく成長しない。当然，自己性が肥大

化する可能性があるが，この自己性は組織にとっては意味のない自己性であり，当然役割意識を伴っていない。それでもまだ自己性が育まれた場合は，修正の見込みもあるかもしれないが，このまま消極型人間に陥ってしまっては元も子もないであろう。新卒一括採用を方針とする企業であれば，フラットな組織構造は採用せず，ある程度の階層を設け，上司部下の関係を濃くする方がいいのではないか。階層化された組織の方が，役割が明確になるように思われる。日本を代表する自動車メーカーであるトヨタが近年，係長制度を復活させたのは，そういう意図も働いたからではないだろうか。

組織人格における自己性は他者性とともに育まれる。そもそも組織に参入する個人は，組織に適応し十全な機能が可能となるように，まずは組織によって社会化される。組織社会化とは，個人が組織の役割を身につけ，組織のメンバーとして参加するために必要な能力，期待される行動そして社会的知識を正しく理解していくプロセスであり（Louis, 1980），組織の役割におけるこつを教えられ修得していくプロセスとされる（Van Maanen & Schein, 1979）。従って，組織人格における自己性は，他者性と同軌していなければならない。社会化されていくなかで，仕事や組織貢献に対する独自の意欲や意志が育まれるのである。しかし，こうした自己性が育まれず，他者性が大きくなり過ぎてしまう場合がある。行き過ぎた社会化が生じた場合である。このような場合に，これらをコントロールする組織自我が健全に機能していれば，他者性を抑制することもできるのであろうが，長時間労働による過労などで自我の健全性が失われているような場合には，他者性が優位となり，行動は他律的となる。本来の自我は疎外されメンタルヘルス不全が生じてしまうのである。特に，これまでも見てきたように，日本人労働者の心理において他者性が優位となる傾向が大きい。他者性とのバランスをとるためには，西洋人以上に自己性を育てることを意識しなければならないのである。

そこで参考になるのが，マグレガーの経営管理理論である（McGregor, 1960）。彼はY理論を提唱するとともに，それを基礎とした管理の方法として，「統合と自己統制による管理」を唱えた。Y理論の前提となる労働者は，仕事をすることを厭わない。それゆえ，X理論を基礎とした，権限に任せた管理は必要な

い。というよりむしろ,それは逆に労働者の意欲を阻害する。Y理論が前提とする労働者はもはや一人前の人間であり,自らで決定したことについては責任をとる意志をもち,自らを鼓舞して目標実現に向けて努力する。だからこそ,労働者の自己統制に委ねることが可能となる。しかし,労働者の自己性だけに任せていては,組織目標の実現は難しい。その自己性は組織目標に沿ったものでなくてはならない。すなわちマグレガーの理論は,本書で述べてきた自己性と他者性の統合を意図しているのである。

マグレガーの理論が導き出された経緯を考えてみると,欧米においても,組織のなかで労働者が自己性を発揮することは困難であったことが伺える。しかし,それは日本の場合と異なることに注意をする必要がある。特に米国においては,職務を中心とした統制原理が強固に働いているため,労働者が自己性を発揮することに大きな制約が課せられている。経営管理者が労働者を半人前扱いしていたとしても,それは,そうした制度環境によるところが大きかったのではないか。つまり,米国の労働者を一人の人間として見た場合に,日本人よりも自己性が弱いとは言えないということである。それは,前述したアイエンガーの研究からも明らかであろう。

さて,それでは日本人の自己性を高めるためにはどうすればいいのであろうか。マグレガーの理論を援用するのであれば,まず組織は一人ひとりの労働者をY理論が前提とするような人間として見なければならない。しかし,日本の場合,組織に参入して間もない労働者を,初めからそのように扱うことは禁物である。前述したように,組織に参入する個人は,組織に適応し十全な機能が可能となるように,まずは組織によって社会化される必要がある。そして,組織はこうした社会化を促進するために,様々な施策を個人に対して施すことになる。このプロセスは組織における個人の心的内部に他者性を許容する能力を身につけさせることでもある。すなわち,組織人格内部の他者性許容能力を高めることがまず求められる。この能力が備わっていないままに,自己性を発揮する能力を高めることは,自己性と他者性の融合を困難にさせることになろう。しかし,組織人格内における他者性の発達と同時に,自己性の開発も少しずつではあるが,同時に行わなければならない。そのためには,簡単な業務に

ついては労働者個人の裁量に委ねるなどの配慮が必要となる。そして，組織はそのバランスに注意する必要がある。恐らく，こうしたプロセスのなかで，組織人格における自我もまた，成長していくものと思われる。

　ある程度，労働者の社会化に成功すれば，業務上の目標設定などに参画させることも必要になってくるであろう（Latham, 2007）。参画させることによって，当事者意識が醸成される。参画したことによって，責任感も生じるであろうし，部分的にではあれ，自己決定している以上，逃げるわけにはいかなくなる。まさに，他者性と自己性の融合が図られるのである。目標管理制度はこうしたプロセスを具現化する制度だと言える。そしてさらに，労働者が一人前になれば，権限委譲を図り，任せるという姿勢が必要となってくる（Hersey & Blanchard, 1977）。

　しかし，日本人の場合，これだけでは自己性は育まれないと思われる。制度や仕組みの面からも工夫が必要となろう。そこで注目したいのが，近年導入されることの多くなってきた，自己選択型HRMである（松山，2008a；2008b）。ここで自己選択型HRMとは個人選択型HRMとも呼ばれており，社員個人に対して選択的自由度を大幅に認め，その価値観と自由意志を尊重するHRMであるとされる（吉田，1999；八代，2002）。吉田（1999）の分類によれば，採用，教育，配置，評価といったヒューマン・リソース・フローの各フェーズにそれぞれ自己選択型の人事制度は存在し，その数は42にものぼるという。70年以上にわたり日本企業における人事・労務施策全般を取り上げてきた専門情報誌を概観すると，それら様々な制度のなかでも特に限定勤務地制度，退職金前払い制度，早期退職優遇制度といった三つの制度が比較的頻繁に取り上げられていることがわかる（例えば労務行政研究所［1995；2000；2006］）。

　さて，こうした自己選択型HRMの導入はどのようなメッセージを従業員に対して送ることになるだろうか。社員個人の選択的自由度を大幅に認めるということは，裏を返せば自らの職務，職位，権限，配置，評価，処遇といった，これまで組織によって与えられていたものを，自らで選び取らなくてはならないということでもある。これまでのような受動的な姿勢は許されない。しかし，反面それは，これまでは組織から与えられるだけであったものを，自らで選び

取る権利と自由を認められたということでもある。これによって，労働者の自己性は，開発される環境を与えられたということになろう。もちろん，制度を用意しただけでは，自己性の開発には結びつかない。やはり何らかの仕掛けや働きかけも必要となる。これらは今後の課題であろう。

　それでは，最後に労働者の帰属意識をベースに考えてみよう。労働者の自己性を開発するために，どのような帰属意識を育む必要があるのだろうか。第2章では，近年，帰属意識は組織コミットメント概念によって説明されることが多くなってきたことを述べた。そして，組織コミットメント概念は四つの要素に分解されることも紹介した。そして，筆者が行った調査研究からわかることは，モチベーションおよびメンタルヘルス双方に好ましい影響を及ぼすのは愛着的なコミットメントだけであるということである。その他のコミットメント，つまり，存続的，内在化，規範的コミットメントは，これまで述べてきたように他律的なコミットメントであり，それらから自己性が育まれるとは考えられない。従って，組織としては愛着的な，もしくは内因的なコミットメントを醸成することが重要となる。組織成員が組織を愛するように仕向けるのである。愛社精神を高めると言い換えてもいいであろう。そこで，ここでは少しだけ「愛」について考えてみたい。

　ベネディクトによれば，日本において愛は上から下にのみ向けられる。例えば母親が子どもに払う数々の犠牲は，母親から子どもに向けられた愛の証である。愛を受け取った子どもは，当然母親に対して愛情を抱く。しかし，この下から上への愛は，日本においては負目を指す言葉であると彼女は言うのである。彼女は愛情の別名に他ならないところの忠誠であるとも言っている。この点が米国とは大きく異なる。なぜなら，米国人にとって「愛というものは，義務の拘束を受けることなく自由に与えられるもの」（邦訳，1967，116頁）だからである。確かに，日本には慕うという言葉がある。これは従うという言葉を語源とするという説があることからもわかるように，まさに下から上への気持ちを表す言葉である。そこには愛があると考えて間違いないのであろうが，ベネディクトによれば，米国の愛とは趣が異なるということなのである。

　では，西洋における愛とはどういったものなのであろうか。ネオ・フロイト

派の心理学者であるフロム（Fromm, 1956）によれば，成熟した愛は，自分の全体性と個性を保ったままでの結合である。愛によって，人と人は結び付けられるが，それでも依然としてそれらの人々は自分自身のままであり，自分の全体性を失わない。「愛においては，二人が一人になり，しかも二人であり続けるという，パラドックスが起きる」（邦訳，1911，40頁）のである。またフロムによれば，愛は，人間のなかにある能動的な力であり，能動的感情を行使するとき，人は自由である。この点は，先ほどのベネディクトの言説とも一致する。西洋人において，愛と自由は密接不可分な関係にあるようである。

　日本人労働者は西洋のように組織を愛するべきなのであろうか。慕うという心情は組織に対しては不適切なのであろうか。筆者が行ってきた組織コミットメントに関する調査研究の結果によれば，愛着的コミットメントは組織にとって好ましいコミットメントであるように思われる。こうした研究結果は西洋流の愛し方が適切であることの裏付けになるのであろうか。もしそうであるとしたら，日本人労働者にはこれからも適切な愛社精神を植えつけていくことが必要だということになる。フロムの言説に依拠するなら，適切な愛社精神とは，各成員がその全体性と個性を保ったままで，組織と一体化する態度ということになる。各成員は一人の人間として確立されており，組織と一つになりながらも，その自律性を維持している。そして，そうでなければ，その成員は組織を愛していることにはならないのである。

　フロムは愛には四つの要素があると言う。その要素とは，配慮，責任，尊敬，知である。成員は，組織の成長を気にかけ，組織の要求に対して応じる責任を有し，組織を尊敬し，深い次元で組織を知っていなくてはならない。組織に対して負目を感じるのでも，義務感から従うのでもなく，一人の組織人格として組織を愛することが求められるのである。そして，組織は成員が組織を愛してくれるように働きかけなくてはならない。このように考えると，組織を愛する心理は，組織人格における自己性を開発することに結びつくのではないか。従って，組織が成員の愛社精神を高めることは，成員の自己性を開発するという点においても重要である。しかし，松山（2008a）などからもわかるように，愛着的コミットメントを高める要因は，存続的コミットメントを高める要因でもあ

る場合が多い。こうした要因は依存心をも強めてしまいかねない。フロムはこう言っている。「もし，自分の足で立てないという理由で，誰か他人にしがみつくとしたら，その相手は命の恩人にはなりうるかもしれないが，二人の関係は愛の関係ではない」（邦訳，1991，167頁）と。これは個人と組織の関係にも十分にあてはまることではないだろうか。組織人格による適切な愛社精神とは何か。今後の課題として，本書を閉じることにしたい。

参考文献

天野正子『「生活者」とはだれか』中央公論社，1996年。
東　洋『日本人のしつけと教育——発達の日米比較にもとづいて』東京大学出版会，1994年。
Benedict, R., *The chrysanthemum and the sword*, Houghton Miffilin Co., 1967.（長谷川松治訳『菊と刀』社会思想社，1967年）
尾藤正英『江戸時代とはなにか』岩波書店，1992年。
土居健郎「『自分』と『甘え』の精神病理」『精神経誌』62, 1960年, 149-162。
──『「甘え」の構造』弘文堂，1971年。
Dubin, R., Champoux, J. E. & Porter, L. W., "Central life interests and organizational commitment of blue-collar and clerical workers," *Administrative Science Quarterly*, 20, 1975, 411-421.
Fromm, E., *The art of loving*, Harper & Brothers Publishers, 1956.（鈴木晶訳『愛するということ［新訳版］』紀伊國屋書店，1991年）
藤原成一「間——日本文化の基本思想」『日本大学芸術学部紀要』第78巻，2005年，77-92。
深尾憲二朗「自己・意図・意識——ベンジャミン・リベットの実験と理論をめぐって」中村雄二郎・木村敏編『講座・生命　第7巻』河合出版，2004年，238-268。
船津　衛「自我の社会学」井上俊・上野千鶴子・大澤真幸・見田宗介・吉見俊哉編『自我・主体・アイデンティティ』岩波書店，1995年，45-68。
浜口恵俊『間人主義の社会　日本』東洋経済新報社，1982年。
間　宏『日本労務管理史研究——経営家族主義の展開』1984年。
Hersey, P. & Blanchard, K. H., *Management of Organizational Behavior : utilizing human resources*, Prentice-Hall, 1977.（山本成二・水野基・成田攻訳『行動科学の展開』日本生産性本部，1978年）
平野啓一郎『私とは何か——「個人」から「分人」へ』講談社，2012年。
Iacoboni, M., *Mirroring People : The new science of how we connect with others*, Farrar, Straus and Giroux, 2008.（塩原通緒訳『ミラーニューロンの発見——「物まね細胞」が明かす驚きの脳科学』早川書房，2009年）
Iyengar, S., *The Art of Choosing*, Twelve, 2010.（櫻井祐子訳『選択の科学』文藝春秋，

2010年)
河合隼雄『母性社会日本の病理』中央公論社,1976年。
─────『中空構造日本の深層』中公文庫,1999年。
Keyes, D., *The Minds of Billy Milligan*, Bantam Books, 1982.(堀内静子訳『24人のビリー・ミリガン』早川書房,1992年)
木村 敏『人と人との間』弘文堂,1972年。
小嶋秀夫『子育ての伝統を訪ねて』新曜社,1989年。
協調會大阪支所『最近勞働組合運動史』協調會大阪支所,1927年。
Latham, G., *Work Motivation: History, Theory, and Practice*, Sage, 2007.(依田卓巳訳『ワーク・モティベーション』NTT出版,2009年)
Louis, M. R., "Surprise and sense making: What newcomers experience in entering unfamiliar organizational setting," *Administrative Science Quarterly*, 25, 1980, 226-251.
丸山真男「超国家主義の論理と心理」(『世界』昭和21年5月号)『中央公論』1964年,206-218。
松山一紀「自己選択型の人事施策が組織コミットメントに及ぼす影響」『組織科学』第42巻第2号,2008年a,61-74。
─────「コミットメント・マネジメントの変革」若林直樹・松山一紀編『企業変革の人材マネジメント』ナカニシヤ出版,2008年b,170-184。
McGregor, D., *The Human Side of Enterprise*, McGraw-Hill Inc., 1960.(高橋達男訳『企業の人間的側面[新版]』産業能率大学出版部,1970年)
Mead, G. H., *Mind, Self and Society*, The University of Chicago Press, 1934.(稲葉三千男・滝沢正樹・中野収訳『精神・自我・社会』青木書店,1973年)
森岡清美『決死の世代と遺書[補訂版]』吉川弘文館,1993年。
永野 仁「退職金の機能とその動向──従業員定着促進機能を中心に」『政経論叢』第65巻第3・4号,1997年,271-293。
中嶋 聡「意識作用の構造の問題としての分裂病性自我障害」『精神神経学雑誌』第91巻第7号,1989年,475-499。
長山恵一「『甘え』現象の基本的構成と特性に関する考察──甘え理論(土居健郎)の明確化を通して」『精神神経学雑誌』第99巻第7号,1997年,443-485。
西田幾多郎『善の研究』岩波文庫,1950年。
岡一太郎「作為体験の精神病理」『臨床精神病理』29,2008年,271-283。
小此木啓吾「甘え理論の主体的背景と理論構成上の問題点」『精神分析研究』第14巻第3号,1968年,14-19。
労務行政研究所「勤務地限定制の活用図る複線型人事制度──転勤忌避など就業意識の多様化に対処する4社の事例」『労政時報』第3213号,1995年,2-38。
─────「特集 退職金前払い制度の新しい動き──先進3社にみる成果主義,人材流動化への取り組み」『労政時報』第3436号,2000年,2-44。
─────「退職金・年金 大企業の退職金・年金,役職定年制,早期退職制の実態(2005年度)──最近2年間で退職一時金は約5割,退職年金は約6割が改定(中労委)」

『労政時報』第3686号, 2006年, 68-90。
Sandel, M. J., *Democracy's Discontent*, Harvard University Press, 1996. (中野剛柔訳「公共哲学を求めて」『思想』904, 1999年)
上田吉一『精神的に健康な人間』川島書店, 1969年。
Van Maanen, J. & Schein, E., "Toward a theory of organizational socialization," *Research in Organizational Behavior*, 1, 1979, 209-264.
山崎　清『日本の退職金制度』日本労働協会, 1988年。
山崎正和『やわらかい個人主義の誕生——消費社会の美学』中央公論社, 1984年。
———『日本文化と個人主義』中央公論社, 1990年。
八代充史「個人選択型人事制度とファスト・トラック——企業内労働市場の多様化にどの様に対応するか」『関西経協』第56巻第2号, 2002年, 16-19。
吉田　寿『人を活かす組織が勝つ』日本経済新聞社, 1999年。

終　章
健全な愛社精神

　これまで本書では，日本人労働者の心理構造について考えてきた。組織が経営管理を実践するためには，その管理対象となる労働者の心理を理解していなくてはならない。それに対する組織の認知が管理の指針となるのである。そこで，本書ではまず，労働者の組織に対する帰属意識に注目した。度重なるリストラや早期退職制度などに見られるように，バブル経済が崩壊して以降，日本企業は一貫して，労働者との「間」に「間合い」をとろうとしているように思われたからである。そもそも，労働者の帰属意識がなくては，組織は成立しない。にもかかわらず，このような政策をとることができるのは，日本人労働者の組織に対する帰属意識を，水準以上に高いと考えているからに違いない。日本企業は労働者の帰属意識を弱めようとしている。しかし，本当に日本人労働者の帰属意識は高いのだろうか。もしくは高かったのだろうか。

　第1章で見たように，日本的経営を世界に紹介した欧米人研究者による文献を紐解いてみると，日本人労働者の帰属意識（と言ってよければだが）は強いことが伺えるものの，それは自発的な，もしくは内面からの帰属意識ではないことが明らかになった。また，政府統計資料を分析してわかったことは，高度経済成長期を過ぎ，日本的経営論がピークを迎えようとしていた，まさにその絶頂期においてさえ，日本人労働者は複雑かつ曖昧な帰属意識を有していたということであった。そうした態度は，会社を「変わりたいと思うことはあるが，このまま続けることになろう」という回答に，如実に現れていた。本書は，こうした複雑かつ曖昧な帰属意識の正体を探るべく，考察を重ねてきたと言っても過言ではない。

　また，帰属意識をより深く理解するために，帰属意識研究の契機を作ったと考えられるホーソン・リサーチ，さらにはそれを主導したメイヨーの思想に触

れたことによって，労働者の帰属意識もしくは所属性と精神的健康が分かちがたく結びついていることが明らかになった。そしてそれらは，メイヨーによって信奉された「均衡」概念によって関係付けられていたのであった。確かに，メイヨーが参考にしている考え方は全て均衡概念を中核としている。キャノンのホメオスタシス原理は，生物学的均衡を重視したものであるし，ジャネの精神的総合は，まさに心理学的均衡を意味している。そして，デュルケムの自殺論は社会的均衡の重要性を主張するものであった。メイヨーはこれら様々な側面における均衡が，相互に関係付けられ，さらなる高次元の均衡を生み出すと考えていたのではなかろうか。だからこそ，家族や地域といった共同体が解体するという社会的不均衡が生じつつあったときに，個人の精神的均衡もその影響を免れないと考えたに違いない。そして，新たな均衡の契機を労働組織に求めたのである。

　では，こうした文脈で日本の労働社会を捉えるとどうなるのであろうか。戦後，奇跡の復興を遂げ，高度に経済成長を実現した日本ではあったが，そのようなプロセスを経ても，社会的な均衡を修復するには至らなかった。国体の瓦解は，大きな不均衡を社会にもたらした。そして，経済的成長も，それはそれでまた新たな不均衡を生み出してきたに違いない。例えば，労働者の都市への集中は地域を弱体化させてしまった。行き場を失った忠誠心は，全て企業などの組織に向けられるようになったが，以前に比べると脆弱になってしまっていた。それが，このまま続けることになろうという，弱々しい帰属意識を生み出してきたのかもしれない。

　日本的経営論が隆盛であった1980年代から30年以上が経過した。果たして，現代の日本社会は均衡状態に至っているのであろうか。第6章でも取り上げたように，自殺者の数が減少しない。デュルケムの理論に照らせば，依然として日本社会は均衡状態にはないことを物語っている。もちろん，それは労働組織によって全て解決されるわけではない。しかし，労働組織を中心として，家族そして地域といった様々な生活領域を踏まえた，新たな均衡の形を早急に見出していく必要性を本研究は示唆している。

　さて本書では，日本人労働者の心性についても様々な考察を加えてきた。日

本人の心理的二重性については，以前から議論されているところであり，別段目新しいものではない。ウチとソトや本音と建前といった，日本人論によく登場する二項対立は馴染みのある議論である。しかし，今回明らかにしたのは，日本人の「自己性」と「内なる他者性」という二重性の存在であった。これら二つの概念は，未だに十分洗練されてはいないため，今後も考察が必要であるが，とりあえず現時点では，このように表現しておきたい。これら二つの側面は，忠誠心に関する議論でも現れた。真に自発的な行為なのか，過去の他者からの強制された行為なのか，それらがせめぎあっているからこそ，あのような複雑な態度が形成されるのである。それは，コミットメント概念を用いても説明が可能であった。つまり，内因的コミットメントと外因的コミットメントのせめぎあいである。組織コミットメント研究には，依然として残された課題がある。欧米では3次元モデルが支配的であるが，日本では，必ずしもそのような結果にはなっていない。筆者らのグループは，4次元モデルに妥当性を見出している。しかし，質問項目の内容や，コミットメント因子を構成する項目数の偏りなどもあり，まだ完全とは言えない部分も多い。従って，このような現状を踏まえて，あえて言うなら，筆者は2次元で捉えるのがシンプルでよいと考えている。それが，内因的コミットメントと外因的コミットメントである。これらはちょうど，モチベーション論で言う，内発的動機付けと外発的動機付けに相当すると言ってよいであろう。こうした考察から，自己性と他者性という概念が浮かび上がってきたのである。

労働者個人の心理内部では，これら自己性と他者性がせめぎあっている。そしてこれらが個人の精神的健康に様々な影響を与えるのである。経営管理と自己疎外の関係を分析して明らかになったように，自己が疎外された状態は精神的に健康な状態とは言えない。それは本来の自我が自己の主人ではなく，内なる他者が主人の座についているからである。もちろん，完全な自己疎外状況に陥ってしまえば，通常の社会生活は送れまい。ここで議論の対象となるのは，通常の社会生活を送っている一般労働者の心的内部である。そして，恐らく一般の労働者においては，自己性と内なる他者性がせめぎあい，主導権を奪い合おうとしているに違いない。そのせめぎあいが，複雑な帰属意識を生んでいる

のである。しかし，健常な労働者においては，これらのせめぎあいは心的内部で解決されている。両者が均衡を維持し，統合されるとき，それらは内在化され表面には現れてこない。まさにそれが自発的役割人間なのである。本書のテーマとなっている複雑な帰属意識は，自発的役割人間になりきれていない労働者の心性を表しているとも言えるのである。

人格心理学においては，人格内部における自己性の重要性のみが強調されているように思われる。しかし，過去や現在の他者からの影響を受けながら社会生活を送る我々が，自己性のみを頼りに生きることができないこともまた事実である。他者性との均衡が重要なのである。ただし，均衡点の位置は，個人的要因や文化・社会的要因などの影響を受けて変化する。日本人は米国人に比べると，他者性寄りに均衡点があることは，第8章で述べた通りである。また，本論ではあまり触れることができなかったが，こうした自己性と他者性の均衡をとりもつのは，まさしく「間」なのであろう。脳科学研究によって明らかにされたミラーニューロンには，その秘密が隠されているのかもしれない。今後も注目していきたいと思う。

さて，心理的二重性が統合されることによって，内面化し，自発的役割人間として立脚するということは，組織に対して自立的であることをも意味していた。フロムが唱えるような「愛」を組織に対して抱くことが，自らを自立化することにもなるのである。以前，筆者が行った研究では，自己選択型のHRMが存続的コミットメントを弱め，愛着的コミットメントを強めることが明らかになった（松山，2008）。自立を促すようなHRMが組織に対する愛情を高めるという結果である。この結果は，存続的コミットメントが依存的愛情と関連していることを，愛着的コミットメントが自立的愛情と関連していることを示唆しているように思われる。自立的な愛は労働者個人にとっても，組織にとっても好ましい態度である。組織は労働者個人の愛着的なコミットメントを高める努力をするべきなのではないだろうか。

キヤノンの会長で経団連の名誉会長（2013年現在）でもある御手洗冨士夫氏は，10年ほど前から，様々なところで「愛社精神」の重要性を訴えている。御手洗氏の言う「愛社精神」とは組織に対する馴れ合い的愛情を意味していない。

キヤノンは方針として，終身雇用慣行を堅持しているが，年功序列慣行については否定的である。その代わりに，実力主義を標榜している。つまり，従業員一人ひとりの自立を尊重しているのである。この点については第5章で詳しく述べておいた。雇用は守るものの，依存心を植えつけない。これこそが，これまで述べてきた自立的愛情を育む考え方なのではなかろうか。近年は，愛社精神などなくていいという声も聞かれるが，決して死語にしてはいけないと御手洗氏は言う。個人も組織も，今一度，この「愛社精神」に思いを馳せてみる時期がきているのではなかろうか。

参考文献
松山一紀「自己選択型の人事施策が組織コミットメントに及ぼす影響」『組織科学』第42巻第2号，2008年，61-74。

索　引

あ 行

アージリス, C.　77, 92-94, 101, 102
愛　242, 243, 250
アイエンガー, S.　210, 222-224
愛社精神　244, 250, 251
間　210, 212, 214, 217, 228, 247, 250
東洋　209, 218, 219
アノミー　66, 72
アベグレン, J.C.　9-11, 23, 24, 149
甘え　208, 209, 213, 217, 218
アレン, N.J.　43-45, 191, 197, 201
イアコボーニ, M.　229
依存心　14
上田吉一　84, 95, 96, 147, 185, 193, 236
ヴォーゲル, E.F.　11, 12
衛生要因　89, 92
オオウチ, W.G.　13
OJT　152
小此木啓吾　143, 147, 179
恩　225, 232

か 行

外因的コミットメント　186, 188, 189, 194, 196, 198, 199, 249
会社人間　95, 144-147, 155, 161, 233, 236
科学的管理法　59, 96, 98
過労死　161
過労自殺　160, 161, 231
河合隼雄　206, 213, 214, 216
間人主義　206
帰属意識　2, 9, 10, 12-16, 18-20, 22-24, 26-30, 35, 38, 39, 44, 45, 49-51, 75, 146, 147, 173, 181, 189, 227, 242, 247-250
帰属性　68, 73, 74
　　──への欲求　66
木村敏　206, 207, 210, 211, 218, 228
共同体主義　152-154
強迫観念　69-71, 143
経営理念　122, 123, 132
経済人仮説　99
経済人モデル　99
系列化　153, 154
ゲゼルシャフト　148
欠乏欲求　80, 92
ゲマインシャフト　148
公式組織　63, 100
行動科学　76, 77, 106-108, 112, 120
功利的帰属意識　41
国体　34, 228
コミットメント　40, 42

さ 行

サイドベット　41, 186
自己実現　78, 80, 91, 93, 101, 103, 111-113, 120, 124-128, 130-137, 144-146
自己実現者　83
自己実現的人間　81, 82
自己申告制度　120, 121
自己性　221, 228, 231, 233-235, 238-241, 249, 250
自己選択型 HRM　241
自己疎外　95, 147, 183, 184, 202
自発的役割人間　219-221, 224, 234, 236, 237, 250
社会的自我論　235
ジャネ, P.　69-71, 92, 248
集団帰属性　65
受容的勤勉性　220
職務満足　87
所属意識　23
所属性　68, 73-75, 248

253

人事管理理念　122, 123, 127, 131
人事方針　122, 128, 130, 132, 137, 145, 207
人的資源管理　126
新人間関係学派　77
新人間関係論　76
心理的契約　2, 37
心理的二重性　218, 228, 230, 232, 238
ストレス　48, 142, 156, 159, 162, 175, 177
生活人　237
精神的健康　3, 4, 69, 71, 73, 78, 84, 87, 89-94, 102, 140, 141, 143, 144, 146, 175, 183, 186, 201, 212, 233, 248
精神的総合　71, 92
成長欲求　80, 92
組織コミットメント　39, 41-44, 46, 48, 50, 173, 177-180, 182, 184, 191-193, 201, 202, 242, 243
組織自我　237-239
組織的怠業　97, 98

た　行

退職金制度　149
他者性　221, 228, 231, 233-235, 238-241, 249, 250
忠誠　29-33, 35-38
忠誠心　11-16, 31-38, 42, 49-51, 200, 228, 248
テイラー, F.W.　59, 96-98
テイラーイズム　99, 100
デュルケーム, E.　66-68, 72, 248
土居健郎　208, 217, 218, 236
動機付け―衛生理論　87
動機付け要因　88, 92
ドラッカー, P.F.　114-116

な　行

内因的コミットメント　185, 187-189, 194, 242, 249
内在化コミットメント　192, 193, 195-198, 200-202
内在化的なコミットメント　194
内発的動機付け　222

日経連　107, 117-120
日本的経営（論）　17, 18, 20, 148
人間関係学派　57
能力主義（管理）　103, 109, 110, 113, 117, 118, 120

は　行

ハーズバーグ, F.　77, 87-92
パーソナリティ　93, 101, 102
バーナード, C.I.　100, 237
間宏　225
浜口恵俊　206, 208, 210
非公式組織　65, 100
非指示的面接　60
フロム, E.　243, 244, 250
ベッカー, H.S.　41, 186
ベネディクト, R.　215, 216, 224, 225, 242
ベラー, R.N.　32-34, 36
ホーソン研究（実験）　28, 57, 67, 73, 75
ホメオスタシス　71, 84

ま　行

マグレガー, D.　77, 85, 86, 106, 114-116, 239, 240
マズロー, A.H.　77-81, 83-85, 90, 92, 94, 95, 101, 103, 112, 134
マズローイズム　104
ミラーニューロン　228-230, 250
メイヤー, J.P.　43-45, 191, 197, 201
メイヨー, E.　3, 4, 28, 57, 59, 60, 62, 65-75, 84, 92, 141, 248
メンタルヘルス（MH）　48, 140-144, 155-157, 159, 162, 175, 177-182, 187-189, 193, 195-199, 201, 233, 242
目標管理　121
モチベーション　178, 179, 192, 193, 196, 198-200, 242
モラール　27-30, 38, 49

や・ら・わ行

山崎正和　200, 217

欲求理論　79
レスリスバーガー，F.J.　28, 57, 61, 73

ワークライフバランス　155
Y理論　85, 86, 114, 115, 239, 240

〈著者紹介〉

松山　一紀（まつやま・かずき）
　　1966年　生まれ。
　　　　　　京都大学教育学部教育心理学科卒業（臨床心理学専攻）。
　　　　　　松下電器産業（現・パナソニック）ビデオ関連事業部で人事業務に携わる。
　　　　　　京都大学大学院経済学研究科博士後期課程単位取得退学。
　現　在　同志社大学社会学部産業関係学科教授（博士　経済学）。
　主　著　『経営戦略と人的資源管理』白桃書房，2005年。
　　　　　　『ケースで学ぶ経営管理』（共著）中央経済社，2007年。
　　　　　　『企業変革の人材マネジメント』（共編著）ナカニシヤ出版，2008年。
　　　　　　『組織行動とキャリアの心理学入門』大学教育出版，2009年。
　　　　　　『戦略的人的資源管理論』白桃書房，2015年。
　　　　　　『次世代型組織へのフォロワーシップ論——リーダーシップ主義からの脱却』ミネ
　　　　　　ルヴァ書房，2018年。
　　　　　　『映画に学ぶ経営管理論〔第3版〕』中央経済社，2019年。

MINERVA現代経営学叢書�51
日本人労働者の帰属意識
——個人と組織の関係と精神的健康——

|2014年5月10日　初版第1刷発行|〈検印省略〉|
|2021年1月30日　初版第3刷発行||

定価はカバーに
表示しています

著　　者	松　山　一　紀
発　行　者	杉　田　啓　三
印　刷　者	藤　森　英　夫

発行所　株式会社　ミネルヴァ書房
607-8494　京都市山科区日ノ岡堤谷町1
電話代表　(075)581-5191
振替口座　01020-0-8076

©松山一紀，2014　　　　　　亜細亜印刷・新生製本

ISBN978-4-623-07067-1
Printed in Japan

よくわかる組織論

―――――――― 田尾雅夫 編著 Ｂ５判　240頁　本体2800円

幅広い分野を含む「組織論」の基礎概念や理論，構造と現代の課題などを，初学者から理解できるように構成，記述した教科書。

よくわかる現代の労務管理［第２版］

―――――――――― 伊藤健市 著　Ｂ５判　228頁　本体2600円

主要事例の詳細な解説を通し，現在の最新の労働環境や，労務管理・人的資源管理の諸課題をわかりやすく解説。

よくわかる産業・組織心理学

―――――――― 山口裕幸／金子篤子 編　Ｂ５判　204頁　本体2600円

人々が幸福に働くことや優れた組織経営の実現に必要な，産業・組織心理学の知識や視点を紹介し，わかりやすく解説する。

最高の職場

―――――― Ｍ・バーチェル／Ｊ・ロビン 著　伊藤健市／斉藤智文／中村艶子 訳

４-６判　322頁　本体2000円

●いかに創り，いかに保つか，そして何が大切か　「最も働きがいのある会社100」に名を連ねる企業を分析。

人間らしい「働き方」・「働かせ方」

―――――――― 黒田兼一／守屋貴司／今村寛治 編著　Ａ５判　232頁　本体2800円

●人事労務管理の今とこれから　人事労務管理の各分野から現代日本を読み解き，「人間らしく働く」立場，ディーセント・ワークを視座に据えて問題提起を行う。

――――――――― ミネルヴァ書房 ―――――――――

http://www.minervashobo.co.jp/